爱的语絮

——一个班主任的心路历程与教育手记

王昌田
谭先科 著

四川民族出版社

图书在版编目(CIP)数据

爱的絮语:一个班主任的心路历程与教育手记/王昌田,谭先科著.——成都:四川民族出版社,2020.7(2021.9重印)
ISBN 978-7-5409-9056-5

Ⅰ.①爱… Ⅱ.①王…②谭… Ⅲ.①中学-班主任工作 Ⅳ.①G635.16

中国版本图书馆 CIP 数据核字(2020)第 081306 号

爱的絮语——一个班主任的心路历程与教育手记
AI DE XUYU——YIGE BANZHUREN DE XINLU LICHENG YUJIAOYU SHOUJI

王昌田　谭先科　著

出 版 人	泽仁扎西
责任编辑	曹　嘉
责任校对	赵正梅
责任印制	刘　敏
出版发行	四川民族出版社
	(四川省成都市青羊区敬业路108号)
成品尺寸	140 mm×210 mm
印　　张	10
字　　数	250千
印　　刷	永清县晔盛亚胶印有限公司
版　　次	2020年7月第1版
印　　次	2021年9月第2次印刷
书　　号	ISBN 978-7-5409-9056-5
定　　价	39.80元

目　录

序　言

第一章　一路走来

一路走来 ……………………………………………（2）

说光阴的故事 ………………………………………（11）

云淡了,风轻了——说说我的教育故事

　………………………………………………………（15）

用农人的心态当老师 ………………………………（18）

第二章　沟通无限

家长,请你相信我——写给王老师理想国各路诸侯慧学五班家长

　………………………………………………………（22）

如果花儿都在春天开放 ……………………………（26）

我给他们说了的 ……………………………………（33）

哈个咋的,还不错 ……………………………………（35）

我有一个儿子——谨以此文献给天下彷徨纠结的父母们

　………………………………………………………（44）

朋友们,容我说声谢谢——写给慧学五班的家长们

　………………………………………………………（49）

我不知道您知道 ……………………………………（53）

1

第三章　爱的絮语

孩子,让我爱上你——写给王老师理想国第四期公民慧学五班
　　………………………………………………………… (57)

参与游戏的孩子永远最快乐
　　………………………………………………………… (62)

听得懂与做得来——谨以此文献给那些勤奋但学习效果不好的学子们
　　………………………………………………………… (65)

魅力来源于实力 ……………………………… (70)

永远以最美的姿态继续向前——写给保送的孩子们
　　………………………………………………………… (74)

让优秀成为常态——记我与中期考试前十名学生的谈话
　　………………………………………………………… (78)

孩子们,别拒绝做一个优秀的人——写给我讲台下的七十个同学
　　………………………………………………………… (81)

你不知道,我知道 …………………………… (85)

别让忧伤成了河 ……………………………… (89)

时间是用来反思的——记第一次月考结束以后
　　………………………………………………………… (92)

第四章　唯独爱你

帅一点,再帅一点儿——写给我最最亲爱的 ZJW 同学
　　………………………………………………………… (95)

真的一切皆有可能哟——写给我最最亲爱的 WRY 同学

………………………………………………………………（97）

付出就会有回报——写给我最最亲爱的 DXR 同学

………………………………………………………………（100）

进步原来是如此简单——写给我最最亲爱的 XJY 同学

………………………………………………………………（103）

长大后你会成为我——写给我最最亲爱的 PSQ 同学

………………………………………………………………（106）

你的勤奋感动了大家——写给我最最亲爱的 JKH 同学

………………………………………………………………（108）

姑娘，自信从大声说话开始——写给我最最亲爱的 TYJ 同学

………………………………………………………………（110）

帅哥，学习不能跟着感觉走——写给我最最亲爱的 FBY 同学

………………………………………………………………（112）

小哥儿，你一直都是好样的——写给我最最亲爱的 JJH 同学

………………………………………………………………（114）

有你就有幸福——写给我最最亲爱的 YZ 同学

………………………………………………………………（116）

谢谢你为我"冠名"——写给我最最亲爱的 PYF 同学

………………………………………………………………（118）

勇者自然是无敌的——写给我最最亲爱的 QJJ 同学

………………………………………………………………（120）

你是我最为得力的助手——写给我最最亲爱的 CJS 同学

………………………………………………………………（122）

书虫的生活是幸福的——写给我最最亲爱的 JXL 同学

目录 MU LU

经典的风景是无与伦比的——写给我最最亲爱的 CMY 同学 ………………………………………………………………(124)

超越自我永远是最棒的——写给我最最亲爱的 YJQ 同学 ………………………………………………………………(126)

感谢你大步向前——写给我最最亲爱的 ZT 同学 ………………………………………………………………(128)

我看到了明朗朗的天——写给我最最亲爱的 CJH 同学 ………………………………………………………………(130)

进步的感觉特别爽——写给我最最亲爱的 XRH 同学 ………………………………………………………………(132)

呵呵呵,有那么紧张吗——写给我最最亲爱的 WMH 同学 ………………………………………………………………(134)

最美的坚守者——写给我最最亲爱的 ZQQ 同学 ………………………………………………………………(136)

翻过那道坎吧——写给我最最亲爱的 LXR 同学 ………………………………………………………………(138)

向更优秀迈进——写给我最最亲爱的 ZW 同学 ………………………………………………………………(140)

谢谢你让我享受成功——写给我最最亲爱的 ZSQ 同学 ………………………………………………………………(142)

感动你一直爱着语文——写给我最最亲爱的 HYF 同学 ………………………………………………………………(144)

心敢想事才成——写给我最最亲爱的 CYH 同学 ………………………………………………………………(146)

·· (148)

这学期有进步——写给我最最亲爱的 WJH 同学
·· (150)

你在二班是最了不起的学生——写给我最最亲爱的 ZCY 同学
·· (152)

把超越自己当作一种责任——写给我最最亲爱的 HJX 同学
·· (154)

锦上添花不可少——写给我最最亲爱的 HX 同学
·· (156)

第五章　风过有痕

不是追查是拯救································· (159)
金童玉女伴读记································· (162)
抹布排队记····································· (163)
最美是那轻轻地一跳——记班级好儿男 YSH
·· (166)
老师,大家都说我爱她——记一个优秀男孩的烦恼
·· (168)
老师,我要两个棒棒糖························· (172)
人呢？人呢？··································· (174)
快点,笑嘻嘻地回去····························· (178)
推一把似乎比拉一把要好点儿··················· (181)
作弊我也认了··································· (185)
化愤怒为感激··································· (189)

目录 MU LU

起起落落的人生才有趣味 ………………………… (192)
贬桑褒槐,一箭双雕——记周日自习课前的一次谈话
　　　　　　　　　　　　　　　　………………… (195)
因为我抱过你呀 ……………………………………… (201)
王老师,你猜我喜欢哪个女生 …………………… (204)
"报告哥"转变记——记我初上二班讲台的日子
　　　　　　　　　　　　　　　　………………… (208)
真心说一句自己很蠢 ………………………………… (214)
求你给我冠个名吧 …………………………………… (217)
在孩子们心里播种一些虔诚 ……………………… (221)
我的就是最好的——二外 2015 年主题班会比赛纪实
　　　　　　　　　　　　　　　　………………… (225)
六颗巧克力 …………………………………………… (229)
几个小地瓜 …………………………………………… (232)
我的"大头儿子" ……………………………………… (235)
我是女王 ……………………………………………… (238)
教育是一种温暖的等待 ……………………………… (241)

第六章　班书万金 ………………………… (247)
后　记 ………………………………………… (303)

6

序　言

　　王老师的《爱的絮语》要出版了，这是她近二十年涂鸦的节选。她让我帮忙写个序言，窃以为凡是出书之人总得找寻几个有影响的人帮忙写序，可王老师说自己出书是为了纪念，无需扩大影响，还说自家人写话随便，不用矫揉造作，真实更好。若不是因为关系太过亲密和特殊，我便要洋洋洒洒来一篇高度赞美的文字，如此则谨遵作者嘱咐写点儿真实的便是。

　　我和她一起工作生活几十年，要说的话很多，可真要动笔，又不知道从什么地方说起，想来想去，还是从王老师做班主任工作的角度来写吧，这样也许和这本书的内容要对题一点。

　　记得重庆二外2016年"五一"表彰大会的现场，王老师被授予"痴心育人"特别奖，其中她有一本长达十万字的班书给现场老师带来了强烈的震撼。主持人采访王老师是什么原因让她每学期都给学生写上长达十万字的班书，王老师淡淡地说："我没其他兴趣爱好，就是喜欢，对着电脑屏幕与孩子们对话，写着写着就厚厚一本了，没有什么体面的理由。"

　　这就是王老师，重庆二外一名普普通通的班主任老师，走在二外教师队伍里即被淹没得无影无踪的王老师，她从山村、乡镇到县城、都市，一步步走来，扎根二外十一年有余，是一个把放自己低到尘埃里的老师。但是王老师工作从来不含糊，她信奉班主任工作是一个需要等待的工作，原始的劳作和真心的陪伴就是班级管理的良方。

二外的早晨宁静而又美好，无论严寒酷暑还是风雨阴晴，每天早上六点半都能看到一个身影在校园里出现，有领导说那是二外一道独特的风景——王老师与孩子们有约，每天在熹微的晨光中相聚食堂就餐。她在二外工作十一年，这个习惯就坚守了十一年，无一天间断。二外规定班主任每周有一个早上不用到岗，每次领导问到王老师选择周几休息的时候，她总是说："我反正天天都会来，不用登记的。"

与王老师接触过的家长和学生都不会忘记她的开学第一课，那是亲子家长会，没有生硬的说教，也没有冷酷的禁令，有的是如春风化雨般娓娓道来的故事和道理，那不仅是教育孩子的，也是引领家长的。就那么初次相识的一节课，家长和孩子大部分都会深深地喜欢上王老师。

每届学生第一次家长会后，王老师手机里就会收到万言短信，不少家长有空就喜欢找老师聊聊天，唠唠家常，打打电话。不知道她哪来那么多时间应对家长，有些家长与王老师一次交流就会长达两千字。王老师和家长聊天从来不"嗯""啊"简单应付，总是耐心细致、热情幽默地与每一位学生家长进行交流。说起孩子的情况，她似乎连孩子有多少头发都能数清楚一般，不管孩子当下发展如何，她似乎永远都不悲观失望，总能给家长静待花开的信心和力量。

她就如此貌似不经意地引导着家长，慢慢改变着家长，不知不觉把家长紧紧团结在自己周围，家校合一拧成一股强大的教育合力。

她常常说一个班主任只要能团结家长，发展学生，就不会走偏，所以，她总是用无限的创意让孩子们受益终生。

王老师不仅致力于提高班级学生的成绩，还努力拓宽学生的视野。因为三峡地处偏远山区，来二外前，她所在的学校几乎是名不见经传，在多媒体教学设备走进重点中学校园的时候，山区的学校却还在用着老旧、落后的教学设备。王老师凭借班级博客宣传自己的班级，获得不少网友的好评，一些成功人士慷慨解囊，才帮王老师的班级安装了多媒体设备、电视、展台等。现代化的教学设备首次进入乡村学校，当时在全校引起了不小的轰动。

在农村中学建立书香班级也是王老师的构想。多年前，王老师就开始规划，坚持每天写一篇班主任日记，真实地记录班级状况，文字中也流露出不少期待。经过一年的不懈努力，王老师的日记感动了不少爱心人士，尤其是上海浦东新区的普通公务员黄晓妍女士挑头伸出了援手，首先提供了价值两万元的图书，然后汇款一万元订阅报刊书籍，建立了属于王老师班级的图书室。孩子们开展起轰轰烈烈的晨读、午诵、暮省活动，乐此不疲。一些家长感叹说："孩子在王老师班上读了几年书，不知不觉变成了文化人，开口闭口就能来几句经典，时不时蹦出几句《增广贤文》里的话来，说起道理还会引经据典呢！"

光读书还不够，王老师还在班级要求"人人会讲座"，于是仿效中央电视台的《百家讲坛》举办《班级文化讲坛》，在二外连续办了六年，每一天都安排一个人自定主题进行十分钟左右的文化讲座，主题不限，内容健康向上就可以，形式创新，不拘一格。这是深受学生喜欢的活动之一，她的初2017级5班中考前一天晚上还有学生举办讲座，实属罕见。

近十年来，王老师致力于教学改革，假期自费走南闯北观摩课堂、聆听讲座、参与上课等，运用滚动快速阅读课堂让每一个孩子都受益匪浅，只要在王老师的滚动快速课堂，每一个孩子的眼睛都是透亮的。王老师远走江西、江苏、湖北、甘肃、贵州等地上示范课，举办讲座；近八年来，她都负责给学校年轻班主任举办讲座，在小范围上示范课，所到之处都收获了一批批忠实粉丝。

每学期期末，每一个孩子都能收到厚厚一本书册，没有华美的装帧，却是孩子和家长最为珍视的读物。更为惊奇的是，王老师还为家长们写评语和建议，每一个家长都能从王老师真诚的话语里读到一个班主任的脉脉温情。现在，王老师离开二外去了巴蜀常春藤学校，昨天她和我通电话说又在忙着给常春藤的藤娃们期末写千字文呢。

若说一个人一生致力于办好一件事是一种伟大的话，那么王老师近三十年就守着她的三尺讲台，陪着一届一届学生成长，也算是一种朴实的伟大吧。这样一位朴实如泥土、低调如尘埃的普通老师，作为她的丈夫，作为她的同事，真的是由衷地佩服。

谭先科
2020年1月7日于南山

第一章　一路走来

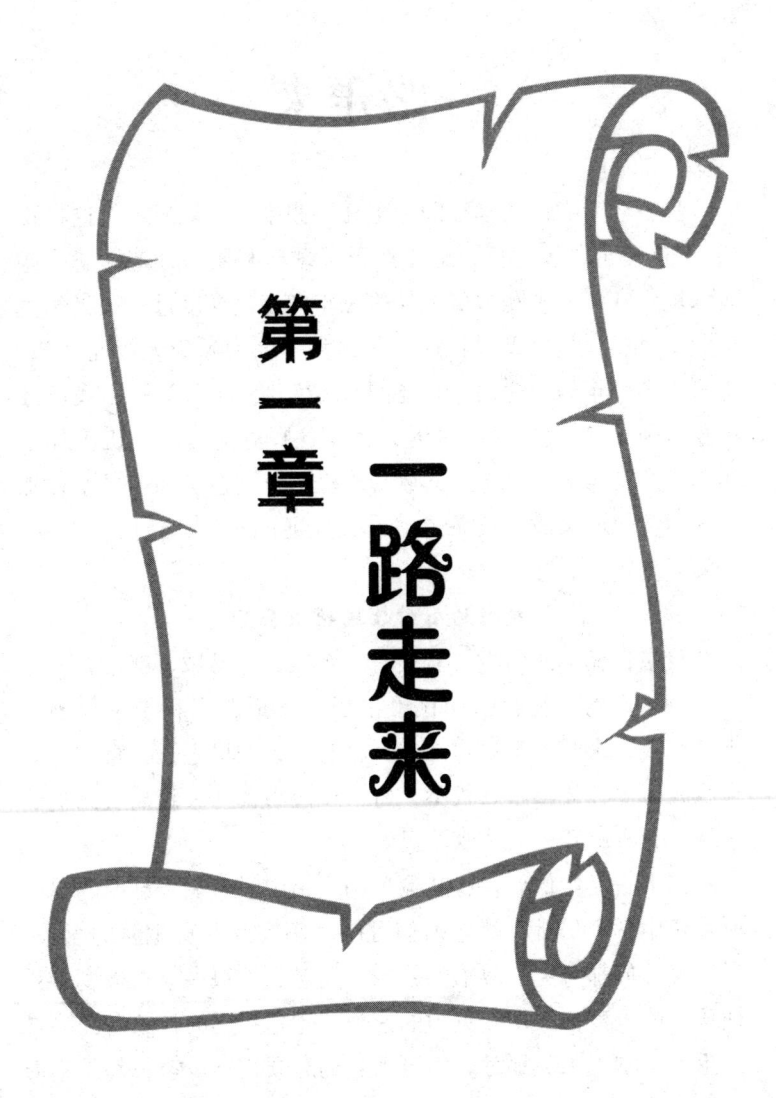

第一章 一路走来
DIYI ZHANG YILU ZOULAI

一路走来

我曾经无数次在学校的班主任讲座中对年轻班主任这样说道:"选择了做班主任,就是选择了琐碎和繁忙,选择了无怨无悔地坚守,一个初中班主任的三年应该这样度过——当学生毕业的时候,我可以说:这三年,我不因为碌碌无为而羞愧,也不因虚度年华而悔恨,我能问心无愧地对自己说一声我已经尽我所能了。"我是这样说的,也是这样做的。我在班主任工作的路上就这么一路走来,欣赏着沿途每一道美丽的风景,殊不知,我自己又成了这条道路上最美丽的风景,让同仁仰慕,让领导赞赏,让社会称道。

绝对的自信让我硕果累累

我来自偏远的山村,从山村、乡镇,到县城、都市,一步一个脚印走到现在,已经在班主任这条道路上行走了整整三十年。我时常开玩笑说自己是一个有故事的班主任,真的,关于我的班主任故事不胜枚举,每一个故事都如一颗晶莹剔透的珍珠,让了解我的人感叹不已。

二十一世纪伊始,我从偏远的乡镇中学考调到县城的另一所乡镇中学。那是一所老师们可以休闲安度教育生涯的学校,尽管老师们都有努力教书的愿望,无奈当地很多家长极度不重视孩子的教育,即使有见识的家长,也把自己的孩子送到县城的重点中学去了。那时,每当报名的时候,不少家长都是穿着拖鞋,挑着菜篮顺便来看看,酸不溜秋地来一句:"农民的娃娃,读书也是吃饭,不读书也是吃饭,花那些冤枉钱还不如让娃娃去工地打工。"见此情景，我也真的懈怠过，原本计划随波逐流做一个混吃等死的老师算了，可有一件小事改变了我。

那时班上有一个资质不错的孩子，家长无意中与我交谈说："王老师，我让娃儿在你班上试一下，如果是块读书的料就转到重点中学去；如果不是那块料，就在你班上混个初中毕业就算了。"这件事对我震撼不小，我第一次发现，不是这个地方的家长们不重视教育，而是这个学校的老师们没有让家长看到希望。于是，我重新振作起来，开始了属于自己的努力和坚守。

我说到做到，三年来不顾他人的眼光，一门心思就在自己班上的学生身上。我自信满满地承诺那个家长说："如果你的孩子是块读书的料，你交给我是最正确的选择；如果你的孩子不是读书的料，你把孩子交给我也是最正确的选择。重点中学教得好的学生，我一样教得好；重点中学教不好的学生，我也能教好。"三年时间转瞬即逝，该生当年以全县第三名的好成绩考入南开中学的宏志班，还有五个同学都以优异的成绩考入了县级重点高中，全校一共十个班考入高中的不足十人，我所带的班就有六人，占全校升学人数的大半江山啊！

一个自信的班主任就是这么有魅力！我在 2006 级班级管理中再创辉煌，好酒不怕巷子深，当地重点中学的好多学生都慕名而来。我印象最深刻的是一个男生，非常调皮，曾在重点中学因扇了班主任一个耳光而被开除，家长无路可走找到了我，在我宽严相济的管理下，这个学生有了脱胎换骨的改变，不仅顺利毕业，还光荣入伍。

我当时所在的那个学校的老师们，绝对不会让自家孩子就读于自己学校的，宁愿花重金、费力气，也要送到重点中学。最有意思的是教导主任的儿子在重点中学读书，家长每天早上必须拖长声音叫儿子起床，然后匆忙将其送往学校，而儿子期末成绩却排名靠后，主任去开家长会一点面子都没有。经过三思，主任毅然将儿子转回到自己的学校，就读于我班。在班上两年多时间，经过我的教育和引导，这个孩子再也不用家长叫早，不用家长催促完成作业了，后来还考上了当地的高级中学呢！主任乐呵呵地说："我家孩子只有初中在王老师班上的两年多时间真的在读书。"因为主任的带动，我校教师子女只要与我所教班级同一级的，纷纷转回本校就读，还有不少知晓我的学生家长也纷纷效仿，将孩子转到我班上。校长开玩笑说王老师的班级是人丁兴旺，王老师的2006级12班可谓是战果辉煌，有十七人考入重点高中。此后我的2009级，以及在二外的2011级5班、2014级5班、2017级5班，以及后来没有教完我就离开了的2020级5班，绝对都是首屈一指的一流班级，全面发展绝对不含糊。

无限的创意让孩子们受益终生

我不仅致力于提高班级学生成绩，还努力拓宽学生的视野。因为三峡地处偏远山区，我所在的学校几乎是名不见经传，在多媒体教学设备走进城区重点中学校园的时候，我们学校还在用着落后、老旧的教学设备。于是，我凭借班级博客宣传自己的班级，获得不少网友的好评，一些成功人士慷慨解囊，硬是帮我的班级安装了多媒体设备、电视、展台等。现代化的教学设备首次引入乡村学校，当时在全校引起了不小的轰动。

每当谈起这些往事的时候，我总会说："这不是别人的故事，生在多媒体时代、长在繁华都市的老师难以想象，对于农村中学来说，一本图书、一台电视在当时都是那么来之不易。不管有多难，只要班主任老师真心愿意去做，自助者天助。"

在农村中学建立书香班级也是我的构想。无奈巧妇难为无米之炊，孩子们手中除了教科书以外啥都没有。十多年以前，我就开始规划，坚持每天写一篇班主任日记，真实生动地记录班级状况，文字中也流露出不少期待。经过一年的不懈努力，日记感动了不少爱心人士，尤其是上海浦东新区的普通公务员黄晓妍女士挑头伸出了援手，首先提供价值两万元的图书，然后汇款一万元用作订阅报刊书籍，帮助我们建立了班级图书室。孩子们有声有色地开展起了晨读、午诵、暮省活动，乐此不疲。一些家长感叹说："孩子在王老师班上读了几年书，不知不觉变成了文化人哟，开口闭口就能来几句经典，时不时蹦出几句《增广贤文》里的话来，说起道理还会引经据典呢！"

　　走进我的班级，最显眼、最吸引人的地方永远是书架。早上从我班门前走过，总能听到响彻云霄的诵读，孩子们不仅背诵课文，还要背诵"四书五经"、《增广贤文》《三字经》等。每个孩子在寝室的床头必备一本经典名著，有事无事都得翻上那么几页，"即使躺在床上心灵也要远行，灵魂也得在路上，"这是我引导孩子们时经常说的话。

　　光读书还不够，我还在班上要求"人人会讲座"，于是仿效中央电视台的《百家讲坛》，在班级拉起一面大旗举办起了《班级文化讲坛》，在二外坚持办了六年，每一天都安排一个人自定主题进行十分钟左右的文化讲座，主题不限，内容健康向上就可以，形式创新，不拘一格。这是深受学生喜欢的活动之一。我的初2017级5班中考前一天晚上还有学生举办讲座，实属罕见。

　　这些年来，孩子们举办的讲座内容可谓丰富多彩，从美景到美食，从美人到美文，讲了孔子说孟子，说了诸葛谈司马，曹操和刘备对比讨论，《红楼梦》里美女之间的牵牵绊绊和她们的悲剧命运，还有《水浒传》里那些刀枪棍棒，甚至太极八卦，天文玄学，钓鱼岛、萨德等时事热点，都是孩子们的话题。只要孩子们感兴趣的内容，都可以搬上讲坛，谈谈他们自己的见解；只要是健康向上的想法，我绝对支持并小心翼翼地呵护。所以，每天夕会课，我们班不是听老师唠叨和学生吵闹，而是在享受最美的文化和精神盛宴。

上届学生王艺筑为了办好文化讲坛的讲座，潜心研究《三国演义》，从各个方面解读诸葛亮的形象，经过她的诸葛亮系列讲座，全班兴起了"诸葛热"，捧读《三国演义》成了孩子们最热衷的活动之一。现在班级里的小男生杜怡男，原本是一个闷乎乎的"书呆子"，在文化讲坛的训练下，他发生了脱胎换骨的变化。一次《水浒里的十八般武器》的讲坛，还深深吸引了语文老师。在课堂上，老师主动走下讲台央求他说："杜怡男，你接着讲下去吧。"小男生也不拒绝，落落大方地讲了一节课，全班同学对他佩服得五体投地。后来，他的题为《红楼梦里那些洋玩意儿》的讲座，全班同学听得目瞪口呆，语文老师连连称奇，自愧不如。

这两届学生都曾经前往新加坡、欧美交流学习，他们的侃侃而谈让外国学生佩服不已。孩子们乐于表达，善于表达，正如一个家长感慨说："王老师，我觉得你好神奇哟，我家娃儿过去屁都不敢放一个，我真的难以想象他还敢于上台办讲座，以后可以当领导讲话了哟！"

当然，我还引导孩子们读万卷书，行万里路。春暖花开的时候，我带领学生溜出校门去看看涂山湖鲜花盛开的情景；秋叶飘零的时候，带领孩子们赏银杏叶飞舞的美景。周末带学生踏青黄葛古道，探访抗战陪都，问卜道观老君洞，拜佛于涂山寺，让孩子们了解不同的宗教文化，欣赏不同时代的建筑艺术；平时也爱找点借口带孩子们出去寻找美食，二外周围的每一家饭店，每一个面摊都被我赋予文化的意义，享用美食居然也成了最好的学习途径。寒暑假，我鼓励孩子们出去走走，带他们游学参加作文大赛，行走欧美撰写旅行游记……

真的，有创意的班主任永远是丰收的。成绩在班上曾经倒数的飞扬同学毕业后成为公司经理，出差都不忘给我买点礼物。飞扬这样说："我当时成绩不好，王老师怎么辅导我都不得行，但王老师在其他方面教给我的东西恰好是我进入社会必需的，我一辈子都感激她。"

谦逊平和的态度让家长们愿意亲近

我常说在都市没有亲人，但是我似乎在这里又有许许多多的亲人。是的，我的那些亲人就是学生及其家长们。我每教一届学生便多了百多个亲人、朋友，我与家长的深厚情谊不是来自班主任的身份，而是来自平易近人的态度。把孩子交给我，家长们心里踏实、放心，即使孩子的发展达不到家长的期待，也很少有家长抱怨我。老师和家长之间往往都是自我反思，互相致歉，共谋出路。

家长们最不能忘记的是他们与孩子一起参加的开学第一课：没有生硬的说教，也没有冷酷的禁令，有的是如春风般娓娓道来的故事或者道理，那不仅是教育孩子的，更是引领家长的。我对孩子们说："孩子们，不论你的家长是事业有成还是节衣缩食送你来二外读书，他们都有一个共同点，就是深深爱着自己的孩子，希望给孩子最好的教育。你们今天因为父母而备受关注，三十年后，你们的父母会不会因为你们的成功而倍受尊敬呢？这得看我们从今天开始怎么书写自己的人生了！"简单的开场白，往往会吸引每一个孩子和家长，引起大家共同的思考。

第一章 一路走来

家长们往往因为开学第一课而深深地喜欢上了我,每次开学第一课以后,我的手机都会收到上万字的短信。平日里,不少家长有空没空总喜欢找我唠唠嗑,打打电话,聊聊QQ,有些家长与我一次对话可以长达两千字,但是从来不见我"嗯""啊"的简单应答,我总是耐心细致、热情幽默地与每一个家长进行交流。说起孩子的情况,我似乎连孩子有多少头发都清楚一般,不管孩子发展情况如何,我似乎永远都不悲观失望,总能给家长静待花开的耐心和力量。

二外的学生家长基本上都是事业有成的人,有的人骨子里难免有一种优越感,不屑于把时间、精力花在孩子的教育上,只是一味地要求教师,而忘记了家长应该担负的责任。我面对这样的家长总会不卑不亢,直言不讳与他们进行交流。我常说:"孩子行走在校园里就打上了班主任的烙印,也就是班主任的复制品,我能保证每一个孩子都积极乐观,雷厉风行,认真完成每一科作业。您的孩子周末或者假期归来就打上了家长的烙印,孩子是否会按时到校,是否会保质保量地完成作业,这全看家长在家里的管理和引导。年轻时因为事业有成而骄傲和自豪,年老时应该为孩子的成功而欣慰,所以做好事业、管好孩子两手都要抓,两手都要硬。"

我就是这么潜移默化地引导着家长,慢慢改变着家长,不知不觉把家长紧紧团结在自己的周围,家校合一拧成了一股强大的教育合力。因此,不管我有啥教育新点子,只要我一声号令,全体家长乐乐呵呵地就响应了。记得二外一个学生因患癌症而被截肢,全班学生的家长都伸出关爱之手;一个学生的爸爸不幸去世,我三言两语,来自各地的慰问便到了当事人跟前;学校课堂展示需要家长接受孩子的跪拜之礼,我轻声一说,全班家长齐刷刷地走进了课堂……诸如此类看似简单、实则难办的事情,我往往轻松搞定。

　　世界上没有理所当然的事情,学生家长如此配合,是因为他们从我身上看到了许多宝贵的东西。每到期末,每一个孩子都会领到一本厚厚的书册,没有华美的装帧,家长和学生却视之为最珍贵的宝书,因为那一本本书里都是我用心血和汗水凝结而成的文字,每一个孩子在我心里都是至宝最爱。前不久,一个已经当了妈妈的女学生拿出我十多年前写给她的文字,她在QQ空间里说:"此生永远记得王老师的那些鼓励,此生最大的愿望是希望自己的孩子能遇到像王老师一样的老师。"

　　写给学生的寄语似乎不足为奇,我还为家长们写评语。对于和家长的每一次电话、每一次偶遇、每一次微信留言,我都如数家珍,总能从这些细枝末节的只言片语中捕捉到家长对孩子的教育的动向,然后给予评价并提出中肯的意见。每次开家长会,就是家长们享受盛宴的时候,他们总能从厚厚的书稿中读出我写给家长的温暖话语。

淡定低调的为人让领导赞赏

　　我当班主任整整三十年,曾经被评为县级模范班主任、重庆市级师德标兵、重庆南岸区先进教师,参加过市级骨干教师培训,被评为市级骨干教师;在二外十一年里,年年被评为先进共产党员、学校先进个人。但是,我总是那么淡定低调,永远是勤勤恳恳、兢兢业业地做事,交给我的工作总会完成得妥妥贴贴。

　　领导偶尔问我是否愿意做点更重要的工作,我总是淡淡地说:"我不适合干别的工作,我永远只适合做一个语文老师,当一个班主任,其他什么也不会。"其实,人一生办好一件事就是一种伟大,我几十年如一日地做着班级管理的琐事,从不厌烦,从不抱怨,总是在不断地反思,不断地改进,坚持记录

第一章 一路走来
DIYI ZHANG YILU ZOULAI

班级日记十五年有余,坚持与学生书信交流上百万字,坚持写游记达几十万字。当同事们鼓励我汇编出书的时候,我也总是淡淡地一笑:"如今作者不少,读者不多,我的文字只是封存自己的时间和记忆罢了。"

近六年来,每年九月开学之初,我都担负培训年轻班主任的任务,我从来不问报酬,只是埋头做好自己的事情,用风趣幽默的语言,结合丰富的案例讲解,深受老师们的好评。我被京翰等教育培训机构邀请做过教师培训,前往贵州、江西、江苏、浙江等地作过报告,但是从未因为自己的外出耽误学校的工作,也不会因为外出办讲座牺牲班级学生的课业,我的教学成绩和所带班级的学习成绩每一届都在年级名列前茅。

别人说王老师是教育专家,可我说永远都不愿意做一个教育专家,只愿意好好做一个班主任,做今生最喜欢的工作,凭借自己的管理经验造福学生就足够了。

有领导这样评价我:"王老师这样的班主任可遇而不可求,如此肯做事又与世无争,好用又不麻烦。"

要讲的故事很多,但这都是过去式,我将用勤奋拼搏和努力进取书写新的故事,一路往前走,让自己走得自信,走得美丽而又光芒四射!

路漫漫其修远兮,吾将左右而求教!

说光阴的故事

我用文字记录这一切，不为名，不为利，只因为自己喜欢。茶余饭后絮絮叨叨说一些家长里短，聊一些爱恨情仇，不讲章法，只凭一时快意胡乱涂鸦，就这样如孩童一般，在四十多年的人生历程上一步一个脚印。写下来，就是想封存时间和心情，记录一些光阴的故事。

我出身偏远乡村，父母虽然目不识丁，但对我们管教严格。我父亲是当地比较有声望的手艺人，手艺精湛，人品很好，所以在十里八乡也算一个人物。他英年早逝的时候，不少乡亲抹着眼泪说："不是你们家遭败，而是这地方福薄，不配有这样的好人、能人。"是的，他虽然普通，但是凭着热情、仗义和智慧受到父老乡亲的爱戴。所以，打我学会走路、说话开始，他便对我有了规划，希望把我培养成比较全面的农村姑娘。

"来来来，我给你讲个故事。保管室的年姐姐好能干哟，家里里里外外都堆着煤炭，更值得表扬的是连脸上鼻子弯弯处都堆着，你也向她学习嘛。"面对我大花猫一般的脸，我爸爸总会如此这般说，羞得我连忙把脸收拾干净。所以，我自小就害怕被爸爸调侃，总是记得把手和脸洗干净。

"从前有两个娃娃，一个是姐姐，一个是妹妹，两姐妹都是一身漆黑，满脸干净，连小手都是洗得干干净净，每次带出门都会被别人夸奖。特别有意思的，她俩的脑袋不像脑袋，大家都以为是把木匠爷爷的凿子把（过去的木匠打眼用的工具，因为锤子不断敲打把的顶端，周围就裂开，变得蓬松，远看像一顶乱蓬蓬的头发）顶着。"看着我们乱糟糟的头发，我爸爸

第一章 一路走来
DIYI ZHANG YILU ZOULAI

总会那样不紧不慢好像说着别人的故事一般。我们会赶紧去把头发梳好。

"不错不错，你那穿针引线的动作很标准，你看看，菊孃孃的布鞋做得好乖哟，一针一针整整齐齐、干干净净的样子，姑娘就得向她学习。"爸爸拿着菊孃孃做好的布鞋对我说。我于是暗地里好好学习锁扣眼，钉扣子，也喜欢动用母亲的针线包，在下雨或者闲暇的冬日学着穿针引线，虽然不娴熟，但也有所尝试。

"能干，你们要像幺姐学习，你看三哥每次背一大筐，幺姐也是背一大筐，女娃娃从小不要吝啬力气，敢于向男孩儿挑战才是能干人。"当我们从树林里背草皮回家的时候，父亲这样对我说。我暗地里觉得要让爸爸高兴，挑水、背草皮、割草、砍柴等，千万不能输给男孩儿。也就这样，我到现在做事都不拈轻怕重，不管在啥场合都是拼命干，生怕拖别人的后腿，从来都不觉得多出力气是个傻瓜。

记忆深刻的是，我们进入了学校，父亲是不主张我们多读书的，他不觉得读书能有多大出息，女孩爱干净、勤劳、会做针线在他心里如同"五讲四美"一样重要。他曾经与几个补习了两三届的初中学生开玩笑："你们厉害，一晃从我面前过了八九年，硬是读成初中专家了。"虽然这话很刻薄，但是我能听出弦外之音。为了能够有更多的读书机会，我在学校不敢有半点懈怠，回家不敢对他有半点冒犯。因为是自己争取来的宝贵的读书机会，我们姐妹似乎天生都勤奋。

时间越久，我对这些记忆反而越来越深刻。昨天是我已去世的爸爸的诞辰，如果他能活着就是一个七十四岁的老头儿。我不能想象他须发花白的形象，但是我可以肯定，他到老都会是风趣幽默的人。我之所以今天能有那么一点吃苦耐劳的精神，全得益于他不经意间的教育。有时候想想，我的父母就是天生的伟大的教育家，如今年迈的母亲依然能说出一些颇有哲理的话。回味这些融进光阴的故事，我越发觉得自己比身边的朋友们富有。我种过地，养过猪，放过牛，砍过柴，烤过烟，背过煤炭，也做过针线活，还在寒冷的冬夜听过老人说书，也在逢年过节看过乡里的文人写对联。今天想来，我并不觉得童年有多美好，但是我觉得很充实，给予我很多珍贵的礼物，我不想回到童年时光，但是我永远感激我的童年生活。

光阴一去不复返，但是刻进记忆里的光阴故事不会消逝，每每想到这些，我都庆幸自己天生有比较好的记忆力，天资平庸却仰仗好记性居然闯出了一条生活的路。年岁渐长，我觉得有时候居然会忘记一些事情，所以尝试着用笔记录。QQ空间蹦出来一年前今天的动态、三年前今天的动态，我都会感恩自己在生活里鼓出一个泡泡儿。

教书这么多年，近十五年以来，我就这么毫无章法、毫无目地自由记录，当初是为了好玩，现在还是为了好玩。十年前有网络上的朋友几次三番让我把这些鸡毛蒜皮的记录整理出版，我想这些东西仅仅是我在光阴里捡拾的记忆，不足以担负让更多人关注的使命。直到六年前，那个网站关闭，一夜之间我几年的心血化为乌有，好多朋友为我惋惜哀叹，可我自己一点儿都不难过，因为我觉得只要生命还在继续，就会有新的记忆和故事产生。

在与学生相处的时候，我看起来是严肃的，我不喜欢每天对着学生"幺儿幺儿"的叫，我也不喜欢学生对"我班妈班妈"的喊，更不喜欢学生每天从食堂给我带个鸡蛋。但是，我能在我的视线里，用我的善良、我的敏锐观察他们，我能记住与他们交流的每一个瞬间，他们的一举一动都会让我有所思考，给我留下印象。有时候，我的回忆让孩子们自己都感觉恍如隔世，能帮他们唤醒一些记忆，我也因此感到无比愉悦。

这学期期末前，在学生的复习过程中我感到百无聊赖，便

第一章 一路走来
DIYI ZHANG YILU ZOULAI

心血来潮写起孩子们的故事，开启了千字评语工程。七十个孩子天真的笑脸就在我眼前浮现。不管是在办公室还是在家里，打开电脑，一幕幕场景总在眼前回放，不用刻意构思，只忠于当时的那种感觉，那些文字就很流畅地写出来了。当电脑里已有七万字的时候，我突然有一种装订成书的冲动。说干就干，妹妹帮我检查错别字，程习鹏老师帮我设计了封面和封底，马笨笨先生帮我联系了印刷厂，简直是天时地利人和。我第一时间就被程老师的封面设计给吸引了，突然间对这些普通得不能再普通的文字有了期待，总想看看被梳妆打扮过后的絮絮叨叨长啥样儿。

事情进展得很顺利，看到封面和封底印上自己的照片，署上自己的名字，我居然产生了"炫耀"的心思，一时间还有不少人捧场，要求我赠送一本。呵呵，无非就是写给学生的几句评语而已，我知道实在没有什么价值，一个同学执意要去一本，居然还说自己酣畅淋漓地读到深夜。真的谢谢这位同学的抬爱，我从来没有想到这么一些流水账能够让我那个才华横溢的同学给予如此吹捧。

我的先生老谭说："人家不是看文章的价值，而是看你的那份心境，把闲暇的光阴刻进记忆是你的魅力，既然印出来了就是一本书，自己写的书。你不能狂妄自大，也无需妄自菲薄，喜欢就做吧，我以后不打击你的积极性了，看你做自己喜欢的事情真的是很开心的，沉迷其中忘记逛淘宝，一年节约的钱就当你的稿费。"

呵呵，愚娘本没有书，写得长了便成了书。光阴一去不复返但是又永无止境，记录光阴的故事不为名利，只为好玩，带着一颗好玩的心自由散漫地成长，即使老去也能多一份从容，沉淀一份记忆。我无意成名，我也不渴望出名，但是我喜欢阅读，喜欢涂鸦，光阴无限，记录不停，咱们同行，好吗？

云淡了，风轻了
——说说我的教育故事

时光是关不上的水龙头，每一件往事里都有鲜活的曾经，回望转瞬即逝的三十年讲台生涯，其间有豪情万丈也有柔情似水，也不乏束手无策，万般无奈；有晴空万里也有落英缤纷，铅华洗净留下的是谦卑和执着，凝结的是沉静和感恩。近万个日子就那么过去了，从百般纠结到云淡风轻，如今我能微笑着说："我其实是一个有故事的人，有着许多平凡得不能再平凡的教育故事。"

还记得一次赛课，我执教一篇文章《影子的故事》，内容很简单，除了教几个生字以外就是让学生在一些有趣的故事中明白影子的原理，对科学产生一些兴趣而已。课堂上，我把全班学生带动得学习热情高涨，从上课第一分钟到下课前一分钟，学生都处于一种积极亢奋的状态。课后，与我熟识的同行好评不断，异口同声地预言肯定是一等奖。

带着满满的自信来到颁奖现场，三等奖第一个名字就点到了我。凡听过课的老师们都一脸惊愕，我自然是难以置信。后来听专家点评，说："有些课看起来是很活跃的，学生忙得不亦乐乎，但是无法让我们看到执教老师的功底。"原来是这样。怪不得其中一堂课学生没有半点涟漪，但老师诗词歌赋，引经据典，那老师当之无愧地获得第一名。我对自己进行了一次彻底的否定。

自此，我改变了自己的风格，生怕在课堂上被学生抢走了

第一章 一路走来
DIYI ZHANG YILU ZOULAI

风采，从课前的引入到课后的总结从来都是力求语言的华美，句式的整齐，情绪的高昂。为了弥补自己的肤浅，读教学前沿杂志，阅读教育专家的专著，尤其是后来有了网络，热衷于看全国语文"大咖"们的课堂实录……到后来，我成了课堂上最靓的风景，孩子们的一举一动都成了最恰当的点缀。几年后，我再次走上语文赛课的讲台，专家还是那些专家，评委还是那些评委，当年的王老师以一等奖的身份站在了领奖台上，得到的评价是老师功底深厚，上课充满激情。

真的，朝着这个标准我奋斗了很多年。但无论我多么不遗余力地表演，都难免有个别学生恹恹欲睡，这样的课堂一直都是精彩了老师，暗淡了学生，可是我不敢突围，也不能突围，害怕遭到质疑。

人若局限于自己的一方天地，永远都是井底之蛙，我在迷茫困惑的时候走出了家门，看到了真正的"大咖"课堂，聆听了权威专家的讲座，开始对课堂教学有了一些新的思考。

2011年的暑假，我们一家飞往扬州参加了一次大型的语文年会活动，在论坛活动上见识了来自五湖四海的同仁对语文教学的思考和实践，其中一位羞羞答答的乡村老师的发言引起了我的兴趣。他讲的是滚动快速作文，我默默地记下了关于滚动快速作文教学的一些信息，回家就开始在网络上搜索，居然找到了滚动快速作文的创始人。在一个多月不间断的交流中，我基本弄清楚了这种课型，开学第一周就在初一年级尝试，孩子们空前地喜欢。我的作文课来了一个华丽的转身，一个月完成了六次作文，孩子们常常吵着闹着要上滚动快速作文。

我常常想，这样的课堂虽然老师只是起着穿针引线的作用，孩子们却是乐此不疲，收获多多。如果阅读课、综合实践课、作业讲评课也这样组织，课堂上每一个孩子都动起来，那该是一种怎样的风景啊？这个念头在脑子里盘踞着，扰得我不得安宁。于是，在那年的国庆假期，我抠破脑袋想要嫁接出滚动快速阅读课，坐在电脑前却一个字都打不出来，一站起来满脑子都是想法。就这样站起来，坐下去，晚上躺在床上也是辗转反侧，爬起来打两个字灵感却又跑得无影无踪。经过一周的折腾，滚动快速阅读课堂的流程出来了。一时间，我的语文课堂精彩纷呈。带着这种课型，我走了全国不少地方，与那些志同道合的老师们交流学习。

八年来，我从未间断自己的研究，滚动快速系列课堂从最初的直击考点到现在的基于学生的核心素养出发，由最初的貌似老师被边缘化到今天的老师组织云淡风轻，由最初的一心想改变孩子恹恹欲睡的学习状态到现在的旨在成就学生的精彩，王老师的课堂成了学生的乐园。我不再纠结于专家需要看到老师功底的要求，不再彷徨于教师的主导地位遭到侵犯，我更不在乎是否给我颁发一个晶莹剔透的一等奖奖杯，我只愿课堂上成就每一个孩子的精彩，为师便可出彩。

一个年轻老师借用我的教学课件时说："王老师，虽然你的课堂看起来没有别人的美，但是我觉得很实用，因为课堂上学生好感兴趣哟！"是的，我不是王君，不能让学生将语文和生活打通；我不是肖培东，不能那么优雅从容地教语文；当然，我也不是梁恕俭，做不到一课一诗才华横溢……何况，课堂的美是仁者见仁，智者见智，我觉得学生喜欢、感兴趣的课堂就是最美的课堂，即使老师永远只能站在课堂的幕后，我依然觉得妙不可言，美不胜收。

教书就是一场充满变数的旅行，我们会走过隐隐青山，悠悠绿水；我们会路过无人踏足的荒径，领略前所未有的风景；我们也会走进无数孩子的内心，那种无法诠释的感觉就是缘分，这一路都是故事，成就学生的精彩就是最为动人的篇章。

心宽处，云淡风也轻。我学会了成全，成全讲台下的每一个孩子。

第一章 一路走来
DIYI ZHANG YILU ZOULAI

用农人的心态当老师

我是农民出身却幸运地做了老师，还一口气教了近三十年。年轻时觉得教书是很洋气的，总是在心态上对农民的思维遮遮掩掩，想精想怪想追求教学艺术，班门弄斧也要折腾点花样出来，事实上也没有做出一点名堂。近年来，心情越来越平静，心态也开始平和了，心想自己就是个农民，我从哪里来还是回哪里去吧，回去当农民不可能了，那就用农人的心态当教师吧。

农人的眼光，绮丽风光在田园

还记得小时候跟着大人干农活的时候，我总能看见他们不管秧苗是大是小，是壮是弱，是高是矮，都是用充满喜悦和欣赏的眼光看着，满脸都是丰收的憧憬，尤其是对那些长得有点"委屈"的庄稼，都要格外壅上点土，偏爱地多撒点尿素，实在孱弱的话，还要用竹竿支撑一下…

当老师何尝不是这样呢？面对讲台下参差不齐的一群孩子，有的基础好，有的基础差，有的很勤奋，有的很懒惰，有的很听话，有的很调皮，如果没有良好的心态，加上社会的、学校的，还有来自自身的压力，会如同枷锁一般把自己牢牢锁住，一定会有喘不过气来的感觉。

诚然，尽管我起三更睡五更，披星戴月，有时还是没有达到自己内心所期待的美丽和惊奇，说真的在分数上辜负了领导和学生。但如果回归课堂的感受，我看到的却是别样的风景：童是公认的语文头痛者，最初一节课喊上百个"报告"，但是他头脑聪明；琦懒散、吊儿郎当，但是喜欢得到老师的表扬；

皓站起来说话战战兢兢，但是从来不捣乱；帆理科思维挤走了文科思维，歪歪扭扭的书写让语文学习雪上加霜，但是自信听话……每一个孩子都有优点，都有属于自己的生长点。

教书如同种庄稼，用欣赏和期待的眼光看待每一个学生，满眼风光都在课堂上。

农人的心态，是花终究都会开

农人的心态永远都是乐观的，不管看到怎样的禾苗都相信将来一定会有收获，尽心尽力侍弄每一棵庄稼。我当老师也在努力修炼这样的心态，每一个孩子都是一个世界，每一个孩子都是一片天空，每一个孩子都是一个希望，不管他们当下的状态怎样，都会有一个灿烂的明天。

回想教学路上，跌跌撞撞走过很多弯路，也有过不少失落，但是艰辛的过程以后，我们能够看到路上充满了风景和希望。你看，童在课堂上能够安安静静地听课，做题速度明显提升，学会了认真回答老师的问题；琦在我真诚的鼓励和表扬下爱上语文，对语文充满了兴趣；皓也能够大胆举手，大大方方在讲台上发表自己的观点了；帆总是咬着牙说语文成绩好点了，并且能够一笔一画办手抄小报了……看到这些变化，我不由自主有点感动，为学生，也为我自己。如果当初看到他们让我抓狂的表现时心灰意冷无所作为，就不会有如此欣慰的改变，就不会感受到这份淡淡的幸福。

教书如同种庄稼，善待和呵护每一个学生，给他们足够的时间和空间自主成长，生命之花都会如期绽放。

农人的劳作，慢耕细作天酬勤

过去，农民都说自己是靠天吃饭，也就是谋事在人成事在天。老人们经常教育我们小辈，事情是做出来的，抓住时令该施肥就施肥，该浇水就浇水，该除草就除草，不要播种时节想到插秧，也不要耕作时节想到收获，种庄稼就是一个慢的过程，慢耕细作用心用力，自然会有好收成。

当老师教书也是这样，教书是一个慢的过程，急不得。但是面对频繁的大考小考和名次攀比，作为老师恨不得在课堂上加一点涨分的"激素"，通常都是一天一清查，一周一测试，心急了中途还来点听写默写的。教师苦，学生苦，原本很快乐的教书和学习，搞得师生都疲惫不堪。

现在，我在教学中追求的是"慢"的艺术，慢慢讲课，给学生留下足够的时间思考、讨论和交流；慢慢点评，给学生留下足够的时间表达，耐心聆听孩子们在课堂上的观点；慢慢作文，给学生留下足够的时间构思，细心指导孩子们激活思维，抒发自我的情感；慢慢批改，给自己留下足够的时间评判，从孩子们的作业中了解他们的学习状况……

教书是教心育人的，我们不能被考试分数生生地绑架，不能因为要有一个好看的分数而急火攻心，一时间忘记了教育的本质，让分数把教育变得功利、自私和无趣。慢点，再慢点，让我们如农人种庄稼一样精耕细作，让每一个学生都自主快乐地接受阳光雨露，问心无愧地劳作，用辛勤的劳作感动上苍。事实上，付出就会有回报，一分耕耘就会有一分收获，再说教育的成就不仅仅只有分数。

一学期就这么过去了。从哪里来要到哪里去是值得我们好好思考的，站立讲台的时间越长，我越觉得自己在回归，回归到农人的状态，不再心高气傲，不再强己所难，不再无为地妄想。用农人的眼光看待学生；每一个生命都是一道靓丽的风景，用农人的心态期待学生，每一个孩子都是一个奇迹，都能够创造属于自己的神话；用农人的劳作去教学，天道酬勤。

我是教书的，教学分数是我的命，但是为了孩子们更好地成长，必要的时候不要命也无妨。

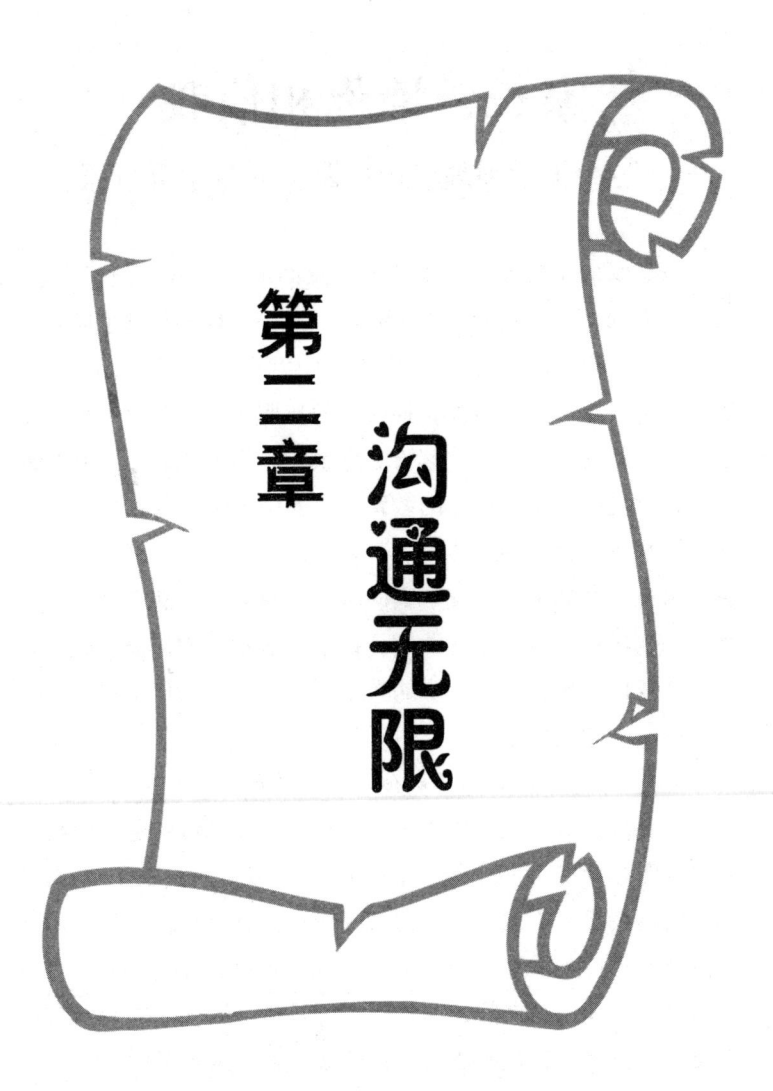

第二章 沟通无限

第二章 沟通无限
DIER ZHANG GOUTONG WUXIAN

家长，请你相信我
——写给王老师理想国各路诸侯慧学五班家长

缘聚缘散缘来如此，我们不经意间就这么联系到了一起，孩子是你的，也是我的，为了咱们的孩子，我们将携手陪伴孩子走过他们最为灿烂的三年岁月，不管你是腰缠万贯的富豪，还是学富五车的专家教授，抑或是来自职场的精英，咱们在这里有一个共同的名字——家长。缘聚二外的家长有一个共同的特点，就是特别重视孩子的教育，王老师很荣幸与你们并肩战斗，很幸福能与青春为伴，聆听花开的声音。

家长，当您把孩子交给我的时候，我除了对您有万般的感激以外，还有一个小小的请求：请您相信我，相信王老师；请您相信我们，相信慧学五班的教师团队；请您相信学校，相信还在成长中的美丽二外。

请相信我的真诚和善良

王老师出身贫寒才疏学浅，但是王老师真诚善良，我会用最真诚的心善待每一个孩子，虽然我仅仅一介平民，毫无光环，但是我愿意用发自心底的微笑让自己有点光芒，我会用与生俱来的善良关注每一个孩子。不管现实中的你我他怎么看待教师这个职业，王老师始终告诫自己是在做着传递文明、教化人类的伟大事业，从来不曾妄自菲薄这份得来不易的职业。

往大了说孩子是祖国的未来，往小了说，孩子是家庭的希望，对每一个家庭来说，那就是整个天空，整个希望。如何与您一起让希望更切近，让天空更高远，我们除了无穷无尽的关爱别无他法。所以，王老师深知，班级管理之道就是无条件的善良、善良再善良。

我曾经教过一个基础极其糟糕的孩子，如果用成绩的尺码考核这个孩子，能让老师彻底无语。但是与其家长交流的时候，我发现孩子在家长心里是无上的重要，家长能够发现孩子无穷无尽的优点，这件事情深深地震撼了我，我觉得每一个生命的成长都是值得敬畏和呵护的。

请相信我的公平和透明

我很感激历届家长的支持和配合，每结识一群家长，我的生命里就增加了一群兄弟姐妹，其实能有如此温馨祥和的气氛，完全得益于每一位家长对王老师的信任。

回忆过去，每一届新班组建之初，都会收到个别家长的短信，有的说："王老师，我家孩子眼睛近视，麻烦你把他安排到第一排坐。"有的说："王老师，我家孩子不太长个儿，麻烦你把他安排在第一排。"有的说："我的孩子不太自觉，请你把他安排在成绩最好的同学身边。"有的说："我孩子胆子很小，麻烦你把他安排到温柔的女孩身边。"等等。如出一辙的理由，殊途同归的目的，一句话就是："王老师，你必须只对我的孩子好！"

每当遇到这种情况，王老师第一时间是拒绝。因为社会不是真空，我们的孩子要适应这个纷繁复杂的社会就必须面对形形色色的人，必须接受无穷无尽的考验。选择二外你就告别了安乐窝，在这里的主流不是享受，不是特权，我们能够接受的就是把孩子当块毛铁，你尽管把他扔进这个熔炉，让我们狠狠地、狠狠地帮你淬炼，把一个柔弱的生命炼成一块好钢，那才是二外老师真正的目的，也是我们的神圣使命。

第二章 沟通无限

我知道社会并不单纯，但是王老师的班级必须有一个单纯的环境，这里人人平等，个个有爱，把公平正义单纯的种子种在每一个孩子的心里，当他们引领时代的时候，不就是大同了吗？

请相信我的管理和教育

不知不觉想起六年前的教师节，我们班一个来自高校的教授家长，走进办公室很大声地说："王老师，明天就是教师节了，我给你一份礼物。"然后，她很小心地打开，就是那种黑板大小的素描纸四五张，上面整齐地粘贴着那些教育名家的教育理念，各教育刊物上的一些心得文章，我随便一瞟有《班级管理从心开始》《爱是教育的灵魂》等等。

我虽然接受了这份礼物，但是我没有感受到足够的尊重，事实上这个家长三天两头就来指手画脚，总觉得自己是个高校老师，指点一个初中班主任绰绰有余，竟然把我对孩子欲扬先抑的表扬都理解为有潜台词。在忍无可忍的情况下，我发飙怒吼一声："你有教育别人质疑别人的嗜好，你应该看看心理医生。"

王老师无时无刻不警醒自己，教育必须从细节抓起，从心灵抓起，教育者必须随时加强学习，更新教育观念，改进教学方法，但是对于一个班级的管理，我自信能够管好，如果您的孩子被我抓阄进入了五班，那是咱们的缘分，至于孩子的发展到底如何，那是由多方面因素决定的。

慧学五班的班级管理王老师做主，家长可以建议，可以提要求，但是不要参与。

再给大家讲一个故事。创新五班有一个特殊的家长，对孩子寄予很高的期待，孩子从小到大都是在学习的环境里泡着。尽管如此，孩子的成绩却始终不容乐观。可是在强势的家长面前孩子没有话语权，唯一可以开脱的办法就是撒谎。但家长自信自家孩子从来不说谎。孩子小学数学特别不好，家长怀疑数学老师教学方式有问题；初中数学不好也是老师教学方式不好，以至于后边怀疑所有的理科老师教学方式不好；因为孩子总体成绩不好，王老师整个教育方式也遭到严重的质疑。孩子说因为特别害怕王老师，学不进去。孩子要毕业了，家长哀叹最后悔的事情就是选择二外，孩子初中发展不好啊。

面对此种情况，我很无奈，也很无能为力，鸭蛋永远孵不出天鹅来，老师的能力就是尽可能地让鸭蛋自己破壳而出长成一只健壮的鸭子。

王老师担任班主任工作快三十年，奇葩案例不胜枚举，我不希望慧学五班的家长犹疑忐忑地把孩子交给我，我会尽心尽力，三年后把孩子还给您的时候，我能直视着您的眼睛说："亲爱的家长，我把孩子还给您，我已经尽我所能了！"

请相信我的班科团队老师

昨晚拿到班级任课老师名单，我反反复复看着他们的名字好半天。这是一群有战斗力的老师，我们将"精彩纷呈"地走到学生面前：有高的，有矮的；有胖的，有瘦的；有老的，有小的；有男的，有女的。每一个老师都是一道独特的风景，绝对不会让孩子们有审美疲劳感。

相信我们的专业能力，相信我们的敬业精神，相信我们的教学经验，请您在心里默念三遍：慧学五班的老师是最好的，慧学五班的老师是最好的，慧学五班的老师是最好的。

再给你们讲点八卦。上一届外班有一个家长，因为爱女心切，几乎有空就来到学校，待在寝室里不走，孩子睡觉她就在寝室里给自己的孩子洗衣服，孩子吃饭她就坐在旁边看孩子吃饭，不管生活老师怎么要求她离开寝室，她都不离开。生活老

第二章 沟通无限
DIER ZHANG GOUTONG WUXIAN

师的一句话就是:"××家长,烦死了!"

慧学五班的家长们,你们有人会这样吗?要知道这是集体生活,您的孩子除了来学习知识,更多的是要学习生活能力,你的孩子习惯你在她身边守着睡觉吃饭,别人的孩子不太方便了哟。

亲爱的家长们,请记住:孩子的成长比成才更加重要,请给孩子独立的时间和空间让他们自己成长,请相信每一个环节都有老师们陪伴着他们成长,您就静待花开吧!

聚散离合都是缘,遇见就是一种美好。相遇五班,我们就携手共进,拧成一股合力为孩子们的成长加油鼓劲!

如果花儿都在春天开放

春天是百花盛开的时候,沐浴春风去踏青是人生最为惬意和浪漫的事情,每每被春风抚摸、为花香陶醉的时候,我都会敲击键盘表达心中的万千喜悦之情。可是,总有一些花没有在春天开放,便有了与烈日较量的莲花让人感叹,又有了傲霜的菊花让我们驻足观赏,也有了芳香浓郁的梅花让我们迷恋,生活也就因此变得更加的丰富多彩。时光漫漫,如果花儿都在春天开放,我不知道人们秋天、冬天的生活是否会少一些色彩,但于我会是一笔不小的损失。

是花都会开放,有的性急开得早,有的爱凑热闹开得早,有的吸收养分的本领大便开得早……总之,无论什么原因,每一种花都会在该开放的时候努力开放,静待花开是人生的好心境,大智慧。如果生活中的人们都能做到这一点,便少了抱怨，少了急躁，多了祥和与安宁。

百花如此，成长更是如此。可是为人父母或者为人师者总是希望孩子们在统一的口号下一起成长，少了静待花开的智慧，多了抱怨花开缓慢的急躁。

在我儿子两岁半的时候，我正忙于自学考试，还得应付毕业班的教学工作，家贫无法聘请保姆，正好学校附近有一个托儿所。我便托人情将儿子送进了托儿所，那老师对我儿子很好，总是想方设法教我儿子写"上、中、下、人、口、手"等简单的汉字。可是，儿子连笔都懒得拿，无论老师怎么热心地教他，他都懒得搭理，眼看同班同学很快都能拼读音节，写点简单的汉字，我儿子却什么都不会，即使老师用红笔写好后让我儿子跟着描红，我儿子也不会写那些看起来简单得不得了的汉字。

有一天，我去接儿子回家，老师很尴尬地对我说："王老师啊，你对我那么好，我总应该给你儿子教点东西，你看开学都一个月了，他一个字都不会写，注意力一点都不集中，你说这个他说那个，我有时候板着脸逼迫他写字，他好像一点都不怕我，你说该怎么办啊？平时看着很机灵的，怎么读书不行啦，关键是太懒了，一点都不听教。"我知道这老师对我儿子很好，她是多么希望能教会他很多知识，因为她认为只有教给我儿子一些知识似乎才对得起我。

我的初衷是在忙碌的时间里给孩子找一个可以托管的地方，仅仅是让儿子跟着那些小伙伴们一起玩玩而已，并不真的需要老师煞费苦心教我儿子那点所谓的知识，于是对老师说："我只希望你帮我带着他玩玩就行，其他的什么都不要教给他，拼音汉字以后一学就会，不急于一时，如果有时候他实在不想在教室坐着，你让他看看动画片吧。"

第二章 沟通无限

不料，老师很诚恳地对我说："哎呀，我一个老太婆了，不会跳舞不会唱歌，就认识几个字，多少要给他教点啊，不然感觉对不起你。"

说句心里话，我不仅不希望那老师教我儿子拼音汉字，而且还有点担心她过早地逼迫我儿子做他不该做的事情，担心给孩子造成心理阴影。现在想来真的很感恩，那时两岁多的儿子没心没肺，不学就是不学。

转眼到了该上幼儿园的年龄了，因为工作调动，我们举家告别了那个小山村来到县城，儿子进入了当地最好的幼儿园。我对于儿子读书能干与否心里没底，可是，每次去接儿子回家的时候，幼儿园的老师们都会对我说："你家宇龙真聪明，什么东西一教就会，总喜欢打破砂锅问到底，好爱学哟。硬是能干得很哟，还帮我们阿姨拿碗拿筷子哟，像只小鸟一样叽叽喳喳的活泼极了。"其实，并非我儿子一下子变得聪明了，而是两年的岁月让他成长了，这个时候，学点拼音、写个简单的汉字已并非难事，自然而然一教就会啊。因此，在儿子五岁半的时候，老师们极力推荐儿子读小学。想想好多同学的孩子都在五岁进入了小学，我心里有点冲动，但是看着幼儿园的那么多玩具，真的不忍心过早地剥夺他最珍贵的童年。我至今很得意的事情就是让儿子多享受了一年童年生活。

教书三十年，而真正与家长有过交流的时间也就是在十多年前。随着电话、手机等通信工具逐渐走入人们的生活，家校沟通才成为一种可能。因为我这人从来不忽视任何一条信息，很多家长便与我成了倾心交谈的朋友，以至于我现在偶尔走在巫山县城的街头，都会碰到当年的家长挑着菜篮追着塞给我一根黄瓜、一个玉米棒子的事，偶尔也能接到一个从前的学生家长的电话，即使没什么事情，也要寒暄到手机发烫。

本学期的第一次月考刚刚结束，与我交流的家长不在少数，翻开那一条条的信息，让我很感慨也很欣慰，感慨可怜天下父母心，欣慰家长们越来越重视孩子的教育了，尤其是当今的家长越来越懂得反思，我们可以谈谈除了分数以外的很多教育内容。

坐在教室的讲台上，我看着下面五十三个学生，无数的生活细节浮现在我的眼前。难忘第一次月考语文分数的尴尬，看着孩子们缓缓进步，心中不胜自豪，尤其是好多孩子告诉我阅读有了感觉，作文有了思路，还说也知道自己整理复习资料了。让我更开心的是，好多孩子举着厚厚一本《生命史记》向我炫耀，我知道孩子们渐渐地爱上了语文，这不是世间最快乐的事情吗？以前书写潦草的队伍很庞大，现在他们能一笔一画地书写，原来喜欢涂黑团的涵也做到一丝不苟了，浩和骥极力让每一个字都写得工整好看，林、言、禾也是使出了浑身解数交给我书写比较漂亮的作业……尽管目前昕的心思还停留在小说和手机上，我也坚信随着集体的进步，他或许会有一些哪怕是一点点的改进。

宇对我说："王老师，我发现背诗歌、抄史记比想象的简单很多。"

涵对家长说："我认真听讲，积极回答问题，仔细完成作业，怎么考试就那么不如人意呢？"

杰说："我月考太差劲了，你打我吧，让我长点记性。"

林说："我又考差了，下次一定考好，一定考好！"

婕说："王老师，我好不容易哟，终于进了××名，对学习越来越有感觉了。"

豪说："我这回认真复习了，可是考试还退了17个名次，真是悲剧啊。"

第二章 沟通无限
DIER ZHANG GOUTONG WUXIAN

韬说:"优生的稳定奖是没有希望了,我要挤到前面去,他们不后退有什么办法呢?"

……或反思,或困惑,或喜悦,或哀叹,或有凌云的壮志,一次考试激起了五班的多少英雄豪杰,无论是金榜题名的豆花饭,还是单科优秀的肉夹馍,抑或是为人处事情商很高的牛肉面的奖赏,我们的孩子都在进步。无论哪一个方面每一天都在进步,静静地欣赏他们,静静地聆听他们,静静地期待他们,有时候比唠叨更有价值。

创新五班建班已经半年多了,孩子们从各方面都有很大的进步,可是还有一部分人似乎不见起色,每一次充满期待而得到的是分数不堪入目,班级英雄的座次随时都在重新排列,进步者皆大欢喜,失败者满目忧伤,更有家长朋友告诉我,他们因为孩子考试失利偷偷地哭过好多次。其实,我又何尝不是这样,每一个孩子的进步和落后都会牵绊着我的心情,我期待所有学生都优秀,事实上班级中成绩优良中差的存在是一种必然的规律,明知是这样,我还会因为孩子们的退步或者是止步不前而感到忧伤和愧疚。

前几天,我与一个同龄的班主任交流心得,我们共同的感觉是看着孩子们健健康康地成长,对于学习分数的落后已经没有了暴跳如雷的冲动,而是多了一分理解,多了一分宽容,也对每一个孩子的未来多了一分信心和期待。我们坚信,走过分数论英雄的时代,讲台下的每一个人都将成为各个领域的佼佼者。

是的,忠不爱学习却无比善良;昕迷恋小说和手机却常常给人以温暖;禾看似懒惰却对于班级事务尽心尽力;宇的考试分数可以让创新五班全面崩溃,但他对班务工作任劳任怨;璁学习基础薄弱,却是无比懂事孝顺;涵暂时落后却宽容大度;

之的成绩不如意却健康快乐；萌娇羞腼腆却文静甜美……正是这一个个鲜活有个性的生命组成了丰富多彩的创新五班，能领略这种美的人是世界上最幸福的人，会礼赞这种美的人也会是世界上最智慧的人，我愿意努力做世界上最幸福和最智慧的人，也愿每一个家长都能从不同的角度欣赏到孩子们独一无二的美，因为他们是我们最为宝贵的孩子。

春节期间，我到泰国游玩。变性人是泰国一道独特的风景，我在曼谷欣赏了让人震撼的人妖表演后，那些长相动人、身材曼妙的人妖便烙在我的心上了。在芭提雅的"公主巡逻号"上，我见到相似的面孔，忍不住感叹人妖奔波表演很辛苦。打听后才知道同一个整形师的作品长得一模一样，同一个面孔同样的身材看得多了便觉得有些乏味。我不禁联想到我们的教育，如果讲台下的孩子们一个个都是成绩优秀、个个满分，是不是少了很多喜怒哀乐的心情体验了；如果每一个孩子都惟命是从，班级管理的工作该有多么单调啊，久而久之就会失去思考的能力和进步的动力了。

我是一个凭借分数吃饭的人，创新五班的平均分让我很尴尬，也有领导质疑当年威风八面的王老师是不是真的老了，没有了教育高分的智慧。一个领导无数次在我面前表扬一个后起之秀，说人家是如何如何地进步，我很高兴地说："这就是二外的希望所在，如果当今活跃在讲台上的依然是咱们这几个中年教师，二外的未来该有多么堪忧。"领导的本意是想提醒我，听我一说反倒附和我的观点。也正是因为有了后起之秀给予我们的压力，才会让中年教师不断地改进自己，不断地更新自己，我们一定会宝刀不老，因为生活的重负不能容忍任何一个人提前老去。

鲜花和掌声应该让众多的人得到，英雄的座位也应该让不同的人来坐坐，唯有这样，一个集体才会永远充满活力。听着同事们炫耀班级最高分的时候，我心里也不免凄凄然，但是转念一想，正是这些弱势磨炼我们的意志，三年时光能做很多事情，我们有足够的时间锻造优生，我们有足够的智慧培养优生，我们也有足够的自信教出优生，一届一届地走过来，我不都是险中求胜吗？

我无比清醒地知道，学生没有了高的分数，我便没有了许多东西。我也无比清醒地知道我能给孩子的除了分数还有更多的东西。王老师的世界需要温度，我的灵魂有一年四季，我的班级也有春夏秋冬，每一个季节都有不同的美，每一个季节都有不同的惊喜，每一个孩子都会成人，每一个孩子都会成才，每一个孩子都可能是未来各领域的佼佼者，因为我懂得辛勤耕耘，智慧修剪，更会宁静地期待。

一年四季都有鲜花盛开，世界才会如此多姿多彩。五班的孩子成长有快有慢，五班的孩子如山中的树木有高有低，每一个孩子都是不同的花儿，我们不急躁，我们不抓狂，我们不抱怨，智慧引导，耐心期待。

孩子们，如果你是灿烂的樱花，就在春天肆意芳香吧；如果你是莲花，就在夏天香远益清吧；如果你是菊花，那就待到秋霜时怒放生命吧；如果你是傲雪的梅花，请选择与白雪媲美吧。我亲爱的家长们，请你温柔地说一声："孩子，你慢慢来！"

花有万千种，不要强求每一朵花都开得一模一样，更不要强求所有的花儿都在春天开放！

我给他们说了的

我们往往关注自己是否做了某事,而很少关注做过以后的效果,很多老师在学生的作业出现错误后会说一句话:"我给你们讲了的……"表面看起来人家真的不该出错,明明老师已经给你讲了的嘛。其实仅仅依据"讲了的"不能推脱责任,因为仅仅关注"有讲"这个行为,完全忽略了讲过后的效果。

今天下午,我到办公室的时间还比较早。"王老师,这是今天的作文。"两个女生一前一后走进办公室,把国庆假期的自由作文放到桌上。我一边忙着收拾办公室一边询问作业情况,还打听教室里的状况,两个女生告诉我说:"各个科代表都在收作业,好像也收得差不多了。"其实,每个周日返校,我都是守在教室收作业,然后督促大家尽快进入读书状态,管他读什么,只要在读,即使是装装样子也有收心的效果,至少可以营造一个比较好的氛围,让那些喜欢读书的人能有一个读书的环境。不过,虽然坚守了那么多年,但是只要我不在教室,孩子们主动读书的习惯还是没有养成,我深知自己在这方面是比较失败的。不过,换位思考,周末归来的确难以统一进入读书状态,监督和提醒应该是永远都需要的。

正因为知道孩子们不会全体进入读书状态,所以我要求两个科代表到教室让大家读书,不管哪个学科都可以,反正要读书。听着她俩满口答应,看着她们一副坚决完成任务的表情,我安心地继续整理,然后慢条斯理地往教室走,沿途听到七班、六班班主任在强调事情,教室里安安静静的,前方却一

第二章 沟通无限

片喧闹。

我站在教室的后门口一声不响,教室里万象丛生:有的在教室里走来走去,有的面对面大声闲聊,有的夸张地拍手大笑,还有几个在教室里追跑着,只有极少数几个女同学在读书。一时间,我目睹了一场自己很少看到的场面,大家全然没有注意到教室后排站着王老师。我便提高声音说:"你们声音可以再大点!"教室里瞬间安静,大家尴尬地挺直脊背,拿起书本,装模作样地看起书来。

"同学们,科代表没有叫你们读书吗?"我慢悠悠地走到讲台上,拖长声音问道。

"我给他们说了的!"科代表突然高声辩解,语气中还带着哭腔,我完全能够感受到她满心的委屈。

我推推眼镜说:"如果我也仅仅是上课给你们讲了,不管效果,王老师就用不着天天督促你们预习复习了,哪个题目老师没有讲过?老师们还用得着给你们上早晚自习课吗?此时此刻我关注的是效果,是大家在教室读书没有,不是关注你给大家说了没有,我要的是效果啊!任何达不到效果的付出都是瞎子点灯——白费蜡,考试分数一下来如果失利,中考、高考会听我们辩解自己学习过、复习过吗?"

愚娘生来有几分强势,一旦开口气场便会压倒全场,科代表也无语了,看似少了几分委屈,多了几分自责。不管她心里怎么想,也不管全班同学怎么想,我总希望把这些人生道理教给孩子们,或许有一天他们会突然想起这个细节,在自己的学习和生活中多点责任感和使命感。

其实今天的科代表是躺着也中枪,正好赶上我要写日记,便把这件事当作题材来写了。其实这样的声音在室里随时可以听见,老师说:"这道题我讲了的。"同学说:"我复习过这个单词的。"班干部说："老师，我给他们布置了的。"大凡出现这种声音的时候都是效果尴尬之时，发出这种声音不是反思和自责，而是推卸责任，本能使然，每个人都会这样说，我也是经常把这话挂在嘴边，尽管早就意识到这样的行为不好，但就是改不掉这个恶习。

细思量，为人师者，为人父母者，千万不要把"我给他讲了的"一句挂在嘴边，教育引领孩子的成长不是说了多少而是做了多少，效果最终怎样。每个人都应该记住：为人谋而不忠乎？做每一件事情都要既关注实施过程，又要关注最终结果，明白做好了是我的责任，做得不好是我的过错。

哈个咋的，还不错

时间如白驹过隙，三十年多年转瞬流逝，我感慨时光匆匆的同时也感恩曾经努力的自己，要不然愚娘今生只能是一个脸朝黄土背朝天的农民，加之愚娘的成长环境较为保守，不可能在南下打工的浪潮里走出小山村。也就是说，如果没有中考的一举成功，我的人生就只能锁定在那个小山村里，然后在方圆几里之间找个婆家过日子罢了。然而，我误打误撞成为一名教书先生。

记忆的频道换到了我小学时段，愚娘入读的小学如鸡蛋大小，虽然小学初中都有几个班级，但我熟悉的人中，初中各科考试成绩从来没有超过两位数。学长们经常告诫我，我现在学的知识很简单，到了他们高年级就很难了，考试分数突破五分就是奇迹。我清楚地记得，我哥哥成绩单上全是三分以内的成

第二章 沟通无限

绩,他居然还大言不惭地说:"××还是零分呢。"

说来也好笑,爸爸那时居然因为孩子的这个成绩颇为自豪。我今天想来,不由得为他的愚昧而不寒而栗,庆幸自己在如此荒唐的环境里能有彻底的改变。

我上学了,其实也不知道读书究竟是怎么一回事儿,反正早上依然要放牛、割草,下午要赶着回家扯猪草,上学时背上背的不是书包,而是我的弟弟,有时候小妹妹也要跟着我,手里还得拉着一个。不过,不是我一个人是这样的,还有很多同学都这样。我那时最羡慕那些是家里最小的孩子的同学,他们可以空着手来读书,下午也不用饥肠辘辘地背着拉着弟弟妹妹回家。我很奇怪,我上学那会儿从来不带吃的到学校,也不知道是如何挺过来的,似乎也没有强烈的饥饿感,以至于我今天似乎对美食没有多少美好的憧憬。

那样的学习情境,能够坚持下来的孩子不多,我们毕业的时候最初的面孔已经寥寥无几,看着很多人都说读书很辛苦选择辍学的时候,我总是很好奇:读书那么好玩,怎么会觉得辛苦?原来我觉得如游戏般好玩的拼音、写字、造句,对他们来说简直就是天书;被我当儿歌唱着的各种口诀,让他们苦不堪言;我觉得噼里啪啦拨拉算盘如同弹奏钢琴一般有趣,我的同学们居然一筹莫展。原来不是每一个人都如我一般喜欢读书。

我的小学生涯很辉煌,在那个圈子里次次排名第一,年年评为"三好学生"。其实我自己也不知道那些奖状到底有何用,反倒给我带来很多尴尬,回家路上总有人说:"你又得奖了,你以后要当国家干部哈。"这话不是祝福,而是是讽刺,所以每次领奖回家爸爸都会调侃:"干部干部干萝卜,奖状又吃不得,还不是要干几个红苕和洋芋。"("干"在老家有吃的意思,是比较粗犷或者粗鲁的说法)我的老师们都很喜欢我,我教书后才理解老师的心情——站在偌大一个讲台，就那么几个小娃娃能听懂，怎么不捧在手心心里教导呢。

说来惭愧，在我的记忆中，我的家长并没有对老师有多么感激，反倒炫耀说某某老师教的学生就我一个人及格，还是满分，言语中似乎觉得我给老师带来了多么大的荣光一般。直到我初中毕业考上中师那会儿，我的家长对老师才开始有了敬畏和感激。

小学的时光没有目的，没有方向，纯粹就是因为聪明或者对手的弱小，我便就那么成了校园无敌。之后我很轻松地拿到了当地的重点中学的录取通知书。爸爸很纠结是否继续让我读书，我自己也不知道读个初中有啥好处，好在我的小学老师在爸爸面前打包票说："你家姑娘聪明得很，读书肯定没问题，你辛苦点送她读个初中，说不定就能考个学，找个工作呢。"

我风光的小学生活啊，被高分、赞美包围着，今天想来自己也真的还算聪明，学习全凭感觉和兴趣。

我的中学时光很糊涂、很尴尬，我以绝对的高分进入了当地的重点中学。因为家乡的海拔在1000米以上，而学校的海拔不足200米，加上四面高山包围密不透风，我如同被从冰窖扔进了火炉里，成天都是汗流浃背，晚上左右手噼里啪啦抽打着自己，耳边嗡嗡的夜蚊子声音在寂静的夜里分外让人烦躁。加上第一次离家，那种对家的思念我第一个月几乎是彻夜不眠。更为痛苦的是生活极其艰难，一日三餐连一碗蒸饭都难以保障，且别说能有一口清水白菜。不论是饮用还是洗漱，热水都是闻所未闻的，偌大一个学校就一个水龙头，每个孩子口渴了都是抱着水龙头咕咚咕咚喝个痛快。因为一日三餐都是咸菜下饭，我几乎每一节课都在干渴中煎熬，下课后就得拼命往食堂水龙头处飞奔。

第二章 沟通无限

炎热的夏天过去了，接踵而至的冬天干冷得让人无法躲藏，满手背都是红色的冻疮，半夜三更在被窝里发热、奇痒难耐。我不知轻重地抠啊，搓啊，破皮后又感染，烂得影响胃口。

饥饿、炎热、寒冷、疾病，折磨着一个外出求学的小姑娘。如我一般被折磨的人还有很多很多。虽然我从来都是认真完成作业，貌似认真地听课，可是考试成绩一次比一次让人大跌眼镜。不过，不少学长都说过越往上读内容越难，分数理应越低。我这在及格线上的分数，还是远远超越了小学时见识的那些初中低分，我一时间也没有感受到可怕。

直到老师总结考试情况的时候，我才知道自己是多么落后。我从老师眼里没有看到半点赞赏的温情，即使上课偶尔抽问也只是喊喊那些成绩很好的同学，有时候还亲切地呼唤优生小名儿，那份荣耀让我心生羡慕，我着急、抓狂，甚至是可怕的嫉妒。不过，一切都无济于事，我就那么无可奈何地平庸着，内心的痛楚无法描述。

期末考试结束，我捧着平均68.3分的成绩单回到家里，颤抖着把它交给威严的父亲。不料父亲居然哈哈大笑说："哈个咋的，还不错，平均成绩都及格了。"我一直以为爸爸的豪爽大笑对我是讽刺，殊不知他后来拿着成绩单向他的朋友炫耀，我才知道爸爸是真心觉得我不错。也不知道为什么，我瞬间也觉得自己还不是太糟糕，至少在爸爸的见识里，我是奇迹，心里便有了那么一点点儿莫名的自信。

后来想想，我初中第一学期所受的打击是这辈子遭受的最为残酷的打击，爸爸用他短浅的见识谬赞了我，我居然燃起了继续学习的渴望。试想，如果爸爸当时是呵责，是打骂，我的人生完全会被改写。

1985年的春天，我爸爸用他积攒了半辈子的积蓄筹划修三间土房。要知道在那个年代，家里要修一座土房子，其难度不亚于现在修一幢高层建筑啊。人力就是很大的挑战，风雨随时都会袭击，主人每天都得看天老爷的脸色，土墙上用树皮、毡子、席子等遮雨，大风吹来就会卷走，主人必须时刻关注。因为自小觉得家境不算太差，爸爸也算当地有声望的人物，所以我从来不担心请人工的艰难，也没想经济的困顿，我只是老想着爸爸妈妈的辛苦。

　　我是带着爸爸的赏识继续走进学校的。虽然爸爸说我不错，但是我心里明白，在有70个同学的班级，我的成绩也就排名40多名而已啊，要是爸爸知道这个状况，一准儿让我背起铺盖卷儿回家。我想上学，我不能辜负爸爸的信任。于是在第二学期，我尝试着改变自己，无论多热的天气都不会摇扇，免得分散注意力；无论多想回家都得忍着，一定一个月回家一次，免得分散精力；上课认真听讲，课后认真完成作业。我的学习态度让我进入了老师的视野，所有老师都觉得我是一个刻苦的学生。

　　然而，难以想象，一个十二三岁的孩子却陷入了可怕的失眠，夜深人静的时候我总是想着家里。下雨了，满脑子就是爸爸妈妈在墙上忙碌的情景；夜晚，眼前总是浮现妈妈半夜在油灯下推磨，爸爸在油灯下搓草绳的情景。谁说童年是无忧无虑的？我的童年是忧虑最多的岁月，你可以想象，在如此的状况下学习效果有多么糟糕。

　　半期考试的时候，我家新房要竣工了，我多么希望自己拿着不错的成绩作为新房落成庆典的厚礼啊。然而，我的数学只考了56分，那可是我当时的人生旅程中最为可耻的分数。回到家，看着爸妈疲惫的眼神，我害怕得不敢汇报成绩，铆足了劲儿准备在接下来的考试中绝地反击。可满脑子咸鱼翻身的想法使得我常常忘记了做题，再次以 26 分的成绩给自己以沉重的打击。

我害怕了，真的，如果不能在期末考试保持 86.3 分的成绩，我就会失去读书的机会。虽然父亲从未流露过要我辍学的想法，但是我知道作为农民的父亲的决定不需要酝酿和铺垫，一旦等他说出口就成定局。我如今忘记了当时后半学期的努力状态，反正期末考试的成绩分数略微上升，平均分突破了 70。我再次受到了爸爸的鼓励和欣赏，他在心里认定我真的是一块读书的料。

危机是最好的靠山，我之所以没有放弃，主动地寻求自我改变的途径，主要是因为内心深处那种可怕的危机意识。当我已经意识到读书对于我有多么重要的时候，我害怕失去，便对学习有了敬畏之心，这种被迫的敬畏让我获得新生。

初二的生活是快乐的，第一次中期考试我的语文就考了年级第一名。尤其是新开的物理学科，因为我的理解能力还不错，加上生活经验也算丰富，许多物理现象老师一点拨我就通了，小学掌握的应用题和计算能力派上了用场。排在我前面的不少优生因为物理学科而落后了，我心爱的物理让我开始有了信心。

成长的契机就是那么微妙，我很庆幸自己在这一瞬间抓住了。我开始在心里认定自己可以学好。面对惨不忍睹的数学成绩，我开始挣扎，从仅有的几毛零用钱里挤出一些来买白纸，自己装订成草稿本，有意识地反复抄写例题。写着写着，我居然真的有了一些领悟。我那时基本上能背下数学书了，哪里有个例题，哪里有个图形都在脑子里排版。此后，我上课时迅速抄下老师所讲的例题，尤其是考前老师的押题，我一道题要翻来覆去看好多遍，其实没有真的理解，不过是依样画葫芦，每次的考试题目一出现，我头脑中会迅速搜索与之相似的题目，套装组合。

天道酬勤啊！我就用最原始最粗笨的属于我自己的学习方法，在初二结束的时候进入了班级前十名。

还有一件对于我很重要的事情，我不得不啰唆叙述。1986年的春天，巫山师范的毕业生到我们学校实习，我看几十个实习生，男的帅气，女的漂亮，羡慕之情油然而生，我突然找到了目标，认定自己将来也要成为他们一样的人，于是前行的脚步更加坚定有力。

初三开始，我就慢慢审视自己的中考学科，英语是最为厉害的拦路虎，要知道英语老师两年来教了什么我都无从知道。进入初三第一天的英语课上，我就变成了照相机和录音机，老师板书的每一个字母我都不放过，做作业时头脑里搜寻与之相似的选项。就这么学着学着，居然每次考试都能上80分，就是那年的毕业会考也还得了86分呢。

我初三能够继续进步还得益于化学。当时的化学老师有严重的支气管炎，每当讲课到了最关键处就会按着脖子弯着腰咳嗽，不少同学这时就开始分神、抱怨，顽皮的同学甚至模仿。我早知道化学老师的掌故，所以从他走上讲台第一分钟开始，我就提醒自己千万不要分神，一定要把老师咳嗽前后的东西衔接起来。就这样，不少同学害怕的化学助了我一臂之力。

1987年的7月12日，中考考场上的化学考试压轴题是一道关于三氧化二铁的题目。题目里描述了物质的一些特征，大家都知道是铁，但是我们平时做的实验是铁在氧气中燃烧，而那道题目是铁在空气中氧化，很多同学就把它当作四氧化三铁，而我恰恰在这道题上判断正确了。那是因为当时的实验课上，老师做完了铁燃烧的实验后，左手刚刚举起一块生锈的铁片就剧烈地咳嗽起来，很多同学开始走神，而我却一直记得很清楚。

听我絮叨下来，你一定会忍不住嗤之以鼻，愚娘多么蠢笨，愚娘的学习方法多么落后。是的，我的老师们也给我们分享过不少学习方法，有的对我有好处，有的无济于事，唯有我悟出的这些方法才适合自己。杀猪杀屁股，各有各的套路，适合自己的方法就是最好的方法，我后来自学专科、本科，全得益于自己的感悟。

我的中师生活过得很猥琐很狼狈。因为自身愚钝不敢放肆玩耍；也因为天生粗鄙、长相平庸，无缘来一场轰轰烈烈、刻骨铭心的恋爱；尽管我铆足劲儿想在学习上有所突破，可及格挂边边儿的分数仅能保我不留级，可恶的立体几何让我战战兢兢、忧心忡忡。所以，三年的中师生活我过得默默无闻，在那个小社会里，我一点儿都不适应。

那时候，很多同学都能当值周学生维持秩序，最大的特权就是可以打饭不用排队，愚娘班上50个同学，我似乎是唯一一个没有被人想到的，三年来一次都没有享受过这种特权。我那时也是被人利用最多的，有些同学恋爱了，要传个信儿，做个灯泡儿，我常常被人重用。也因为我觉得这些事不足为外人道也，所以给他们以无限的安全感。即使现在和同学偶尔见面，我也对当年的一些事保持缄默，哪怕是玩笑也不会提及。

勤奋的人被老天眷顾，虽然中师生活让我疲惫不堪，但是第三年学习教材教法的时候，我自小苦练的记忆力发挥了作用，最后一次考试传来捷报。犹记得当时语教老师宣布××语教分数第一的时候，我羞怯地说我就是××，语教老师先是一愣，继而狠狠拍了我一下肩膀，然后笑得直不起来腰，上气不接下气地说以为××是个男生（因为我的名字像男生的名字）。我无法想象自己在老师心目中是什么样子，感谢老天让我最后定格在第一的榜上，即使如流星划过天际，我这辈子也会引以为豪。

平凡和平庸是一种生命状态，面对形形色色的生活诱惑，只要我们心里明白该坚守什么，就会得到自己想要的东西。我曾担心自己的中师生活不能顺利过完，哪晓得走得还比较顺利，毫无意外地成了一名老师。

呵呵，我成了一名老师，回望走过的路程，不禁玩笑地问自己："王老师，你有能力吗？"真的，我现在教书自我感觉还不错，但是读书年代就不堪回首了。我也反思着问自己："你在成长中有学习方法吗？"我会很虚心地说："有啊，有的仅仅是最原始最粗笨的方法啊。"

还是那句老话啊，未经体验过的生活不是真正的生活。我面对孩子们貌似努力而学习效果又不尽如人意的时候忍不住河东狮吼："你瞧瞧你这个态度！"但转念就会想起我读初一时的状态，难道我的态度不端正吗？有时候学习也是力不从心的，与其焦虑和指责，倒不如冷静地审视、鼓励和等待。

如果要我说一句感恩和庆幸的话，我得感恩爸爸在我初一期末拿出68.3分的成绩单时那句赞美："哈个咋的，还不错，平均成绩都及格了。"

成长的道路上是复杂的，丰富的，不可能一帆风顺。当孩子一段时间陷入低谷的时候，为人师长决不能站在制高点上给孩子上纲上线，而应该就事论事，带着商量的语气，鼓励和期待的眼神，有时不妨傻傻地来一句："哈个咋的，还不错！"因为赞美引起的反思往往比指责所产生的反思要深刻得多。

第二章 沟通无限

我有一个儿子
——谨以此文献给天下彷徨纠结的父母们

在十二生肖的环形跑道上，我两圈还没有跑完就做了母亲，随着医生的一声报告："哎哟，是个儿子！"我就开始了拥有儿子的岁月，从此似乎愿意放弃一切，甘愿全身心地做一个母亲。因为我和天下母亲一样自信，认为自己儿子将来一定会非同凡响，才华卓越，于是从取名开始便殚精竭虑，苦心育儿，精血诚聚。如今回望自己走过的二十多年育儿道路，突然发现儿子自会成长，为人母亲只需静待花开。

我有一个儿子，他曾漂亮得让我得意忘形

俗话说："两口子养个癞娃娃，别人不夸自己夸。"而我的儿子不仅我自己夸，别人也帮着夸。我和丈夫老谭都是社会底层人物，在单位、街道都没啥影响力，人家要夸我儿子，无非就是因为我俩为人厚道豪爽，耿直大方，不管是哪个年龄段的人，都能与我们成为好友，夸夸我儿子是顺水人情。面对好友们的夸赞，我心里是很淡定的。

有一天，同事的女友从万州到了我们小乡镇，我抱着儿子在院子里玩，同事的女友一动不动地在对面看着我。一会儿，她径直向我走来，要知道我们可是第一次见面啊，彼此没有打过招呼，她怎么笑眯眯地走过来了呢？我正纳闷，同事的女友很惊讶地说："天啦，世界上居然有这么好看的小孩儿，让我抱抱可以吗？"我把孩子递给她，心里升腾起一种难以言说的喜悦。我自信儿子是真的很漂亮，尽管我是语文老师，也无法

用文字描绘他的漂亮。

还有一回既让我尴尬又让我得意。那天我抱着儿子在校门口玩耍，小学刚好放学，老师和同学熙熙攘攘地从我身边走过，每一个从我身边路过的人都会情不自禁地逗逗孩子，半岁的儿子已经懂得回应了，咯咯咯地让路上的小草都笑出声来。我的一个中师的学姐走过去了又回转身，看看我儿子又看看我，然后小声问我："你说实话，这孩子真的是你生的吗？怎么会那么漂亮？"我提高嗓门笑着说："这还有假，我是他妈呀，世界上爸爸可能有假，妈可是真的呀！"她还是半信半疑地说："长得太乖了，一点儿都不像你们两口子。"

儿子两岁的时候，我带着他参加一个教师培训班，北师大的两位老师一走进教室眼睛都直了，情不自禁说："真漂亮！这孩子真的很漂亮！"以至于时隔一两年后，那两位老师居然还从北京给孩子寄来了一辆玩具小汽车，留言说："回到北京很长时间了，眼前总是浮现着小乖乖的样子。"

面对如此多的夸赞，我感恩上帝对我厚爱有加，虽然忘记给我一个美丽的外表，却把它赐给了我的儿子。"母以子贵"的得意忘形感便潜滋暗长了。

我有一个儿子，他曾懂事得让我春暖花开

儿子一岁半的时候，他爸爸就调进县城工作了，我们经济困顿无力聘请保姆，母子俩相依为命。他不得不跟着我早起晚睡，每天早上五点半就被我从被窝里拉起来洗漱，他总是双手揉着眼睛说："天还是麻麻的，明年春天天就亮了哈。"

我在教室里带着学生晨读，儿子会骑着三轮车在教室外一边跑一边吐字不清地背着"床前明月光"……这样的生活持续到他四岁，在当时的校园里被传为佳话，很多老师都笑着说："王老师管学生有一套，没想到管娃娃也有一套哟，小家伙好

听话哟，太懂事了。"

是的，他真的很懂事，每当上课铃声一响，他就会条件反射一般问我："妈妈你有课没得？"如果我不在家，他会跑到邻居家说："阿姨，我妈妈不在家，你带一下我哈。"半夜已经上床了，他还会问一声："妈妈，门门儿的小锁锁上了没有？"

有一天晚上，儿子要我陪他睡觉，我正忙着洗衣服，便指着办公桌上的一沓练习册说："你自己先睡吧，妈妈洗好了衣服，还要给哥哥姐姐改作业呢。"他居然把一百多本作业搬到床上去，学着我的样子在上面画，一本一本地画完，然后很疲倦地说："妈妈，我帮你把作业改完了，你洗完了来陪我睡觉。"然后就歪在床上打鼾了。我翻看着每一本作业，每一个本子上都留有他画下的印记，如果只有三两本还不足为奇，但一个三岁的孩子一本不落地画了一百多本就有点让我震撼了。我怔怔地看着那一沓作业本，内心既感动又幸福。

他帮我搬过煤球，提过水，扫过地，虽然都是过家家似的玩乐，但只要我做他就会跟着我学。儿子这种懂事让我感受到为人母亲的幸福和快乐，我仿佛能看到我晚年时，他在我病榻上端茶递水的孝顺样儿。面朝儿子，我是春暖花开。

我有一个儿子，他曾聪明得让我不知所措

儿子上学了，因为自小独立生活的锻炼，他从来没有让家长帮忙记过家庭作业，反倒是每天晚上都会有不少同学的家长打电话向他询问家庭作业，学习上根本不用我操心。我是普通人物，很多人不认识我，但只要在我儿子的名字后边加上"的妈"二字，人家便恍然大悟，一种母以子而名的幸福感只可意会不可言传，街坊邻居一提到我的儿子就会向我投来羡慕的目光。

儿子五岁那年的冬天，我带着他到西南师范大学参加答

辩，初次进入大都市的我打量着这个陌生而繁华的世界，满眼都是茫然和惶恐。他居然站在朝天门码头赞叹："天啦，重庆光是高楼大厦，巫山全是矮楼小厦。"一坐上从朝天门到北碚的汽车，他三两下就和前后左右的旅客拉上了家常，还说："我妈要去参加自考答辩，她找不到路，叔叔你送送我们嘛。"在北碚车站下车后，真的有好几个人帮我们找到了从北碚开往歇马的车，并再三嘱咐我们在西师站下车，我们居然出奇顺利地到达了目的地。

我自恃儿子聪明绝顶，虽然感觉巫山南峰小学这所百年老校可以让我的儿子度过充实的小学生活，也信任巫山中学可以好好地栽培我的儿子，但是面对当时师资流动频繁的现状，我又觉得巫山中学不能胜任培养我儿子的重任。一时间，我陷入焦急和迷茫状态。儿子一进入初中，我便开始坐卧不安。由于孤陋寡闻，我也不知道高中名校有哪些，一、三、八中便在我的心里扎下了根，似乎只有一、三、八中才配得上我的儿子。我一度觉得，无论儿子中考成绩怎样，我砸锅卖铁也要让他进入高中名校，即使花光我的积蓄，也要让儿子进清华上北大，从此飞黄腾达。

为了努力让儿子缩小与名校的距离，我们举家迁往南山定居，从此开启了到三中听课，到八中看演出，去巴蜀中学听讲座的旅程。渐渐地，我开始觉得这些名校也有成绩差的学生，他们也得面对升学的压力，并非每一个学生进入这些学校都能金榜题名，佼佼者不少，平庸之辈也多。

儿子刚刚进入初三，我的电话就成了热线，一、三、八中和巴蜀中学等名校都向儿子伸出了橄榄枝。我一时间不知所措，似乎觉得此儿只应我家有，他家难得几回闻。虽然我自己身在二外，但是看二外这所学校哪儿都不顺眼了，一种举家搬迁的冲动开始萌芽。直到中考尘埃落定之时，我才开始理智地审视自己的儿子。我自信儿子中考定会惊人，结果成绩并不尽如人意。我平生第一次发现我儿也是普通人。

我有一个儿子，他如今普通得让我心淡如菊

儿子的高中生活不再顺风顺水，化学的抽象第一时间让他发出惊叹："妈妈啊，我发现自己是个差生了。化学课一点都听不懂哟。"他的学习生活中开始遇到洪水猛兽了，尽管他也使出了浑身解数，但还是不如小学时那般耀眼明媚了。我从抓狂到慢慢地接受、鼓励、帮扶，孩子和我都第一次体会到了在平淡中艰难地成长。

一次月考过后，儿子拿着98分的试卷跑到我的办公室说："妈呀，我的语文考了全班最低分，你看哪个办哟。"我把试卷留下，按照自己的理解把题目做了一遍。等我和他对答案讲解的时候，他说："你还不错哟，我原来以为你不得行，九个选择题只错了一个，我发现你也能教高中语文哟。"我没有在儿子的这句话里陶醉，相反突然明白师高弟子强，弟子不强也并非是师不高，其实能够教好我儿子的不只是名校的老师，普通学校的普通老师也能教好他。

我儿子的清华梦破灭，北大梦也远去，甚至连胜券在握的人大也把他抛弃了。最终，他一个文科生进入了一所理工大学，美其名曰奔着"985"的牌子去的，我真心为此失落过。然而在选择导师的时候，他避开了德高望重的专家教授，选择了与他球场深交的年轻老师，一时间，生活、玩耍、学习融合到了一起。同时，儿子在大学生活中开始了真正的阅读。我不敢说他将来一定会飞黄腾达，但是我敢说，我的儿子有一颗沉静的心，有一个爱阅读的习惯，还有一个愿意思考的大脑。

我有一个儿子，我曾经因为他的漂亮而得意忘形，因为他

的懂事而春暖花开，因为他的聪明而不知所措，现在我因为儿子的平凡而心安理得，心淡如菊。在儿子成长、蜕变的道路上，我越来越明白人生就是不断地回归，回归到本真，回归到简单，回归到普通的过程。

岁月是良师，生活是益友，只有回首过往才会明白人生最大的幸福在于简单。车到山前必有路，有路就大胆往前走；船到桥头自然直，直了就顺水而行，不纠结，不折腾，不强求，我们才会拥有潇潇洒洒的人生。

朋友们，容我说声谢谢
——写给慧学五班的家长们

因为孩子，我们走到了一起；因为孩子，我们达成了共识。一年多来，孩子是你们的，也是我们老师的，我很幸运你们每一个人都能幼吾幼以及人之幼，都能把别人的孩子当作自己的孩子来爱，当班主任能够把所有的家长聚到一起，这是何其的幸运，愚娘只能说声感谢。

家长们，感谢你们无条件的信任

镜头回放到2017年8月27日。考试、分班、军训、分寝室……一系列的折腾把家长和学生都弄得说话的力气都没有了。看到乱糟糟的寝室与宣传手册里的图片形成了天壤之别，全年级的家长汇集家长群里吐槽，家长群炸开了锅。但与其他班级的家长比起来，咱们慧学五班的家长都是选择自己喜欢的，喜欢自己选择的，即使有"上当受骗"的感觉，也把这份

第二章 沟通无限
DIER ZHANG GOUTONG WUXIAN

信任毫无保留地给予了王老师,我一直铭记着这份恩情。

鉴于过去的管理经验,我建议家长们给孩子们购置电脑和打印机。我仅仅只言片语地建议了那么几句,家长群里马上讨论规划,霖妈代表大家第一时间把电脑和打印机采购了过来。三个学期,我们的电脑、打印机一点儿问题都没有出过,孩子们可以在教室了解天下,可以随意打印自己所需的资料,这一份惬意和方便得益于你们的信任。

去年这个时候,有些班级因为买了电脑和打印机,好多家长写了长长的书信告到了学校,甚至连老师买一把比较好看的拖把都有贪污公款的嫌疑。因此,我心里充满了感激,我知道大家是本着对我的信任才这么齐心协力的。

还有一对一的家长会、作业表格的上交、家长到班听课等,你们都听从我的建议,还给学生和老师一个安静的学习和工作的环境。慧学五班从建班第一天起就没有走过弯路,一直良性地进步着,军功章上有老师的一半,也有家长们的一半,家校之间产生的这个强大的合力得益于你们的信任。

家长们,感谢你们积极地捧场

元宵节汤圆饺子宴会上,羽妈、舟妈为首的作料团和饺子团让我们的孩子第一时间吃到了圆滚滚的汤圆和胖嘟嘟的饺子,眼看着别的班级还没有找到地方而我们班已经享用起了美食,那份幸福荡漾在我们班每一个人的心头。还有原外婆一整天的忙碌给我们班每个孩子最好的犒劳。恕我不能一一表扬。

平安夜里,旭妈送来的大大的爱心苹果;迎新晚会上原外婆和健妈妈送来的暖宝宝,为孩子们的健康保驾护航;亲子运动会上,车妈把无线音箱都背来了,豪妈的喇叭声力压全场,让我们有享不尽的风光;"六一"儿童节,颖爸爸一首《孩子,你听见了吗?》让我们潸然泪下;慧学五班家宴上的,三代同

堂的聚会，使我们成为网红；均爸爸、瑞爸爸，还有印妈妈与孩子一起背夹球飞奔的身影还历历在目……我在这里不再一一赘述，心里记得会更加永恒。

活动是用来闹热的，用来团结大家的，你们能够在百忙中抽出时间来捧场，让慧学五班有不一样的风采，王老师怎么能不因为这份信任而心生感动呢？

家长们，感谢你们丰富的美食

王老师对美食没有什么见地，因为自小挨过饿，也真的不觉得晚吃一会儿饭、少吃一口菜有啥不得了。我认为饥饿也是一种教育，不经历饥饿就不懂得什么是美味。所以，我对吃的东西了解甚少。但我在慧学五班见识了太多的美味，品尝到了那份来自舌尖的幸福。最初在寝室里小范围享用的玉米饼、煎饺、牙签肉，后来慢慢地扩散到全班，大到高高胖胖的蛋糕，小到一粒棒棒糖、甜甜的饮料，慧学五班就是一个美食的天堂。

与孩子们的童年告别的那天，“老儿童”帆外婆的粽子是我吃过的最美味的粽子，分享给大家以后暗自后悔自己怎么没有带一个回家；舟妈的饺子不仅有美丽的容颜，还有可口的味道；琪妈的荞麦粑粑让多少人好奇地打量，用指尖夹着歪起脑袋慢慢咂摸；一年卖出百万只的“张鸭子”也远道而来，颖妈让我们品尝到了海的味道；姝妈尝试做的酥肉，颜值和味道都是一流。羊角豆干刺激着每个人的味蕾，锅巴洋芋受到大家的喜爱，尤其是从忠县远道而来冒着热气的烧肉惊艳了每一个人，石柱的三香也来犒劳大家，来自远方的牛肉不甘示弱，黄桃罐头甜蜜蜜地走进我们，玲珑剔透的甜点最受孩子们欢迎……那一刻，我们边吃边恨，恨自己的肚子太小，装得不够多。

还有来自五湖四海的特产、小馒头、米花糖、牛肉干、巧克力……一百多种美味的食品来聚会，五班人那一天过得最嗨，因为大家从来没有参加过如此规模庞大的亲子家宴。

我记得嘉妈有一次对我说："王老师，我知道你很忙，平时不敢打扰你，孩子交给你了，我们放心，平时不过问不等于不重视。"是的，我懂，不过问是因为对我的信任，我一直带着这份信任在履行沉甸甸的责任，并时常告诫自己："你扛着三十个家庭的期望，只能成功不能失败，不管过往带过多少可以说得出口的好班级，但对于慧学五班，才刚刚开始，真的，刚刚开始啊。"

家长们，我还要感谢你们与孩子一同成长

面对孩子，我们似乎都比较成熟，可以说吃过的盐比他们吃过的饭还多，走过的桥比他们走过的路还长。然而对于孩子的教育，我们永远在路上，没有最好，只有更好，孩子在成长，我们也必须成长。这一年多来，慧学五班每一个家长都与王老师一起学习，相互借鉴，不断成长。

还记得你们对于孩子严苛的要求，结果让自己不舒坦，孩子也活得很累。渐渐地，你们学会了放手，还给孩子一个轻松愉快的环境，现在孩子进步了，我们也进步了。还记得你们因为孩子考试不如意哭得眼圈红红的模样，慢慢地，你们也能接受孩子的挫败了，明白孩子的成长时起时伏才是常态。有家长总喜欢用结论性语言评价孩子，给孩子贴上标签，负面的心理暗示让孩子不能健康地成长；也有家长与孩子交流分数以外的东西缺乏诚意，让孩子们感受到了落寞；还有家长过于夸大分数在孩子成长路上的作用，闹到鸡犬不宁的境地……这一切的一切，在慧学五班都出现过，庆幸的是就那么一瞬间，大家意识到这是一种问题的时候，马上进行了调整，慢慢地多了一些陪伴孩子的智慧。

前路漫漫，成长路上的困难都是不可预设的，我们要修炼

一种逢山开路、遇水搭桥的从容和智慧，不焦虑，不骄傲，不钻牛角尖，未来是丰富多彩的，孩子的成长也是丰富多彩的，不要用我们的思维去为孩子规划一个不适合他们的未来。

我亲爱的家长朋友们，感谢的话儿说不完，我们今生的相遇是无比珍贵的缘分，珍惜这份缘分，感恩这份缘分，不管我们彼此有多少不足，那都是美丽的风景，只要我们永远信任，永远积极，永远不拒绝成长，人生的饕餮盛宴一定会犒劳我们。

让我们携起手来，把我们的世界创造得更加美好。

我不知道，您知道

人到中年便觉得时光是驾着轻风飞跑的，这学期我还没来得及喘口粗气，大家盼望的寒假就悄然而至，创新五班的孩子们已经收拾包包回了家，网络上一片欢腾："我回家了！"为了让孩子们在这个寒假劳逸结合，玩乐学习两不误，我愿意唠叨几句给家长们听听。

孩子们和我朝夕相处半年时间，乍一看他们早出晚归，很是让人心疼，可是他们在其中领悟到的成长内容是很丰富的。他们绝大多数养成了按时早餐的好习惯，日常生活中能将自己的衣食住行安排得妥妥当当；他们学会了在烦琐的规矩束缚下自由生活，绝大多数养成了书写《生命史记》和阅读课外读物的习惯；他们再也不用靠翻阅资料、搜寻网络后"挤"作文了，他们在学校都能按时完成作业；他们学会了照顾老师，关心同学，善待并客观地看待自己，部分同学已经有了明确的目标；更可贵的是，每一个孩子都不畏惧体育锻炼，汗流浃背后能够得到锻炼的成就感……

第二章 沟通无限
DIER ZHANG GOUTONG WUXIAN

我亲爱的家长朋友们,您知道养成一个良好的习惯需要二十一天,而放弃一种习惯只要一瞬间吗?一个多月的寒假后归来的孩子们是否会被打回原形,这得仰仗理想国的各路诸侯。我不知道,您知道的。

我以为人生最大的敌人就是早晨的那个被窝,无论春夏秋冬都让人留恋,孩子们半年来都努力战胜了对被窝的眷恋,尽管起来的那一瞬间有着太多的无奈,但是一旦起来就会开启最美的一天。孩子们会因为每天这样战胜自己而痛并快乐着,呼吸黎明第一口新鲜空气,迎接黎明的第一道曙光,吃上早晨最丰盛的早餐,开启一天最快乐的学习。假期中的孩子可以慵懒,但千万不要过分,要适可而止,这样孩子们会觉得寒假的每一天比别人长,做的事情会很多,如果能够坚持早起,他们的收获不言而喻。

我亲爱的各路诸侯,您能像我一样每天让孩子早起,坚持一日三餐的好习惯吗?呵呵,我不知道,您知道的。

生命在于运动,我们的孩子在学校每天都有课间操五百米跑步,做武术操,一周有三节体育课、两次课外体育锻炼,如此的运动量让您的孩子在青春发育期长得越来越健康,那些曾经因为肥胖而焦虑的孩子不是正在一天比一天帅气吗?我们的长跑有十几个同学获得满分,百分之九十五的同学都达到了70分以上,这是何等的进步!身体的健康比考试的分数更重要,这是孩子们终生受益的事情啊。

理想国的各路诸侯,您能像我们一样陪伴孩子参加体育锻炼吗?您能让孩子在开学的时候不会因为寒假的贪吃和慵懒让过去的成绩全部湮灭吗?呵呵,我不知道,您知道的。

在学校里,我们每天会陪着孩子们大声诵读,即使面对从未学过的内容也想方设法去尝试,不为别的,就为了创新五班的孩子们能够多一点收获,哪怕有些内容与中考离得很远,只要对孩子的成长有用的东西,我们都愿意陪着孩子带着享受的心情去学，尽管学得不多，我们还是在坚持。我们在学校没有读完的《幼学琼林》可以继续在家读，您愿意陪着孩子一起读吗？不用每天坚持一小时，十分钟即可，每天读十分钟，一个月就是三百分钟啊，我坚信一定会有收获的。

我亲爱的各路诸侯啊，您愿意像我们一样或欣赏，或陪伴，或鼓励孩子们坚持诵读语文和英语吗？语言学科需要张嘴，需要出声，别无他法，语感就是这样练成的。呵呵呵，我不知道，您知道的。

我真的很忧虑创新五班孩子们的书写，为此很无奈也束手无策，虽然很多同学练习过书法，那真的是"书法"啊（好多书法就是让大部分人看不懂）。我们不必刻意去练书法，只要我们就在做作业的时候一笔一画，写得方方正正就行。您能用智慧的办法让孩子们把作业写得工工整整吗？呵呵，我不知道，您知道的。

开学时的作业检查，我们就可以知道这个寒假您为孩子付出了多少，不过，到时候不管结果如何，我们都是一点办法都没有了。

理想国的各路诸侯啊，您的孩子很磨蹭，请让他限时作业；您的孩子很浮躁，请让他静下心来大声诵读；您的孩子很慵懒，请让他坚持锻炼；您的孩子很自卑，请您拿出千万倍的赏识和赞美，及时伸出援手，不要以一个检查者的身份督促检查，少一点批评指责，多点陪伴和鼓励吧。

您的孩子已经回家，我总是很牵挂，多么希望您每天都能看到孩子的优点，每天都能看见孩子的进步，每天都能真诚地赞美孩子，您是孩子的第一任老师，您的一言一行都将影响孩子，稍有不当，我们就会输给电脑、手机。

明年春天，您会交给我一个怎样的孩子？我不知道，您知道的。我期待着！

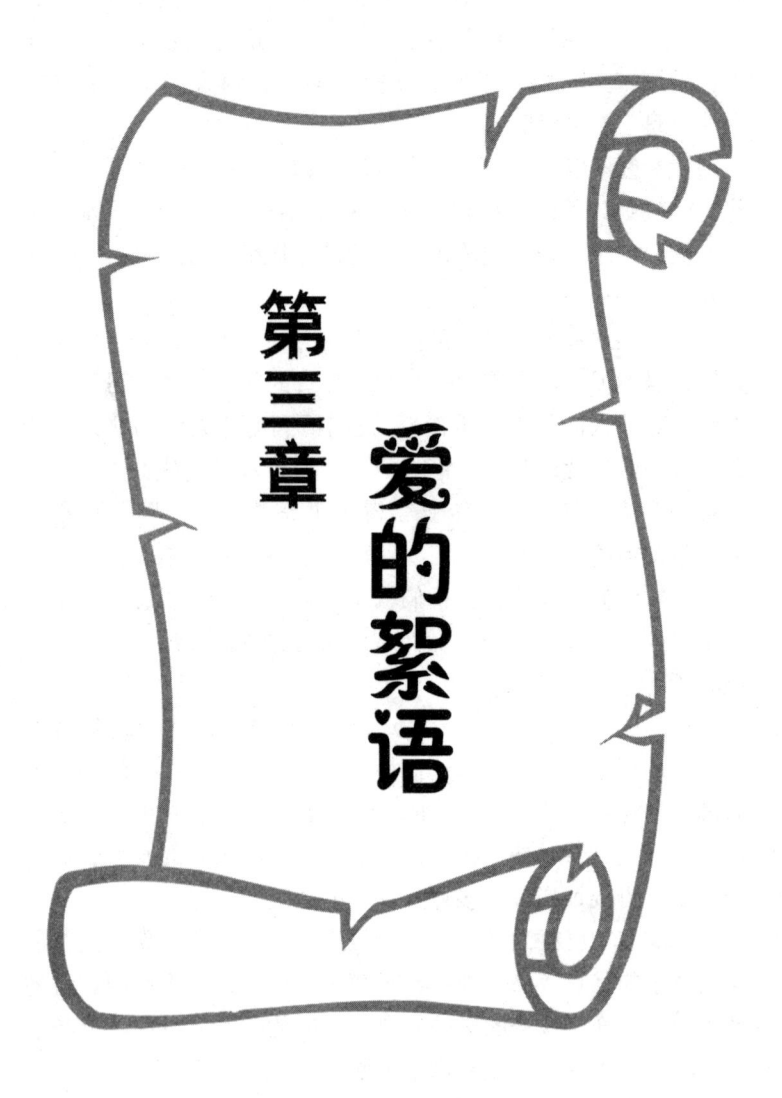

第三章 爱的絮语

孩子，让我爱上你
——写给王老师理想国第四期公民慧学五班

当秋天已经蒙上面纱的时候，夏日的阳光却不肯离去，于是秋天便多了许多热情。当王老师执意踏踏实实去做一个平行班班主任的时候，领导的安排却不由我心，于是新一轮班级工作便多了一些压力。本以为这几天会焦虑不安，不料依然吃吗吗香，倒床便睡，因为，王老师天生有一个好心态，相信邂逅的美丽，相信缘分的神奇。特殊的时间遇上特殊的你，这是一种无与伦比的美的契合，所以，我的心里便满是阳光，看什么都是灿烂无比。

孩子，无论你是以一种怎样的姿态出现在我的面前，我都希望你能够努力让我爱上你，因为世界上真的没有理所当然的事情，每一种爱都是有条件的：父母爱我们因为我们是他们的孩子，老师爱我们是因为我们是他们的学生，王老师爱你们的前提条件是因为你可爱。真的！

让我爱上你很简单，只要你阳光开朗！

有人说心里有阳光，看啥都灿烂，每一个人只要有一个阳光的心态，即使在漆黑的夜晚，也能看到无穷的光明。想啥说啥，有啥说啥，闷声不响算一种美德，但是比起开朗阳光总是稍逊一筹的。

曾经读到关于苏东坡和佛印之间的一段趣闻，大概内容是东坡问佛印："佛印，你看我坐在这里像什么？"佛印很认真地

第三章 爱的絮语
DISAN ZHANG AI DE XUYU

说:"东坡啊,你坐在那里像一尊佛。"佛印问东坡:"你觉得我坐在这里像什么呢?"东坡哈哈大笑说:"我觉得你像一堆牛粪。"东坡颇为得意,回家对苏小妹炫耀自己戏耍佛印的快感。苏小妹说:"大哥呀大哥,心里有佛便是佛,佛印心里有佛,所以看你像佛,你心里只有牛粪,才看佛印像牛粪。"

这段逸闻趣事告诉了我们什么呢?

我曾经有一个非常非常优秀的学生,入学成绩考得很不理想,但半期考试就考到了年级第一名,王老师很高调地在全班表扬他说:"你看××好能干,入学考试是年级××名,半学期就成了年级第一名,我们都应该向他学习。"殊不知,时隔几天他的家长找上门来交涉,说王老师这句话的潜台词是说他小学成绩不好,是凭借关系进入二外的。我无语到要钻地缝了。

还有一个很优秀的孩子,在运动会报名时他报一百米短跑,我随口说:"那个好难哟,不容易拿奖。"不料这句话让这个孩子记恨了我两年。直到快毕业的时候,他才说王老师一直瞧不起他,证据就是上面所说之事。

上一届有一个女学生,进校基础特别差,习惯也不太好,开学后第一个周末就被我留下来补作业了,我经常狠狠地批评她。因为性格大大咧咧,当时有些同学不太喜欢她,甚至有点欺负她,我为她撑腰,抱怨她不给我讲,她倒说:"没事儿,一点小事儿给你说什么嘛,人家不懂事过几天就会好的。"她就是这么没心没肺地成长,不仅收获了友谊,还收获了学业进步,作文获得了全国一等奖。她在我心里留下了深刻的印象,我打心眼儿里喜欢她。

孩子,你能阳光满面地享受初中时光吗?生命是何其美好,我们不能用沮丧、敏感和多疑去辜负它。努力吧,让我爱上你。

　　让我爱上你很简单,只要你在正确的时间做正确的事情就可以。

　　世界上的事情没有绝对的对和错,关键是做事情的时间是否合适,只要你们能够做到在恰当的时间做恰当的事情就可以了。

　　有一次,一个外班的同学被德育处负责检查的老师扣分了,在办公室哭得稀里哗啦,一遍遍对班主任说:"老师,老师,我只是在楼梯口拍了一下篮球。"

　　一个女同学因为与异性交往过密,被学校开除了。她一遍遍地给领导解释说:"我没做别的,只是在 QQ 上和他联系多点,平时周末传了字条而已。"

　　一个小男生因为在就寝后还在高歌《山路十八弯》被生活老师罚抄室规。他对此大感不解,连家长也来兴师问罪,说自己的儿子只是唱了一首歌而已。

　　一群女生需要购买生活用品,便利用课间休息时间出了校门,最后被班主任狠狠批评。她们几个很是不服,一个个嘟囔着嘴说:"我不就是去买了一点生活用品吗?"

　　不止是学生啊,还有老师。一个老师上课接听手机,被领导严厉批评还扣了钱,那老师很是委屈:"我当时接的是学生家长的电话啊。"

　　类似案例不胜枚举啊。试想诸如此类的打篮球、谈恋爱、唱歌、逛街、打电话等哪一件不是应该做的?可是这些当事人都因为做这些事情而付出了代价,其实就是没有在恰当的时间做恰当的事情。

　　请你切记:在规定的地方就餐,在规定的时间规定的寝室就寝,在恰当的时间和地点看书、唱歌、聊天等,在应该恋爱

第三章 爱的絮语
DISAN ZHANG AI DE XUYU

的时间与自己心仪的对象交往。倘若你做不到这些,王老师就得很委婉地告诉你:你还不太可爱!

让我爱上你很简单,只要我们坚信自己的就是最好的。

王老师最爱告诉学生的一句话就是"我的就是最好的"。很多人觉得这句话很狂,不知道天高地厚,王老师倒觉得这句话很自信,很包容,很接纳,总是能够用悦纳自己和欣赏他人的眼光看待自己和他人,不信你试试。

我曾经的学生抱着这样的信念夺下了课间操比赛第一名,文娱汇演第一名,诗歌朗诵比赛第一名,运动会总成绩第一名,运动会开幕式入场表演第一名,班级德育评分第一名,文化作文特等奖,大大小小的考试第一名……王老师记性不好,数都数不过来了。其实我的秘诀就是:"我的就是最好的。"

请记住——

我的爸爸妈妈是最好的。

我的学校二外是最好的。

我的班集体是最好的。

我的老师是最好的。

我的班长是最好的。

我的组长是最好的。

我的组员是最好的。

我的寝室是最好的。

我的室长是最好的。

我的室友是最好的。

虽然我个子矮但我总能站第一,虽然我最胖但我可以占领最大的空间,虽然我眼睛小但我目光最敏锐,虽然我戴着眼镜但我有儒雅的风范，虽然我嘴巴大但我可以吃尽四方美食……总之，我觉得自己拥有的一切都是最好的。

让我爱上你很简单，只要我们牢记"我们"和"他们"不一样。

"我们"指天下所有勤奋上进的人，"他们"指那些不思进取、堕落颓废的人。我们在生活中习惯给自己找借口：假如自己迟到了，就会找个借口说××还不是也迟到了；班主任要求严格了，有的人就会说×班就是那样的。每当我们开始对自己放松要求的时候就要对自己说："我们是王门弟子，我们是慧学五班的人，'我们'应该与'他们'不一样。"

请你做到——
以最快的速度就餐、洗漱、入睡。
以奔跑的方式上学放学。
以第一的身份参与各项活动。
以昂扬的姿态主动参与学习。
以工整的书写装点各科作业。
永远都不求最好只求更好！

我亲爱的孩子们，我未来的慧学五班成员，此时此刻我还不知你的名字，能否与我相遇全凭你的考试成绩、我的抓阄来决定。如果正好遇见你，请你记住王老师这些话，请你努力让王老师爱上你，如果你是一朵艳丽的鲜花，千万别让自己长成一棵野草。

第三章 爱的絮语
DISAN ZHANG AI DE XUYU

参与游戏的孩子永远最快乐

凡事看破，便失去了所有的意义。比如吃了饭反正还是要饿的，干啥还要吃饭呢？天反正是黑了又亮，亮了又黑，何必为黑夜和白天或忧或喜？诸如此类，如果我们都以为聪明到了极点看破了，就不会有生命的激情。人永远都要傻一点，呆一点，即使看懂了也要努力去参与，因为参与游戏的孩子最快乐。

姑娘，缘分这个东西很奇妙，我想到过许多许多学生可能与我有缘，但是真的没有想到你我会有这么不平凡的师生缘。尽管我很诚恳地告诉你的家长，愚娘才疏学浅，仅仅凭借自己对教育的热爱，对学生的喜欢而教书，天道酬勤取得了一些些成绩。我提醒他们不要刻意让你入读我的班级，但他们似乎一往情深，很笃定很坚信自己的选择，对你的介绍全是谦虚地说着不足。

我一直不在乎一个孩子的基础怎么样，因为三年的塑造有太多的可能性，我也自信能够引领更多更多的孩子最终真正地成长起来，也不会让我自己的人生抹上灰色。我心想即使你如家长说的那样基础薄弱，也能够把你带到我们期待的高处，因为第一次在军训场上见到你那羞涩的目光中透露出的灵气，看到这个未经打磨的原生态的孩子蕴藏着的潜力，我就在心里喜欢上了你，期待你成为文化四班的佼佼者。

预习《春》一文的时候，好多学生无所事事地看着课文发呆，你却歪着脑袋在课文上做着批注。我原以为你事先读了参考资料，站在你的面前静静地看你写，却发现你每一个批注都是那么有个性，是我所了解的资料里面不曾有的：从课文理解到具体段落的层次，从语言修辞的赏析和个别词语的揣摩都是那么头头是道。我心里暗暗高兴，有如此弟子陪伴，愚娘三年来会从你的身上学到很多东西。

看到你专心致志批注课文的时候，我满脑子都是课堂上你或激情昂扬或沉稳理智的解说，我似乎看到了文化四班在你这个语文课代表的带领下碰撞出闪闪的智慧火花，似乎看到了全班同学在你的带领下把手高高举起与你对话的场景。那时，我的内心是多么雀跃，如同孩子盼望节日一般盼望着第二天的语文课堂。

然而，现实是残酷的。第二天，原以为会看到你高高举起的自信的手，却自始至终都没有出现。当滚动快速阅读任务到你们小组的时候，你甚至连上台的兴趣和勇气都没有；你的组员们希望能为小组争取一些分数，怂恿你举手，你却把手按得紧紧的，你似乎对加分这件事情一点儿都不感兴趣，真的，这个分数一点儿用都没有，仅仅是为了好玩。

课堂上，你一般都是埋着头好像一点都没有听的样子，但我和老师们都在暗中观察你，从你的作业中看出来你其实在认真听课，尤其是看到你好几次数学作业全对，看到你兴奋惊喜的表情，我知道你的内心是无比向上的。有时候担心你性格脆弱，对你的批评都是小心翼翼，直到有一次在电梯里听见你大声说话，还听到你在自习课上前后左右找人说话的时候，我才发现你柔弱的面孔下面有一颗强大的内心。我便憧憬着怎么来调动你的激情，当然也暗下决心不再纵容你的缺点。

姑娘，我说过如果你是鲜花就不要长成一棵野草，你认真听课就要积极互动，老师也是需要安慰和鼓励的，你的情商也

第三章 爱的絮语

是需要培养的；你内心深处是渴望小组和个人得到高分的，就要为了小组挺身而出，提高了小组也提高了自己。所以注意细节，把桌面收好，坐得端正点，自习课安静点，你能做到吗？

很欣慰，今天上午课间操时间在教室看见你的桌面干干净净的，我心里为你鼓了千百次掌。

我给你说说我儿子读小学一年级的故事。每天放学老师都会在黑板上写上表现好的孩子的名字了。后来就没有他的名字，我问为什么没有他的名字了，他说："我反正很认真，估计是老师没有注意我。我以后表现还要好一点，就怕哪天轮到表扬我了，我又做得不好就错过机会了。"这是一个小孩子看懂了游戏规则后的行为，他不是觉得没有意思，而是感受到了更大的挑战。在他成长过程中，尽管能够看透不少游戏规则，但他依然乐于参与游戏。他说过，只有永葆童心才觉得自己年轻。

再说说我们上个月的健美操比赛吧。我明明知道那个比赛真的没有用，淘神费力花那么多时间，浪费那么多人力、物力，最后无非是得个第一名。我带领的班级真的得过太多的第一，即使这次不得第一我也觉得无所谓。但事实上，当走上赛场，每一个人都是情难自已的，结果下来的时候包括我在内的每一个四班成员都很失落，我相信你也有些许难受。我相信世界上除了庄子能够真正做到洒脱，其他的凡人还做不到。

姑娘，数学题全对你手舞足蹈，语文成绩第一你乐不可支，英语进步你心花怒放，这些足以看出你内心的积极向上，你是一个在努力追求成功的勇者。为什么明明很努力，却要装得那么淡定呢？淡定的背后其实夹杂着不自信，甚至是微微的自卑。

看破不点破，依然乐于参与其中才是大智大勇之人。参与游戏不在乎结果，而是在游戏过程中获得快乐，如同吃饭不是为了活命，学习不是为了分数，但是活命必须吃饭，要得高分必须好好学习。丰富的活动能让学习变得有趣快乐，可以提高学习效率。我们的自省，我们的日常规范，我们的书香班级，春藤园里四班最好的理想，刻不容缓的超越行动，表面上看都是游戏，参与其中却可以展现一种热情向上的生命状态。

所有的游戏都是帮助我们时刻准备着，因为机遇永远垂青有准备的人，愿你成为愚娘在常春藤里最得意的弟子之一。

听得懂与做得来
——谨以此文献给那些勤奋但学习效果不好的学子们

小时候，我爸爸教过我很多游戏，记忆犹新的是手指活动的游戏，一边做一边大声吼着："上打鼓咚咚，下打咚咚鼓，两边一起打，中间架花龙，包子这么大，油条那么长。"游戏动作是先把五指伸直，念叨"上打鼓咚咚"就把食指抬起来有节奏地按压中指，第二句"下打咚咚鼓"就用小指敲打无名指，"两边一起打"就是同时张开食指和小指混合做前两个动作，"中间架花龙"就是从中指和无名指处分组碰撞，后边两句指握着拳头比画说包子这么大，然后伸长手指说油条那么长。印象中爸爸做得很自如，而我笨手笨脚嘴上手上不合拍，明明知道是怎么做的，可就是做不好，我一直认为就是不熟练的原因，后来反复练习也就运用自如了。

近日，我拿着保送落榜生的成绩反反复复地分析，这些孩子大多数都算认真勤奋一类的，平时跟踪反馈的时候，他们都

第三章 爱的絮语
DISAN ZHANG AI DE XUYU

能满面兴奋地告诉我听得懂老师的课,可是每次满怀期待地考试,分数就会给他们狠狠的一耳光。好多孩子都已经被打得遍体鳞伤,自信心备受打击。所以,我今日便想起了"听得懂"和"做得来"这个话题,不免又要唠叨一通。

首先,"听得懂"需要"做得来"的能力来证明真有所获。

我虽然愚钝,但是绝对算得上比较勤奋的学生,然而读书时代铆足了劲也不过一个中等偏上的成绩,倘若没有一股子拼劲的话,此生定会脸朝黄土背朝天,无缘三尺讲台。但是我自小就被老师和家长夸赞聪明伶俐,脑子灵光反应快,无论是背书写字,还是简单的珠算、口算和笔算,我三下两下就咽到肚子里了,稀里哗啦地加减乘除扒拉着算盘珠子,绝对不会出现差错。虽然爸妈不敢憧憬我未来会成为国家的财政部长,但是肯定也做过我会成为生产队的会计的美梦。

可是到了中学,我照着小学的样子,上课认真听讲,认真做笔记,天生憨厚愚钝的外表给老师们留下了勤奋好学的印象,每一个老师都不怀疑我的学习态度。我自己也觉得每一堂课都能听懂,下课后与同学们一起交流时头头是道,这个概念也熟悉,那个公式也明白,回答问题的时候似乎也能应对。听得懂的表象欺骗了每一个人,老师、家长还有我自己对我的初中生活有无限灿烂的期望。这种状态持续了半个学期,中期考试数学的尴尬分数把我的自信心击得粉碎,英语的低分让我不知所措,就连我自恃优秀的语文也把我抛弃了。转瞬间,我从小学佼佼者的天堂跌入了中学后进生的十八层地狱。

我真的很恐慌,因为我明明感觉上课完全听得懂。尽管数学不及格,但是正数、负数、自然数等概念依然在我心里扎根了;英语刚刚60分,但那些苹果、梨子、香蕉之类的单词却与我很亲密;语文中那些"之乎者也"的文言文也没有疏远我……明明听得懂，可是做起题来不是掉了符号，就是计算出错，错得多了便觉得啥都不会做了。

　　几次失败，小学时的优越感荡然无存，笼罩我的除了漫无边际的自卑便是无可奈何的抓狂。竞争的世界是势利的，在我毫无准备的情况下没有了老师的亲切鼓励，也不再有爸妈的逆天奢望，就连平时的小伙伴也少了些亲密。如果我一点都听不懂，我完全可以毫无留恋地离开学校，可是听得懂老师讲课的我陷入这般境地，如深渊如暗夜的绝望慢慢地吞噬着我，听得懂不能证明我真的学有所获，还能奢望什么呢？

　　其次，"做得来"需要在"听得懂"的基础上努力去淬炼。

　　那时的我是孤立的，爸爸妈妈没有让我好好读书的愿望，祖辈都是农民出身的父母不曾奢望我能光宗耀祖；老师也不会对我有半点小锅小灶的照顾，因为我根本不能扛起中考辉煌的大旗。况且在那个年代，中学毕业后百分之九十五以上的同学都是灰溜溜地回家。我虽然无比清醒自己的未来，但是爸爸的一句话还是触动了我，他说："我给你说哈，我把你的书箱背到学校去了，这个箱子如果要回来的话，我是不会去背的，你自己想办法吧。"从学校到我家有40公里山路，我是找不到车子运载书箱的。如果考上好学校，我就可以堂堂正正坐车远行，背书箱回家的劳苦自然可以免除。

　　我不得不反复思考，平生第一次除了奢望一日三餐以外还开始憧憬新的东西了。我迷茫着自己上课明明听懂了，老师讲课的声音印在我的脑子里，可是拿起一道道题目的时候，似乎又束手无策。我渐渐发现自己只记得住老师说的话，却不能记住老师在黑板上计算板书的过程，于是尝试着一边听一边把老师讲的例题板书抄下来，下来后一边看例题一边在脑子里回放老师的讲解，然后再依葫芦画瓢。在没有任何人提示和帮助的情况下，我就这么坚持了近两个月，我对数学才有了感觉。"听得懂"和"做得来"之间慢慢有了好感，彼此暗恋，最后终于达到如胶似漆的热恋状态。我虽然算不上数学的高手，至少考试分数不再让我抓狂。

后来，我把学习数学的这种方法搬到物理课上，嫁接到英语课堂……经过初二一年的挣扎，我总算找到了学习的感觉，以比较自信的状态进入初三的学习。

最后，让"听得懂"与"做得来"融为一体才会战无不胜。

学习是一个调动全身多种器官参与的过程，我认为"听得懂"还处于调动听觉的最肤浅的学习状态，只要不存在语言障碍，"听得懂"就是一种常态。而我们还没有意识到这一点，每一个同学都感觉上课听懂了老师的讲解，于是对每一节课都有好感。殊不知这种肤浅的听觉感官记忆在大脑驻留的时间很短很短，还没有让你回过神来便烟消云散。天长日久地在"听得懂"的海市蜃楼里陶醉，考试时，才发现曾经的学习桃花源居然山重水复无路可走，分数的尴尬便是一种无法回避的必然。

我在中学生活第一年被撞得鼻青脸肿，期末成绩被定格在平均68.3分。我在第二年的国庆节以后才开始突围。在这个突围的过程中，我改变了上课"听"的单一状态，边听还得边看，边看还得边想，手里忙着记，课后反复看，回忆老师的讲解，慢慢领会。在这个过程中，我的多种感官都被调动了起来，当我能独立做出一道题的时候，久违的成就感开始在我心里升起，远去的自信心慢慢地回头，最后向我露出了微笑。

这种状态被我带进了初三的生活。中期考试，我便闯进了班级前五，优生的席位上有了我的身影，对未来的憧憬自然多了那么一些热切。尤其是学习化学的时候，由于化学老师有着严重的支气管炎，每讲到关键处总忍不住掐着脖子咳嗽不止，这时好多同学就在下面窃笑、私语，注意力游离于课堂之外，我却一直暗暗提醒自己一定不要走神，耐心等待，因此总能迅速把老师咳嗽前后的内容连接起来。课堂上听懂了，课后练习的时候也是一丝不苟，我突然发现初中化学除了元素周期表、化合价等陌生的知识以外，其余的就是小学数学的内容，杠杆原理与相似三角形可以"心灵相通"，我自然而然地将数理化连成了一个整体。最终，一向让我恐惧的数理化在中考考场上助了我一臂之力。

在我本来并不自信的中考考场上，我却一举获得成功。要知道那个时候考上中师完全可以改变我一生的命运，对一个农家孩子来说，意义远远胜过今日考取清华、北大。

我亲爱的同学们啊，世界上真的没有天才，我爸爸在我心里是无所不能的，而他教给我的游戏无非就是反复练习罢了，每当在冗长的会议期间或者无聊的时候，我都会不由自主地玩起这个游戏。说真的，我比爸爸当年玩得好看多了，因为我细腻纤长的手指比爸爸粗短的指头好看。我勤奋努力，在中学时悟出的这些方法后来帮助我完成了大学专科和本科的自考学业，以至于对我的教学也有裨益。我无时无刻不告诫自己，也告诫孩子们，仅仅听懂了不等于会做了。这使我在提高课堂教学效果方面便多了一些手段，这便是王老师教书比别人相对轻松而效果不错的根本原因。

孩子们啊，当你每堂课听懂的时候并不代表你真正掌握了课堂知识，而要乘胜追击反复淬炼，将"听得懂"和"做得来"完美融合，才能练成考场上的金刚不坏之身。加油吧，孩子们！生命不息，考试不止。听王老师的话，调动全身每一个细胞参与学习，让自己真正成为学习的主人。

第三章 爱的絮语
DISAN ZHANG AI DE XUYU

魅力来源于实力

我们每一个人都希望自己能成为万绿丛中的那一点红，殊不知，生活不能完全如意，一心打造自己往往会物极必反，面对戾天的大鸢，经纶世务的忙人，还有汲汲于优秀、戚戚于失败的莘莘学子，我忍不住想说一句："还是虔诚地劳作为上，因为魅力来源于实力。"

期末考试在即，大假归来的浮躁也在创新五班弥漫。我没有进办公室就直接坐到讲台边，一边捣鼓着手机，领会学校的大小通知精神，同时不动声色地观察着班级同学的动向。说真的，大部分孩子还是有条不紊地做着正当的事情，或检查作业，或收取资料，或默默做题，但仍有少数几个同学凑在一起讲悄悄话。就比如靠近讲台比较显眼的两个孩子，正隔着过道倾身交谈。这两个性格迥异的孩子本来没有多少交集，临到初三忙碌时节，再加上特殊的座位安排，每逢他们成为邻居的时候便会如胶似漆。据可靠信息，他们交流的几乎都是假期或者周末的游戏心得。

这两个孩子曾经也算班级里比较可爱的人物，因为他们本身情商高，脾气也不算坏，同学关系处理得都还不错，老师们即使觉得他们学习懒散点，也隔三差五地鼓励提醒，我也很少责备他们，每次都是耐心细致地提醒，似乎都还过得去。殊不知到了初三，大家的注意力都集中在了学习上，班级活动和学校活动都很少很少了，他们似乎觉得有被边缘化、被淡忘的危险，于是二人联合起来，要么各自做点出格的事情，要么合作来一点异样的表演。然而即使他们使出浑身解数，人气指数还是不高，依然有被无视的危险。

我无数次语重心长地告诉他们："魅力来自实力！"

创新五班有这样一个同学，他是以最优秀的状态来到这个集体的，从进校的第一天起就努力表现自己，无论大小活动，都会积极主动地参加。但他课堂回答问题的时候显得有点彷徨，虽然他总希望自己不鸣则已，一鸣惊人，可在我的课堂上，很少见到他有独到的见解，甚至很少看到他有足够的勇气高高地举起手臂来。我深知这个孩子过去是在赞美的包围中成长的，他一直在努力寻求赞美来包裹自身还不够优秀的地方。我从他身上似乎看到了三十年前的自己，所以一直努力地鼓励他，想方设法让其把优秀的一面表现出来，尽可能地感受到那份自信。

事与愿违啊，他似乎在班级越来越没有地位了，一度还被大家疏远。起先我以为是孩子们存心孤立他，后来找到一个比较公正大度的孩子了解情况，才知道孩子们一致认为这个人特爱显摆，尤其是在自己擅长的学科课堂上硬是揪住老师不放，总想把自己知道的全部倒出来，然后很得意地在大家面前表现出与众不同的地方。除了语文课以外，每次老师提问他就会大喊："喊我喊我。"有时候下课了还问老师："你怎么不喊我回答问题呢？"在寝室也爱炫耀自己读书读得多，在老师们面前总说自己很刻苦，却又受不得一言半语如实但不好听的评价。如此这般，孩子陷入了孤独的境地，家长和我都忧心忡忡，究其根源，这个孩子就是被"优秀"绑架，失去了自我。

耻辱的十字架很重，其实优秀的十字架更束缚人。一旦达不到人们期待的优秀效果，而又不能坦然面对自己的不足，孩

第三章 爱的絮语

子就会本能地掩饰或者逃避，还会变得烦躁、虚荣，貌似会发奋努力其实难以静下心来，所有的努力都是为了维护外在的光环，几乎顾不上自己内在的东西。这不，前一次的模拟考试，他居然不交卷了，问其原因，说是自己感觉考得不好。老师评讲了试卷，问其情况，他便说自己能得 93 分。任课老师情不自禁地表扬了一句："93 分很不错啊！"我得知这件事情后，心里再次为他捏了一把汗，说不定他还会故技重演，为的是维护"很不错"的光辉形象。

我无可奈何地对任课老师说："你不应该表扬，应该毫不留情地宣布他得零分！"

自习课前，大部分孩子都在认真做着作业，我看到一个同学跨越了几大组跑到另外一组，来到一个同学面前，看似很热闹地讨论着什么。看那兴奋得劲的状态，我不敢确定是否谈论的是学习之事，本想前去制止，但想到还没有上课，也就只是静静地看着他们。他们发现我注意着他们的时候便悄然解散了。我可以推断他们刚才讨论的话题并非学习，要不然咋会戛然而止呢？

接下来，这个孩子回到座位上，翻开自己的本子，不知道是数学还是化学习题本，本子上看上去像长长的计算题又像密密麻麻的化学方程式。他右手放在抽屉下，左手揣在衣服口袋里，弯腰驼背似乎看着本子，乍一看在认真思考着题目。我仔细观察着，发现他身子右倾，看着同桌在那儿订正阅读答案，他装作自己在看题，事实上看着同桌的忙碌在发呆呢。

我深知这个孩子宁愿被虚伪的表扬压死，也不愿意听一句中肯的批评，便在他面前站立良久。他假装慢条斯理地把目光移回到自己的练习本上，然后镇定地抬头看看我。我解读到他的眼神似乎在说:"王老师,你看我在思考呢!"他根本不知道我观察了很久,前后近半个小时,我早已有了自己的判断。见他这装模作样的神态,我告诫自己千万不要再给他面子,于是厉声呵斥:"我觉得你还是要带点诚意来劳作哟,每次都是看起来认真考起来糟糕,其实就是学艺不精,自欺欺人。考试是照妖镜,是否真心用力一考便明了。"

我恨铁不成钢地对那个小男生说:"你还是拿出点努力的诚意哟,因为魅力来自实力!"

生活中,我们渴望自己是万绿丛中那一点红并不错,但是如果仅仅为了表面的一抹红失去了自我认识的能力,时时处处掩饰自己的缺点和不足,处心积虑维护自己的光辉形象,定会物极必反。不能面对自我、认识自我就将失去自我,最终会将一无是处的自己赤裸裸地暴露在生活的阳光下,岂不惨哉?

人生来不得半点虚假,还是一步一个脚印地踏实奋斗吧,用实力展现自己的魅力才会成为人生的赢家。

永远以最美的姿态继续向前
——写给保送的孩子们

孩子们，人生不可能永远幸运，也不可能永远倒霉。面对幸运，我们要感恩；面对倒霉，我们也要感恩。当你们获得二外保送资格的时候，王老师绝对比你们任何一个人都高兴，因为你们只是为自己高兴，而我是为十六个孩子感到高兴。我记得自己看着名单时如释重负地脱口而出："我总算可以给十六个家长和孩子交上完美的答卷了。"

是的，我的孩子们，你们经过两年多的勤奋努力，终于在多少次的较量中脱颖而出，二外的雪松班和宏志班伸出双臂热情地拥抱你们，希望你们微笑着感恩回报这种热情。二外陪伴你们度过了美好的初中生活，这里有你们青春的足印，有你们欢快的笑声，也有你们辛勤的汗水，今天的机遇是你们努力的结果，也有学校和老师们的辛勤付出。

无论你们最终如何抉择，我都希望你们能够永远以最美的姿态继续向前。

我在办公室看到外班被保送进雪松班的同学因上课违反纪律而受罚，无论老师怎么教育，那学生都歪着脑袋，满脸不屑地保持沉默。直到班主任耗尽最后一点耐心和温柔厉声呵斥以后，那孩子才慢悠悠地说话，话语间全是组长的错，全是别人的不对，他似乎成了世界上最委屈的人。你们知道我看在眼里是怎样的心情吗？我为咱们的学校感到难过。我为这个孩子感到难过，一个优秀的学生必须具备宽广的胸怀和无畏的担当，还得把优秀当作一种习惯，否则，仅仅是成绩优秀最终走不了多远。所以，王老师衷心希望创新五班第一轮被保送的孩子们能更加严格地要求自己，做到心如止水，潜心学习。

在我谈到教学进度的时候，一个学生笑着说让雪松班的同学给大家腾出地方来，全班同学哈哈大笑，我也感到非常好笑。不同的角度就有不同的心态，不同的心态就会表现出不同的语言，要知道，你们这些获得保送资格的人还不能意识到这机会有多么宝贵，而没有入围的同学内心有多么羡慕和失落，只有你们继续认认真真地学习，才能让后面的同学从你们身上感受到希望和力量。

孩子们，我很欣慰，在女子接力赛的赛场上，乐拼了老命跑完第一棒把所有的对手抛在后边，为创新五班最终获得冠军打下了基础，那份努力和执着让我很是感动；蕾本来习惯嘴角下拉的表情，现在无时无刻不挂着微笑，作为我的助理不折不扣地帮我分担劳苦，学习上也是那么地尽善尽美；涵喜欢跑到办公室与我说上两句话，看到她坐在我的椅子上练习毛笔字的身影，我多么舍不得她离开我，要知道她是我语文科目的精兵强将啊；我一直误解林，总觉得她聪颖但有点沉默，无视老师的提点，喜欢我行我素，这几天再次关注她课上的表现，才发现她有些时候只是真的没有反应过来，她接受我的道歉后也开始眉开眼笑了；航在努力调整自己的状态，他总想拿出一些勇气再去冲刺，课上积极努力地发言，我明白他是真心要改变；彤情商一直很高，我是看着她长大的，楼上楼下住着，我很高兴她能获得这个保送资格，但愿她能继续保持这种状态奋勇向前；男愿意放弃雪松班降到宏志班，他说希望有一个完整的初中生活，愿意跟着我冲刺中考，我无条件地选择支持他。

好样儿的！就这样一路向前，永远以最美的姿态向前，你们的未来将是一片辉煌灿烂。三年后的高考榜上，你们一定会名列前茅，世界名校的通知书会飞到你们的手里。

孩子们，我努力压抑自己的唠叨和啰唆，总希望把更多的时间交给你们听写英语，或者让你们举办自己的讲坛，所以没有足够的时间与你们谈谈二外今年保送的情况。不管你们自己怎么看，我总觉得宏志班的孩子们尤其幸运。热血五班是一个成绩很棒的班级，当年的宏志班仅仅有十二个同学被保送，不是物以稀为贵，而是二外今年的保送政策在以往的基础上宽松了很多很多。新上任的校长说要办好一所学校必须要有伟大的教师和伟大的学生，他要拿出最大的热情欢迎我们自己培养的优秀学子。

原来的宏志班保送的只是前六十名的学生，六十到一百二十名的学生以实验班保底，还要再战中考冲进宏志班才会被认可，而现在综合排名跻身前一百二十名便可以签约保送宏志班。于是，获得这个资格的同学便开始怀疑、犹豫和彷徨了，成绩靠前的质疑宏志班的含金量，成绩靠后的突然得到这个喜讯一下子冲昏了头脑，觉得自己是不是还有更大的空间……

咱们创新五班的孩子们似乎还没有受到任何冲击，这些日子以来，咱们都是坚持早到，坚持锻炼，坚持完成作业，看不出来半点狂妄和浮躁。我多么希望你们在期末考试来一次重大的逆袭，一举挺进年级前四十名，高高兴兴进入雪松班，尽管就我的眼光来看，两类班级差别并非很大。大家还是愿意将主动权掌握着在自己手里，这是我最希望看到的。作为创新五班的孩子们，本来就应该有这样的豪情和霸气。

孩子们，生活不可能永远一帆风顺，也不会永远艰难曲折，把握住每一份幸运，努力创造更多的幸运。不管今天我们身上有多么耀眼瞩目的光环，都不要忘记前方的路是未知的，下一秒会有怎样的风景，都需要我们走上前去看。当我们在看一路风景的时候，自己也会融入其中成为别人眼中的风景，唯有保持最美的姿态，方能给人以力量和美感。

加油吧，我的孩子们，王老师就是一个摆渡人，在这一轮的比拼中，我奋力摇橹，很幸运地将十六个孩子送上了岸，愿你们以最美的姿态继续向前，给后面的兄弟姐妹以榜样和力量吧。

第三章 爱的絮语
DISAN ZHANG AI DE XUYU

让优秀成为常态
——记我与中期考试前十名学生的谈话

愚娘看似一个敢说敢当还敢做的人，其实很胆小，只要自己做得不好就不好意思，没有半点狡辩，所以，无论是读书还是教书都把规矩放在首位，渴望得到别人的认可和表扬，尽全力把自己该做的事情做好，久而久之就养成了很多受益终生的好习惯。对孩子们的教育，我也不能从专家的讲座和书本里背很多东西，总是把自己的生活感悟传授给学生，还不免让人感觉很低端很老土。

这不，中期考试成绩出来了，我看到班级前十名有些动荡，且尖端战斗力薄弱，于是想着怎么才能让这些有潜力的学生不至于因为偶尔考好而把尾巴翘上天。昨晚在找他们谈话的时候，我脱口而出一句话："让优秀成为一种常态。"

孩子们以优胜者的姿态站在我面前的时候，满脸笑得比花儿还要灿烂，一个个站在我面前自信满满，腰杆挺直。我说："同学们，考好了是不是心情特爽啊？虽然我认为一次考好纯属偶然和巧合，但是如果没有平时的努力和勤奋就没有这种巧合的可能。所以，王老师很高兴看到你们以班级前十名的身份站在我面前。"

由于时间关系，我不能让他们发表感言，只得我"一言堂"，三言两语指点指点。

首先，我们要认识到自己有学习的潜力。这中间有上次月考成绩排十几名的同学，比如均上次就失利了，这次找到了感觉一举挺进前五名，你在自己的综合能力上要有所关注，不然当心成为书呆子；舟上学年一直处于低谷，其实就是骨子里有了懈怠和浮躁，学习静不下心来导致的，上学期一直没有找到感觉，这学期基本上恢复了自己的状态，不过要谨记前路漫漫，来不得半点浮躁和骄傲；羽应该相信自己，以前老觉得语文是掉进天坑里去了，这回不是上了120分吗，决定性的因素是因为月考作文没有沾到主题，这回在审题、选材上有了感觉，自然就可以多得那么几分，也就是这几分让你发现自己其实是能够学好的，也就是这几分让你的语文分数上了一个档次，所以以后做题、看书都要开动脑筋；琪学习认真这一点没商量，就是在稳定性方面还要努力去找方法。

其次，不要让自己"暴饮暴食"，饮食上暴饮暴食影响健康，学习上暴饮暴食影响分数。我可爱的心，你又回来了。上次那个分数差点让我因你而辞职，不过，你这个人乐观开朗扛得住压力，而真正能够让你常胜的不是扛得住压力，而是选对方法，找到动力，千万不要一曝十寒，踏踏实实才是硬道理哟，再也不要那样坐过山车了，我和你家长的心脏受不了哟。

再次，患得患失很恐怖。旭一直是我比较看好的孩子，可你总是忽起忽落，让人心惊肉跳，你就是骨子里认定自己是很优秀的，在行动上却有点跟不上，另外想要出人头地，需要被关注的心理特别突出。尽管我们能给你很多建议，可你一旦进入实践就开始拳打脚踢，说白了就是需要太多，投入不够，导致自己达不到理想的标准，而心有不甘又不得不认栽，满脑子都被失败笼罩着。你心里想着要弥补，所以答应在外边培训，总以为培训了就能改变现状，自己该做的事情就慢慢放松，这就是你自己觉得拼了命完成作业却不会做的真正原因。另外，别把臭脾气拿出来对同学，在寝室里因为一点小事儿就要动拳头，要知道你面对的是你的组员、你的同桌，真要让别人动手，你绝对不是人家的对手。都是父母的娇儿贵女，别人有大度的胸怀，你凭什么没有呢？我不希望生活老师再对我说："王老师，你们班那个旭脾气硬是大得很哟，来得陡哟。"一句话，优秀的孩子有优秀的性格、优秀的习惯。优秀的成绩其实是附加品，是生活给予你的奖品。

还有，切忌晕晕乎乎。霖的进步很大，虽然有时候喜欢眉头紧锁拧成一个疙瘩，但是与人争执比较少了，尤其不再对他人进行挖苦和讽刺，晓得善待他人、体谅他人了；在学习上也比较努力。但是不要自恃聪明，不要以为打个夜工起个大早就可以取得逆天的成绩。恕我直言，你也是一个十分普通的学生，除了勤奋别无选择，尤其要改掉磨蹭拖沓的臭毛病，畏难情绪不可久居心里。学习是自己的事情，在棍棒下学习可以取得高分，但永远都是奴隶，唯有自觉主动学习的人才是成功的主宰者，希望你能自觉学习。

最后，进一点再进一点。豪和杰稍微稳得住一点儿，认定的事情就会坚持往下做，不管在什么时间、什么地点、什么环境都不会受到影响。所以相对来说他俩的成绩要稳定一些，一般都在班级前五左右，这个是可以接受的状态。

三言两语，一人点评几句，一人提醒嘱咐两句，希望你们让优秀成为一种常态。

孩子们，别拒绝做一个优秀的人
——写给我讲台下的七十个同学

时间过得真快，你们在操场站军姿的样子还历历在目，寝室里寻找床铺的尴尬犹在眼前，在寝室拿着叉衣杆的镜头还那样清晰……可时间分明飞奔到了初二中期考试以后，三年的初中生活快过去一半了，一年半的朝夕相处，我唠唠叨叨跟你们说了很多，凶神恶煞训了不少，风风火火也玩了许多，静下来的时候，或者站在讲台上看着你们的时候，我真的有很多话要说，有这个念头已经很久了，可是每次打开电脑又不知道从何说起。

今天是个好日子，我决定消灭一切借口敲击键盘，说说我此时能够想起来的话。第一句话就要告诉你们："我最最亲爱的孩子们，别拒绝做一个优秀的人。"

我记得在这学期曾经说过："孩子们，小心，别让上帝改变主意。"这句话源于旭和原的成绩。旭给我的印象是一个比较全面的同学，综合能力和学科学习能力都比较强，关键是小学基础打得好，是一个有点积淀的人。对于他，我真的有很高的期待，我希望他能够冲锋在前，与豪、杰、舟、霖等一起，带领慧学五班全体同学勇往直前，谱写咱们理想国动人的新篇章。可是，旭一直自我期待太高，只能接受自己优秀，一旦失败就罩上阴影，每次考试都是绷得紧紧的，关注得失远远高于关注考题，所以屡考屡败，自信心似乎受到了挫败，身上少了

第三章 爱的絮语
DISAN ZHANG AI DE XUYU

很多锐气。

　　一脉不合周身不遂，失意之人也是敏感之人。旭有很多表现让我担忧，长此以往，上帝会改变主意，如此不能经受磨炼的人不能被托付大任。

　　原有点自负，有点功利，理科"身子骨"一点儿都不"硬朗"，英语口语蹩脚，也没有找到自信，曾经"人品大爆发"占据了一回年级第一的宝座，自此就销声匿迹，名次下落得让愚娘心尖尖都紧了。我知道原内心是渴望光辉历史能够再现的，但是他自己心里永远都是翻江倒海不能宁静，心比天高，行动不足，一直到现在还没回到原本的位置。

　　我知道原有深厚的文学功底的，但就是关注太多导致心有余而力不足，凡事都进入了一种应付状态，每次信誓旦旦要找回曾经的辉煌，可每次都是失败而归。人一旦失意便有反常举动，心也不能平静。原的焦虑我感同身受，原的努力还有待加强。

　　回望慧学五班的孩子们走过的这段路程，虽然走得有点踉跄，但是每一个同学都在认真行走，所以，我们看到的风景也越来越多、越来越美，以至于我们自己都成了别人眼中最美的风景。除了这两个同学，其他同学也有或多或少的不如意，我这里不提不是忽视你们，而是留给你们自己去反思，去改进，去进步。

　　我在教学《周亚夫军细柳》的时候，其中有一个环节是变换角色讲故事，我以为自己讲得很清楚了，但后来呈现的结果让我大失所望，愚娘毫不客气地批评了同学们。从小背着表扬成长的旺很不高兴，还有几个成绩不错的孩子也不服气，红着脸，若不是愚娘强势，他们都有发作顶撞的冲动，我假装没看见离开了教室。时隔几天，他们再次出现了类似的问题，我点名道姓地说出了那天的事情，一个个鸡啄米般地点头，觉得自己当时有绑架优秀的嫌疑。

阳是二班比较聪明，基础也还不错的孩子，但他自我感觉良好的状态让人担忧，每次当我说到别人出现的错误的时候，他都会双手抱在胸前，歪着脑袋笑话别人，但在他被我当众批评几次后也有了转变。皓在语文上面的跟头栽得很多，他似乎感觉付出的努力和最终的收获完全不成正比，于是有时候故意表现出无所谓的样子，或者干脆以缄默应付老师……诸如此类的现象不胜枚举，愚娘都是选择宽容和提醒。

"天将降大任于是人也，必先苦其心志，劳其筋骨，饿其体肤，空乏其身，行拂乱其所为，所以动心忍性，增益其所不能。"成长过程中，每一次失败其实都是上苍对我们的考验，明明我们生来都很优秀，自己也真心诚意付出了很多努力，偶尔有点儿挫折，有点失意，真的算不了什么，那是老天爷对我们的栽培。

挫折也美丽，面对挫折冷静下来继续前行，在前行的过程中努力疗伤，这才是我们应该做的。当然，我们也得承认自己的不足，千万别固守着"自己本该优秀"，别忘记愚娘的教导，优秀没有专利。

我一直很感激每一个努力成长的生命，慧学五班把优秀当作习惯的孩子们有很多，他们历经很多次的失败和不如意，每次都是擦干眼泪继续上路。琪的努力如同愚娘当年一般，菡把理科当作凶恶的老虎穷追猛打，姝逐步战胜自己的敌人——浮躁，霖意识到聪明不能制胜毅然选择勤奋，羽硬是一步一个脚印地努力，清每次都是最先举起手回答问题，童学会了认真听课努力规范书写，綮和禹语文的进步让我很感动，帆在上学路上记录所见，琦逐渐规范自己的书写……这一切的一切，我都

第三章 爱的絮语
DISAN ZHANG AI DE XUYU

是看在眼里的，愚娘心里一次次为你们祈祷，但愿上苍能够感受到你们的努力，但愿你们能够继续让优秀成为一种习惯。

俗话说，君子爱财取之有道。愚娘说，学子爱成绩拼之有法，只要我们心怀虔诚，勇往直前，就会心想事成。

分数仅仅是成长的一个方面，成才的基础是成人，即使我们在学习上不是那么得心应手，我们在做人方面也要勤勤恳恳，天道酬善，好人终究有好报。

学子求上进，十年不为晚，只要我们心怀上进之心就拿出行动吧，拼搏的人生最美丽，好人的人生最心安，愿七十人王门弟子个个贤明能干。

我最最亲爱的孩子们啊，愚娘希望你们不要拒绝做一个优秀的人。

你不知道，我知道

　　写完了《我不知道，您知道》后难以入眠，因为家长付出再多的心血孩子们不买账不配合，最终的结果依然是尴尬的。看见孩子们在网络上欢腾和不文雅的交谈，我忍不住再来唠叨几句，因为你不知道，我知道。

　　"一切皆有可能"是真的。

　　二十多年前的我就是一只丑小鸭，但是始终不甘心回家务农，拼了命地小心翼翼"服侍"每一门学科。中考时，尽管语文一向比较有优势作文却偏题了，偏偏化学的压轴题被我灵感一闪捕捉到手，才让我考上中师，有机会成了老师。在求学的道路上我一直很孤独平凡，大声说话的自信都没有，可是我偏偏走到了今天，虽没有什么丰功伟绩，但是一直都活得很有尊严。十五年前，我从一个年年都争第一的学校调到了一个年年都倒数第一的学校。看着讲台下家境不太好的孩子们，我寻思一定要让他们初中有所收获。三年后，居然破天荒的有一个学生考上了南开中学的宏志班，一个连当时巫山中学都考不起的学校有如此成绩，其轰动效应在所难免。捉襟见肘的家长颤颤巍巍用公用电话给我打电话感谢我，我欣然答应，让家长在电视台给学校和班级的老师们点了一首歌，滚动播放了一个晚上。七年前，我在二外第一次品尝了倒数第一的滋味，乳臭未干的班主任和锋芒毕露的年轻领导，加上优越感十足的老二外人，让我压力重重。然而中考场上居然奇迹再现。三年前的热血五班啊，三年的倒数第一逼得我无地自容，总想逃之夭夭，但是想着家长对我的无限的好，只有咬牙坚持硬着头皮上。一次校长拦住我问道："王老师，你那个班还是算高起点班哈……"一向率真泼辣的我回敬道："我不知道，你说算就算吧。"不料，中考场上的辉煌、综合排名的领先创下了该校前所未有成绩。

说这些不是炫耀过去的王老师有多么了不起的成绩，而是告诉你们，只要坚守，真诚地坚守，我们就可能创造一个又一个的奇迹，让创新五班刷新热血五班的纪录。

有学科短板是致命的。

我们的孩子们不乏用优势学科补短板学科的侥幸心理。带过一届又一届的学生，我发现学生的成绩水平最终是由短板学科决定的。曾记得一个叫雷的同学，数理化很好，而英语学科实在太差，最后高考时竟然连二本都没有考上；热血五班的豪也是一个头脑特别灵活的孩子，数理化成绩常常排名班级前五，但一加上语文成绩就排名靠后，他一直希望用数理化来弥补语文的不足，可三年来从未如愿；洁、涵、越等丫头语文都非常得，可是数学学得艰辛，用了全部的精力弥补数理化，总以为语文不需要花费精力，久而久之，因为理科成绩的狼狈，连学习语文的底气都消失了，最终各门学科都变得很平庸；一个叫宇的同学初中三年都是年级前五，学校真诚地邀请他加入二外高中学习，各个名校都给他开出了优惠条件，但他语文书写很糟糕，平时的考试一直都可以，但是中考场上语文因为书写潦草竟然只得了118分，名次一下子排到了年级的百名以后；星几次考试都是年级第一，可是体育成绩只有41分，最终中考总分只有691分；浩的数学一直很优秀，总是希望数学可以带动不太占优势的语文，不料中考时数学失利丢失了十几分，最终总分只考了698分，与700分擦肩而过……

如此例子不胜枚举。我没有吓唬创新五班任何一个孩子的必要，平日里我要求大家注意均衡发展，尤其是面对让我抓狂的书写再三提醒，好多人总以为我是危言耸听，所以把我知道的这些案例说几个出来，或多或少给大家一些帮助，哪怕只有一个同学引起了重视，也不辜负我的苦口婆心。

笑到最后的才是真英雄。

人生路上可以失败，但是最关键的时刻一定要取得胜利。一个叫珂的江津男孩儿一直很勤奋很努力，平时考试数理化常常满分，可是期末考试场场失利。我不怀疑他的学习态度和学习能力，但一直很担心他的考试心态。为此，我记不清多少次与他进行疏导，与家长交流，全方位减轻他的压力，直到我目送他进入中考考场的那一刻，我都对他的胜利不报希望，我知道他在考场上容易犯糊涂。结果中考揭榜，他居然上了700分，该考好的学科全达到他的最高水平。开被视为年级的理科学神，但语文总是犯糊涂，三年来每次考试选择题很少全对，尽管他使出浑身解数学习语文，也总是不遂人愿。但他始终没放弃，每次都能信心满满地走进考场。当他告诉我他中考考了700多分的时候，我简直不敢相信自己的耳朵。还有我们的热血五班群体，平时似乎都不满意自己的分数，优生群体在全校一直处于劣势，当领导说我们的高分最多的时候，我还不敢相信……此时此刻的掌声和鲜花才能让人笑得放松，喜得踏实。

我重视结果并非是看淡过程，在这个过程中也一定要努力争取优秀，完美的过程会为完美的结果埋下伏笔。初一尚早，暂时落后者引起重视，领先者定要淡定低调，一路踏实向前，不妄自菲薄也不沾沾自喜，力争笑到最后，做一个真正的英雄。

最后说几个反例：上一届有一个同学以第一名的成绩进

第三章 爱的絮语
DISAN ZHANG AI DE XUYU

班,却因沉溺于网络游戏中途辍学;一个同学因为考上班级第一可以不做作业,真的无所顾忌地玩了一个暑假,优秀便永远不再眷顾他了,最终中考平庸收场;一个曾经优秀的孩子因为爱上了个性的发型、方便的网购,没有手机几乎难以活命,据说还以跳楼威胁家长,最终逼得家长彻底放手。

王老师看惯了优秀的人飞黄腾达,也看多了懒惰者沉沦落后,我的学生有的进入了北大、清华,也有的在监狱改造。路都是自己选择的,我希望创新五班的孩子们选一条阳光大道,一路欢快,一路勤奋,做一个笑到最后的真英雄。

孩子们,努力了不一定会成功,不努力绝对不会成功,这个你不知道,我知道。此文没有一点点虚构,连标点符号都真实。

别让忧伤成了河

孩子，愚娘教书三十年，虽然没有什么轰轰烈烈的壮举，但是三十年坚持做一件事，其实也是很伟大的。我常常酸酸地夸奖自己化解愚昧，传递文明，教化人类，也曾被人调侃一个月这点工资不如一个煤炭工人一天的工资，但我从来都不自卑。这源于我对你们发自内心的热爱。我总喜欢尽自己的绵薄之力引导孩子们少走一些人生弯路，总想把自己四十多年的风雨感受讲给孩子们听听，尤其是希望用我贫寒的出身的人生历程引领你们这些蜜罐里泡大的孩子们。所以，带着这样的情怀和好奇，我来到了这样一所新生的优秀学校。

孩子，我无限感激你带给我的快乐、自信和希望，读到你渴望多上一节音乐课的心声时，我羡慕你有与生俱来的音乐天赋；看到你们自信满满微笑着跳出欢快的健美操时，我看到了这个集体的温暖；当我读到你模仿史铁生写的文章的时候，我触摸到学习带给你的无形压力，换位思考，不由自主地回想到自己的初中生活，咱俩有着多么相似的成长经历啊。

孩子，真的，你们就是我的天使。当我看到你们表情木讷地做操，前言不搭后语地读着文字，我纠结着你们一天死气沉沉的表现，焦虑、绝望蜂拥而来，最后将这一切都化作浓浓的自卑，我的人生仿佛一下子走进了漫天迷雾的无路之境。尽管我是那么努力地突围，可接踵而至的质疑和满心的失落再次将我紧紧地包裹，我之所以能够固执地坚持，那是因为有你们这些孩子，是你们让我看到了希望，是你们让我还在努力寻找前

第三章 爱的絮语
DISAN ZHANG AI DE XUYU

行的力量。

月考成绩下来了，咱们班考得很好，这是我意料中的，虽然与我的期待还有一段距离，但是我从来不质疑自己的教学，我从来都对我们的教师团队和你们的学习能力有着坚定的信心。我没有拿着成绩单反复看的习惯，我一直以为习惯、方法、理想一旦进到孩子们的骨髓，分数就是赠品，从来都是很丰厚的。我也一直觉得每次考试的结束就是一段旅程的结束，一切都成为过去，新的考试临近，就是大家突破的时机，即使是条咸鱼也可以翻翻身，把自己烤得香一点，再香一点儿。所以成绩只能代表过去，将来的每一次考试都是机会，我们可以无限地期待，我们可以张开双臂去迎接。

孩子，我除了记得你的作文是班级第二以外，其他啥都没有记住，因为一直觉得你是一个自信阳光开朗的小少年，所以没有关注到你的心情。好在皮皮同学提醒我，他说你这几天很是沮丧，让我好好关心关心你。我俩长达一个小时的闲聊，希望能够帮助你学会放下，希望能够让你学会向前看，希望能够让你对着太阳说："来吧，照亮我心灵的每一个角落。"

任何事情都有两面性，学生考试成绩排名起起落落虽然是常态，但依然几家欢乐几家愁，即使淡定如中年的愚娘也不能完全释然，更何况是小小的你呢？我想发明排名的初衷应该是激励人们你追我赶，绝无惩罚排名靠后的人的意思吧。所以，当我面对你的泪水的时候，心里一遍遍祈祷："我亲爱的天使啊，面对挫败，我们可以难过，也必须难过，但是别让忧伤成了河流！"

我的小天使，就在你无限沮丧的那几天，你的愚娘已经到了崩溃的边缘。对于家的疯狂思念，对于这片土地无尽的厌恶，让从来好胃口的我，平生第一次对着一盘土豆没有动筷子的念头,餐桌对面坐着熟悉的同事,我看她却是一片模糊,因为我眼里饱含着痛苦的泪水,我是多么努力地把它留在眼眶里。早起坐在食堂听着书,眼泪也肆意流淌,我在绝望中心疼着自己,好在朋友及时开解,她说:"王老师不用悲伤,你是带着优秀走进这里的。"多么睿智的一句话啊,孩子,请你记住:"你是带着优秀走进文化四班的,不用拿考分来证明你的优秀。"

我是成年人,我知道自己在钻牛角尖了,所以努力想办法突围,推脱说自己有事需要回南山,其实就是在家里沙发上坐了两个小时。到了校门口一脚刹车踩下去,扛着自拍杆出去,我发现每一丛芦苇都在与我打招呼,每一束灯光都在对我眨眼微笑,每一个匆匆的行人对我投来的都是善意的眼神。我走进了理发店,我坐在路边摊,两个小时晃下来,发了很多文字,点赞评论的朋友很多,渐渐地,我觉得忧伤都是自己找的,忧伤都是自我意识过强。

孩子,走在大路上,我们是别人眼中的风景;走在熟悉的人们中间,我们也是别人羡慕的对象。正如你我,有多少家庭条件差的、分数低的孩子羡慕你,有多少与我同龄的人羡慕快到五十岁的愚娘还有行走的力量,有多少年轻人希望有我这般家庭、事业都算丰收的人生啊。

我亲爱的孩子,未经受过生活考验的生命不是真正的生命,未经历过坎坷的人生不是坚强的人生。在大千世界茫茫宇宙,生命如草芥一般,但是生命于我们自己是百分百的美丽和宝贵,忧伤的代价太大太大,我们要学会拒绝忧伤,排解痛苦;快乐的成本很低,只要我们愿意,随时都可以快乐。真的,我的快乐我做主。

人生有起有伏才有意义,燕子都有低飞的时候,一时的失败挫折又何妨,别让忧伤成了河流。

第三章 爱的絮语
DISAN ZHANG AI DE XUYU

时间是用来反思的
——记第一次月考结束以后

第一次月考结束了,因为学校领导要根据分数来划分等级,我们接到成绩的时候已经失去了原有的期待,但是看到等级的孩子们,依然几家欢乐几家愁。说真的,作为班主任,看到这个成绩还是应该有几分欣慰,一个月的努力捍卫了班级的尊严,总体来说考得不错。只是一个其中C等成绩,着实吓我一大跳。要知道"院长"是具备较强学习能力的,但是她却没有敢把分数"扶上马"的气魄,三番五次的提醒也无济于事。

吓一跳就吓一跳吧,一味的鼓励、提醒,同学们似乎已经有了免疫力,愚娘也就在班级前排设计了一个"C位"。摆不脱这个身份那就不能离开这个座位,既是处罚也是提醒。

这几天,我看着AABB的成绩册,找了一些同学谈话,每一个孩子到我面前都会本能地解释自己出错的理由,有的说题目看错了,有的说计算出错了,有的说时间安排不恰当,也有人说考试太过纠结于难题舍不得放弃。其实不用说,我都知道是这些原因。不过,愚娘告诉孩子们,我不是要大家回顾考试的场景,我要你们深层思考导致这些失误的原因,要知道每一个看似可以原谅的错误都有一个不能被原谅的深层原因。还是那句老话,吃饭没有喂到鼻子里,回家没有走错门,如果出现错误,说白了就是知识掌握不够牢固。

面对学习比较自信和自负的同学，我要求孩子们找到自己骨子里存在的问题，这难免让他们有一种自我解剖的难过和尴尬，少数孩子就开始有点暴躁和情绪低落，仍然有同学在我面前喋喋不休地解释自己出错的理由。

晚上，我和数学老师在教室里进行了简单的交流，对于有些孩子这次考试出现的问题进行了了解，个别孩子就开始唉声叹气，一个劲儿地说："哎呀，好烦啊，好烦啊。"春困的袭击之下，每个人都是受伤者，老师们自己都浮躁不已，何况青春期的孩子们。我努力压抑着焦虑，假装淡定地说："同学们，现在的时间是用来反思的，不是用来浮躁焦虑的。"虽然孩子们知道这个理，但要控制好自己的情绪谈何容易哟。

一个小男孩从书柜里拿出一本资料，狠狠地砸在地上，然后懒洋洋地弯腰捡起来扔在桌上，再把这本书提起来，又把签字笔甩在一边，嘴里嘀咕着："哎呀，好烦，真的好烦。"面对这样的情绪，老师是要倍加小心的，我过去的不淡定曾经伤害过不少孩子。我便笑着说："是啊，好烦。如果我们烦能够取得效果，你们发发脾气可以考到全校第一，我建议你们赤手空拳把这些桌椅都毁灭了，王老师给你们掏钱买新的。即使我买不起，我们的家长也会支持你们。来，我们签个协议吧。"大家笑笑说："发了脾气也没有办法，还是算了。"

孩子们进进出出向数学老师请教难题的解题方法，我在讲台上一边做着课件，一边说："每一次考试都是为我们的中考奠定基础的，出了问题是好事儿，我们的任务就是总结，考好了总结经验，考差了吸取教训，每一次考试不是看到分数后或喜或悲就万事大吉。"

学习那么紧张，考试那么频繁，分分秒秒都是用来拼搏、奋斗和反思的。

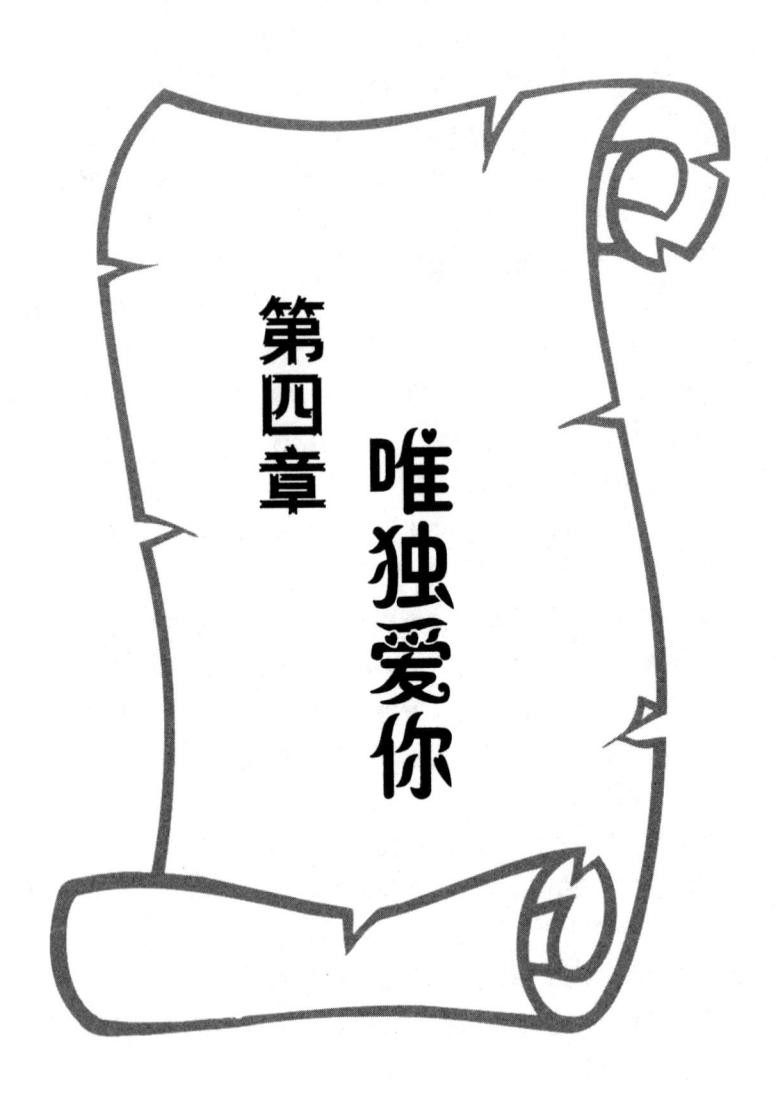

第四章 唯独爱你

帅一点，再帅一点儿

——写给我最最亲爱的ZJW同学

我第一眼就觉得你很帅，殊不知你骨子里有天生的自恋细胞，毫无怀疑地觉得自己很帅。真的，你可以帅一点，再帅一点儿，男孩子没有最帅，只有更帅，你一定知道该如何让自己真正的帅起来。

开学初，我读到一篇稚嫩的文字："周五，我要到理发店去理发，妈妈说头发不长可以不理，但是我记得王老师说过，二外学生的仪容仪表要符合二外的要求，我不是属于我自己的，我是属于慧学五班的，我必须按照老师的规定严格要求自己，只有这样才能成为好学生。"这段很朴实的文字，言辞之间真诚感人，我看到的瞬间内心都颤动了，想不到我在入学课上讲的话，我的弟子牢记于心。

看到你理了个标准的平头，站在我的面前，腼腆中带着自信。我说："你这个发型好看，很好看，很帅的。"你很自然地说一句："我也这么觉得。"然后情不自禁地摸一下头发，我和你都笑了。

慢慢地，我发现你的书写在慧学五班的男生中是最工整的。一学期不到，作文水平有了明显的提升，偶而也能在日记中表达自己的真实想法。于是，我把体育委员的工作、管理抽屉的工作都托付给你，希望你能做我最得力的助手。

事实证明我是有眼光的班主任，看你在广播体操队伍里忙碌穿梭，把这个往后推推，把那个往前拉拉，一会儿跑前面看

第四章 唯独爱你

看,确保一会儿又去后边看看,你的身影很帅气,有你这个帅气的背影,愚娘就可以站在前面东张西望,或者站在后面啥事也不过问。

"同学们,收拾一下抽屉哈,我今天再检查一遍,没有改进的同学就会被我扣分哟。"我在教室里巡视时总能听到你的声音,然后看到你拿着本子,捏着笔杆,一个个逐一检查,然后认真做好记录,末了还不忘在黑板上写下温馨提示。如此尽心尽力地为王老师分忧解难的同学必定是最最最帅的好学生。

我知道你有时候也是有脾气的,面对被扣分的同学对你的不尊重,你不是选择面对面地较量,而是向我如实反映情况。你说:"王老师,我扣了他的分他很难受我也理解,但是我不是为了私人利益扣分的,我是在履行一个班干部的职责,他那样说,我也真的是接受不了的。"听你有礼有节地反映情况,我轻描淡写地帮你化解,最后把处理这件事情的重任交给你完成。

看着你很高兴地离开办公室,之后我暗中关注你和那同学的交往,一切都是那么自然如常。我一百个放心,不仅是因为你没有给我带来任何麻烦,而是看到你真正地长大了,我由衷地为你高兴。

玮,我最最最亲爱的帅哥,心中有集体的孩子是最帅的,能够写一手工整的字的孩子是最帅的,能够以身作则为老师分忧解难的孩子也是最帅的,能够宽容他人、用智慧处理同学之间的小事的孩子也是最帅的,历数你那么多的优点,我真正感受到因为你的存在而带来的幸福。

目前,你的学习成绩虽然不错,但是离我对你的期待还有一段距离,希望你能拿出拼命三郎的精神,拿出愚公移山的执着，用最短的时间把成绩提升起来，到那时，你身上帅的内涵会更加丰富。

加油吧，努力让自己帅一点，更帅一点！

真的一切皆有可能哟
——写给我最最亲爱的 WRY 同学

我与你的交集首先来自高妈，军训场上她指着你对我说："WRY 是我的孙儿，你要给我多照顾点儿。"即使我满口答应高妈将如何如何照顾你，我也知道自己无能为力，学生的成长全靠自己，任何老师和家长都不能决定你们成为什么样的人。与你相处一年有余，看到你的成绩起起伏伏，犹如过山车一般惊心动魄，我不得不对你说，世界上真的一切皆有可能。

过去，我不少学生都说王老师说过的话都会灵验，他们甚至开玩笑说我是"大仙儿"转世。我不知道自己的前世，但是我知道自己绝对不是"大仙儿"，所谓灵验只不过是我历经生活洗礼后刻骨铭心的体验罢了，我说出来的话都是来自生活实践的经验之谈。

第一次入学教育的课堂上，我宣布自己要选助手为班级服务的时候，你频频举手愿意加入这个服务团队。看到你高高举起的手，忽闪着的大眼睛，还有从骨子里透出的良好教养，我毫不犹豫交给你很多重担，希望你能够在慧学五班成为数一数二的佼佼者。

事实并不如我所想象的那么美好。生活老师说你内务整理

第四章 唯独爱你

不好,数学老师说你作业完成得有问题,英语老师说你的基础很差,我发现你周末作业都不能认真完成。看你上课积极发言的表现,我们每一个老师都觉得你是一个能够搞好学习的人,所以大家格外地关注你。

一段时间过后,数学老师笑嘻嘻地说:"WRY那个娃儿没有懂事,听课是没有问题的,但那个家伙绝对不会主动积极地去学习,只要能偷懒绝对不会放过机会,还有课堂上反应快,接嘴也不少哟。"原来是这样,听了科任老师的反映,你基础和智商都不是问题,原来是你懒惰啊。虽然几经教育你有所转变,但这学期物理老师对你的评价居然与数学老师如出一辙,看来,说你懒惰不是误会了,应该是铁的事实了哟。后来你信誓旦旦说:"王老师放心,我再也不懒惰了!"

我已经学会信任每一个学生,你在我面前的承诺,还有你在爸爸妈妈面前的承诺,到底能够兑现多少,要看你的行动,最后还得让分数来证明。要知道我的至理名言就是"没有分数,狗屁都不是"。话糙理不糙,我希望你能在内心深处与懒惰绝交。

还有个人内务方面,你似乎也还有需要改进的地方,两个生活老师都觉得你在这方面的能力有所欠缺。我知道你的爸爸是一个无微不至的人,对你的照顾肯定是周到细致,但是要知道生活的长路最终必须要我们自己去走,既然选择远离爸爸妈妈外出求学,那就要在各个方面努力锻炼,叠个被子,抹个桌子,收个抽屉,轮流整理一下寝室,应该要熟能生巧了。

要知道,因为寝室内务细节的忽视,被罚打扫寝室公共区域是很不光荣的,劳动光荣,但是"劳改"可耻啊。你就有意识地在这些方面历练历练吧,我多么希望能在生活老师嘴里听到表扬你的话语。

除了懒惰和丢三落四、不爱收拾以外，你在我的眼里是完美的——一身正气，无论说话还是做事都充满正能量，虽然是爸爸妈妈的心肝宝贝，但是从来不恃宠而骄。看到你对待妹妹的那些表现，我觉得你就是当年的我自己，你让我刮目相看。你那样爱着你的妹妹，我觉得就应该在学习和生活上做得更好，做妹妹的好榜样！

在家长纷纷吐槽孩子叛逆的当下，你能够心平气和与父母交流，这是多么的难能可贵。聪明的你拒绝青春的叛逆，与家人和谐相处，不知道有多少家长羡慕你爸爸妈妈有如此懂事的儿子。那么，我希望你能在学习上更上一层楼，不仅让父母为你的优秀成绩而骄傲和自豪，而且让他们少为你焦虑担忧。

颖，优秀没有专利，看你的排名在班级上下波动，毫不稳定，我心里是很焦急的。老是这样波峰波谷地震荡，每次考试都是如同抽奖一般碰运气，那是没有战斗力的。要想常胜，就得一步一个脚印，拿出所有的智慧去刷题，在不断的练习中总结方法，让量变带来质变。

学子求上进，十年不为晚。用你的勤奋和努力去创造自己所期待的可能吧。

第四章 唯独爱你
DISI ZHANG WEIDU AI NI

付出就会有回报
——写给我最最亲爱的 DXR 同学

俗话说，台上一分钟，台下十年功。每当看到你在运动场或者舞台上卓尔不凡的表现，我不得不感叹："经过专业训练的真的与众不同！"其实学习也是如此，不经一番寒彻骨，哪得梅花扑鼻香呢？

然，相信我，付出就会有回报。

今天中午，我离开办公室经过走廊的时候，听到菡与杨老师的对话，大概内容是近段时间菡的几何作业做起来有点感觉了。因为几何，菡被折磨得人都变样儿了，她在家不顾家长的反对，据说每天早上五点钟就起来学习。她和你一样曾经领先过，后来却光彩渐失。你比她幸运，不至于跌得那么惨。如果菡没有百折不挠的意志真的是坚持不下去的，就连菡妈都说："我们的娃努力了，不忍心再说什么。"

我在与你交流的时候唠叨别人的故事不是跑题，而是让你看到身边的榜样。你是一个有潜力的学生，综合能力在慧学五班是数一数二的，每一个老师都对你有很高的期待，你的家长也和我们是一样的心情，我坚信你对自己也有很高的期待。

记得在选择科代表的时候，何老师说："王姐，我给你说哈，DXR 是我的科代表哈，那个娃儿很有实力的哟，你看她那样儿好像我们班考第一名的那个娃儿哟，眼睛都是闪闪发光的。"何老师有一双慧眼，有一种天然的识别优生的本事，我相信她的判断。

你的确没有让我们失望，开头几次考试都锋芒毕露，每一门学科都有优势，看起来你是一个全面发展的孩子。正当我们都在为你摇旗呐喊的时候，你的数学却敲响了警钟，每次与杨老师交流，她总说人家做了不少的题，而你的难题都是搁着的。学习数学可离不开大量刷题，如果题型见得不多，在考场上难免走弯路，心里着急忙慌的，自然就会错误百出，想考高分简直就是一种不切实际的幻想。

你是一个勤奋刻苦的孩子，学习上也有灵气，数学亮红灯的原因，自然就是你参与课外活动太多，练题的时间太少。不管是哪个活动，哪个比赛，指导老师都说不能少了你，少了你就有点儿不完美。我也不便出面协调，毕竟人家指导老师也是为了工作。

我唠叨的这些都是过往了，旧事重提就是希望你能吃一堑长一智。爱好太过广泛，必然会把基础知识的练习时间压缩一部分，你在压缩，人家在扩张，自然就会拉开差距，在本学期你取消了不少活动的基础上，要静下心来饿虎求食般地疯狂苦练才是上策。

虽然我也不主张题海战术，但是在大家还没有找到更好的办法的时候，这些原始的劳作也是可以收到成效的。要知道王老师当年就靠做例题，反复地做，也做到了一个及格的分数。如果你系统地、规范地进行大量练习，一定会收到效果的。

哈哈，好像我今天就要与你谈谈学习的话题一般，其实不只是这样的，王老师写这些文字还要表达对你的感激和敬佩之情。有你的班级是开心、幸福的，每天早上都是你带领着全班同学朗读语文和英语；每天都能看到你搬着椅子在黑板上写着作业；每次到寝室查看的时候，你都和同学们在寝室一边泡脚一边写着作业。

你是一个开朗活泼的孩子，有你在班级就有笑声；你是一个具有较强工作能力的姑娘，有你在王老师就可以甩手休息，在一旁静静欣赏就够了。王老师很感恩与你有这段师生缘分，虽然近段时间你的数学和物理成绩在班级排名比较靠后，但是我坚信你能够考好，也请你相信自己。

你要继续努力，千万别因为眼前的小小失败丧失了信心，付出定会有收获的。愿你在接下来的学习生涯中能够静下心来只问付出不问收获，如此这般百折不挠，终将承担天降于你的大任。

姑娘，勇敢高歌向前，老师们个个看好你！

进步原来是如此简单
——写给我最最亲爱的 XJY 同学

我不知道该如何表达对你的崇拜之情，看着连我自己都不知道如何下笔的文化作文，你却在一节课内完成了一篇关于经典著作《昆虫记》的作文，姑且不论内容如何，单是超字数的篇幅，还有能够清清楚楚看得见的书写，我都应该在心里对你致以最崇高的敬礼。

严，我只想说进步原来是如此简单。

军训场上憨憨的小伙儿，即使自己身体极度不舒服，也强烈要求站在队伍里训练，教官特意让我高调表扬你；运动场上把跳绳挥舞得让人眼花缭乱，体育教研组长求我让你参加跳绳队；数学成绩一次次地名列前茅，数学老师一次次激将我别让严毁在我的语文上……可是，我最最最亲爱的严啊，看着你歪歪扭扭的书写，直白得如同抖音的作文语言，还有摸不着门径的阅读，竟然连选择题都能同时错三到五个的尴尬，我，真的有一种欲哭无泪的抓狂。

我也是有叛逆之心的，既然你能学好数学，既然你有运动天赋，那就证明你的智商没问题，石头也有焐热的时候，我就不相信你真的学不好语文，我就不相信阅读对于你来说就永远是只拦路虎。就凭着这样一股信念，我俩开始慢慢地谈话，你从最初张不开口，动不了笔，到后来主动举手，到模拟考试语文上了 120 分，你的语文成绩的历史开始改写了。

第四章 唯独爱你
DISI ZHANG WEIDU AI NI

严,进步就是从开口说话、安静作答、用心作文开始的。进步原来是如此简单。

一天早上,你们几个小男生亲热地与我打招呼,满面春风。你不好意思地跑过来塞给我一瓣柚子,虽然我再三推辞,但你还是笑眯眯地执意塞给我,我拿在手里,仿佛有一股甘泉在心里涌动。我把这瓣柚子与办公室两个老师分食,同时也分享了你的故事,两个老师同时说道:"王老师,你好幸福啊,这肯定是你这辈子吃到的最美味的柚子吧!"

是的,我吃过很多柚子,也有不少来自学生,可是这瓣柚子是来自你的手里,来自一个原来总是避着我,不敢与我亲近的孩子手里,所以格外珍贵。

事后我给你妈妈发短信,炫耀我吃到了世界上最美味的柚子,托她向你表达我的谢意,方知那个柚子是头天晚上你妈妈给你的,其实你自己也所剩不多,我就更加觉得这瓣柚子弥足珍贵。

严啊,进步原来如此简单。亲其师就能信其道,想想我自己真的没有单独辅导过你,仅仅是平时课上课下提醒你而已,你就能够有如此进步。我觉得你的文科思维潜力一旦得到开发,你在语文方面的能力将大大提高。

你的组长说,前几天让你举手发言,你百般不愿意;昨天让你举手你就举手了,还说得很不错;今天根本没让你举手,抬头发现你把手举得老高老高。其实,并非要你举手为难你,而是通过举手促使自己迅速思考,迅速在头脑中整合答案,同时训练你的表达能力,老师们还能从你的答案中发现你存在的问题,便于对症下药帮助你。

前天的物理测试你考得很糟糕,我难以置信,猜测肯定是在答题格式或者书写方便损失惨重。你很客观地说:"王老师,我拿到试卷一看最后一道题好像做不来，提笔作答的时候就有点儿紧张，导致答题不太准确，再说六十分钟的题量只给四十分钟考试时间，我心头是虚的，做着做着就没底了。"

严，你知道这几句话让我对你有新的认识吗？我们的严有新的进步，可以客观理智地分析自己的得失，正确看待自己，直面自己的不足，这些都将让你有改头换面的进步。

严，来日方长，你的语文"身子骨"还很稚嫩，你的文科思维框架还没有建构起来，你既要保证理科优势，又要恶补语文、英语、政治、历史所欠下的"旧账"，过程肯定很辛苦，但结果必定让你欣慰。

加油吧，进步其实真的很简单，只要你愿意为之付出，就会心想事成。

第四章 唯独爱你
DISI ZHANG WEIDU AI NI

长大后你会成为我
——写给我最最亲爱的PSQ同学

我有幸成为慧学五班的班主任,更有幸在慧学五班遇到了你。有你真好,我不用心心念念担心饮水机没有人管理,我也无需害怕教室前后门忘记锁门,我更不用着急周末教室里的自习纪律。遇到你,是我前世修来的福分,你在我心里就是完美的女神。

爱你,我最最亲爱的琪。

看到你,我就看到了三十多年前的自己,努力得让整个世界都爱怜,可无论如何铆足劲儿地学习,总是被数学、物理打得鼻青脸肿,学得艰难啊,学得悲壮啊。我当时顽强地坚守是出于生活的无奈,是急于想改变自己的命运,而你,衣食无忧,却能在富足的生活里坚守,这是何等的难得!

不知道为什么,我总觉得你长大后应该成为和我一样的老师,如果不能这样,将是世界的一大损失,真的,这种感觉来得那么不可理喻,来得那么毫无根据,但是我就是那么觉得。

我真心希望你长大后会成为我!

你的奉献精神让我觉得你长大后会成为我。

我记得从进校第一天开始,你就帮我管理班级钥匙,每天晚上与菡一起最后离开教室,饮水机、电灯、电脑、门窗,你们都给我管理得巴巴适适的,慧学五班从来没有在这个方面失误过。即使饥肠辘辘的中午,你也是等大家离开后一丝不苟地完成这些事情后才跑到食堂就餐。因为这一切，我为有你的存在而感到无比的幸福。对你，我是满满的感激。

你不是我的女儿，但是极像我的女儿，有这种奉献精神，如果长大后也如我一般做一个普普通通的老师，虽不一定做出惊天动地的大事，但绝对会让自己门下的弟子们感到幸福。所以，我希望你长大后成为我。

你的执着，让我觉得你长大后会成为我。

前天早上在食堂遇到了多日不见的校长，他说："你真早啊，一晃我看到你坚持了十年，整整十年，不容易啊！"校长看到的只是我在二外的十年，其实我过去在乡镇、在县城的那二十年也是如此。一路走来，从春天走到冬天，从白天走到黑夜，又从黑夜走到白天，心里也没有觉得有多么不容易，这些勤劳的习惯早就深入我的骨髓了。

这一年多来，我每天早上在教室看到的最早的身影中绝对有你，无论严寒酷暑，风吹雨打，你都能够一如既往地坚持，到教室后就开始早读，从来不需要别人提醒和监督，好习惯已经镌刻进你的生命里面了。你长大后就成为我吧。

你的百折不挠，让我觉得你长大后会成为我。

中期考试后看到你带着泪痕啃难题，你知道我有多么心疼你吗？这就是上苍对我们的磨炼，老天是公平的，在这方面让你吃点苦头，其他方面会补偿你的，无问西东，做自己应该做的事情吧。

我亲爱的琪，祝你永远好运，长大后成为我。

第四章 唯独爱你

你的勤奋感动了大家

——写给我最最亲爱的JKH同学

俗话说坚强的人头上可以锤几把稻谷草,我说坚强的人就像菡同学,永远都是打不死的小强,越挫越勇,永远都不在自己的字典里写下"屈服"和"放弃"的字眼。我由衷地佩服你,我觉得你的坚强和勤奋感动了整个世界。

前天,我在走廊里听到你和杨老师的对话了,知道你现在做数学几何的感觉越来越好,心底里真的为你感到骄傲和自豪。一年来不懈的追求,孜孜不倦的勤奋努力,终于让你找到了感觉,总算有了一些回报,这是一件大喜事儿。王老师说过,努力用虔诚的劳作感动上苍,这不,你终于看到了曙光,继续努力吧,揪着胜利的尾巴继续前行,哪怕行进中有些许艰难,我相信你也一定会在所不辞。

我经常与你妈妈交流,你妈妈总是自豪地说:"我们的娃没得话说,我们两个大人是永远赶不上她的。有时候看到她做得那个艰难的样子,我们心疼得恨不得让她把书本给扔了。她自己仿佛没有觉得那么苦哟,每天不用喊啊,闹钟一响骨碌一下就爬起来了。学习要天分的,她理科是要吃力点,好在她自己从来都没有放弃过。"

听听,你的妈妈背地里的言谈中有心疼、有自豪,有如此懂事坚强的女儿,我们还要渴求什么呢?

有一天,我在办公室改着作文,读到了你的文章《我读懂了学习》，你从自身的体验出发，觉得学习不能一门心思为了分数，兴趣才是最好的老师，你希望不是为得到一个高分而努力做题、钻研难题，而是努力爱上它，再去攻克它，这让你感觉自己学习起来轻松愉快了不少。

是的，知之者不如好之者，好之者不如乐之者。

我们眼中的菡平时低调、胆小、朴实，而做起正事来简直换了个人似的。还记得初一英语主持人选拔时，我看你平时与我说个话都是细声细气、小心翼翼的，压根儿没有觉得你可以做主持人。哪知你一站上台，微笑面对全场，叽里呱啦一连串流利的英语从你嘴里像落珠子一般轻盈弹出，雷鸣般的掌声为你响起，我也跟着拍红了手掌。

原来，你还是英语主持的高手。那天让你主持学校"新加坡和中国文化交流晚会"的时候，风采依然，了不起，我亲爱的菡丫头。

还有一次，我们表演《琵琶行》，你开口把黄梅戏的唱腔搬进了诗歌中，一路唱下来嗨翻了全场。一次又一次赢得大家的掌声。一句话，你这个姑娘才不外露，低调朴实，我无数次对你心生敬意。

还记得吗？你曾经在日记里记录关于大扫除风波的事情。当听说检查的人要扣班级清洁分的时候，你们使出浑身解数去求情，去撒娇，去改进，硬是让小姐姐把记录改过来了。你说："为了班级清洁不扣分，我第一次那么卖命地表现自己。"或许你早已经忘记了这些细节，可是王老师却永远铭记着这些感人的事迹。

每天晚自习后，我都看到你站在椅子上一丝不苟地在白板上抄写着第二天的课程表，一年多来只要上课都会有你的温馨提示，大家习惯了往白板的那一侧张望，习惯了享受你带给大家的便利，我代表慧学五班每一个同学在心里给你深深地鞠躬。谢谢你，我们最最最亲爱的菡。

加油吧，你的努力已经感动了大家，付出定会有收获的。

姑娘，自信从大声说话开始
——写给我最最亲爱的 TYJ 同学

听说你的入团审核没有过的时候，我的失落绝对不亚于你的难受，要知道，我多么想你能抓住这个机会找到属于你的自信啊。你在我们的心里一直那么优秀，怎么就那么萎靡胆小，以至于不敢大声说话呢？我经常锻炼你们落落大方地进行课堂交流的能力，你在课上不是做得还不错吗，为什么离开了我们的呵护就变得那么脆弱呢？

既然事情已经如此，损失不能挽回，我在这里也就不多说了，不过，我们从这件事还是应该得到很多启示。除了王老师一直培养你们雷厉风行的习惯以外，我们自己还要敢于亮剑，即使明知不敌也要敢于亮剑，迈出那一大步就只需要大声说话那么简单，真的，不信你试试看。

我最最亲爱的嘉，你是咱们班为数不多的写字漂亮的孩子，看着你的书写如同看着电脑里打印出来的文字一般，一笔一画工工整整，我都舍不得移动目光。愚娘曾经也是那么书写的，当时愚娘与你一样自卑，把脑袋低到尘埃里去了，但我发现没有任何人因为我们的自卑而挽救我们，所以，在初二的时候，我发了疯似的开始整理课本上的例题，积累老师课堂上讲的例子。那个时候没有听说过错题本，我当时搞的那玩意儿，其实就有现在错题集的功效。凭借一种倔强和坚强，我终于找到了自己。

你比我要聪明很多，条件好很多，你可以全身心地投入到挽救自己的这一场战斗中。数学、物理看着似乎有点难，其实你钻进去了，看到里面的风景以后，会发现原来也就那么一回事儿，一旦真正弄懂以后，你就可以把数学、物理知识玩弄于股掌之间，到那时，你会感谢自己的努力和付出。你试一下，从现在开始，乐观起来，世界的眼睛没有盯着我们任何一个人，我的世界我做主，想说就说，想写就写。

姑娘，你是一个极度敏感、有着独特思想的孩子，读你的文章有时候是一种享受，这点你比当年的愚娘不知道优秀了多少。你完全可以把语文基础知识抓牢以后勤加练习，从练习中悟出适合自己的方法。到那时候，无论谁都不是你的对手。

嘉，勇敢地抬起头来，想大声说话就大声说话，想举手发言就举手发言。我的自信我做主，我是独一无二的嘉妹子，我有我的优点，我有我的美丽，站在天地之间，我就是最美的风景。

嘉妹子，我们一起加油，王老师期待你的高声谈笑。

第四章 唯独爱你
DISI ZHANG WEIDU AI NI

帅哥，学习不能跟着感觉走
——写给我最最亲爱的 FBY 同学

我读书的年代流行一首歌曲《跟着感觉走》，其中有几句这样唱道："跟着感觉走，紧抓住梦的手，脚步越来越轻越来越快活。"我至今不知道这首歌是写的什么生活。我虽然不会唱歌，但是就这几句词硬是三十年不曾忘记，今天把这首歌的歌名作为我俩交流的话题。

话说初一的时候，全年级都找不到几篇像样的作文，矮子里面选高子，你的作文被年级当作范文来学。可是你的总分一直不如人意，你的试卷上"遍体鳞伤"，有几回五个选择题错了三个或四个。看起来你也很认真啊，人也聪明，怎么答题就千疮百孔。有段时间我以为你是那种外表骗人的傻子，只有一个光鲜的外表，不自觉地暗暗关注你，总希望发现蛛丝马迹。

正在我为你苦恼的时候，你也在为自己苦恼，你主动加我为好友，要我帮你分析。那个时候，我只能从精神上热情鼓励你，压根儿不知道问题出在哪里。

有一回，我巡视大家复习字词，让大家自己照着写或者听写，我发现你总在注音和字形上错得多，即使你在课本上记的是正确读音，但你写出来的十个有五个是错的，这就让我百思不得其解，甚至悲哀绝望地以为你是天生的阅读障碍患者。

后来，你的成绩越来越好，班级名次一次比一次靠前。不过，你的语文还是不见起色，你的语文原来可是你的领航学科哟。我只得暗暗观察你。又有一次小组自主复习，我让大家读出声来，大声交流，我坐在讲台上听到你说了四个词语就有三个读错，你的组员都在纠正你的错误，你却说你记得应该是怎样怎样的读音，我连忙纠正。这些字词都是我反复强调的考点，怎么你一个都没有记住呢？

我走下讲台观察，原来你的组员们都抱着字典和词典，对于自己不熟悉的字词一定要在字典和词典上查个水落石出，你却没有字典和词典，还一副信心满满的样子，这个记得好像是，那个也记得好像是，殊不知个个都是好像是却都又不是。原来你是仗着自己的语文基础不错，对自己的基础知识过于自信，尽管使出九牛二虎之力复习，但在源头上都错了，所以错得彻彻底底，错得浑然不知。

从此，我每次让你们自己复习的时候，都会提醒你不要"跟着感觉走"。王老师读初一的时候也有类似现象，那时觉得天下汉字读音我都知道，后来考试错得一塌糊涂，老师连看一眼的兴趣都没有了，这是多么深刻的痛苦记忆啊！

帅哥儿，听完我这番话，你还敢跟着感觉走吗？

第四章 唯独爱你
DISI ZHANG WEIDU AI NI

小哥儿，你一直都是好样的
——写给我最最亲爱的JJH同学

如果让我给慧学五班的弟子唱一首赞歌的话，你是我要高声赞美的弟子之一，因为你在我眼里，在大家的眼里，一直都是好样的，因为你一直这么严格要求自己，一直这么不骄不躁地努力。人一旦舍得付出，得到就是一种必然。加油吧，我最最亲爱的豪。

以你的家庭条件，你本应该恃宠而骄。可优厚的物质条件，备受宠爱的成长历程，还有让人欣慰的优异成绩，这一切的一切都没有让你有半点骄傲的情绪，这一点真的真的非常可贵。你骨子里的高贵正是慧学五班很多同学需要学习的，希望你一如既往地保持优秀，不骄不躁，淡定自若，心淡如菊。

有你的地方就有勤奋，就有正能量。不管是在崇文楼，还是现在的宿舍楼，你所在的寝室都是那么温馨和谐，从个人内务到群团关系，再到学习氛围，都是其他寝室不能超越的。你所带领的小组也是朝气蓬勃、积极向上的，这绝对不是单单具备管理能力就能够达到的高度，而是源于人品的感染，你用自身的魅力在感染身边每一个同学。

我记得健为了与你同桌再三向我请求，源想要与你为伍的期待的眼神，还有瑞直白的要求，谢同学乐于与你相处，可见你在他们心中是信得过的朋友。你在滚动快速作文课上描写瑞的文字入木三分，你诙谐幽默的语气，细致入微的描绘，让大家忍俊不禁又不得不心生佩服。文中既写出了瑞的特点，也给瑞提出了很多委婉的意见，你其实就是一个有智慧的管理者、引领者。

一次晚自习的时候，你正在冥思苦想着难题，瑞一次又一次要求你给他讲题。你不言不语地拒绝他，连一旁的同学都看不下去了，说："豪，你给他讲讲嘛，人家请了好几遍了。"你看都没看就说："他自己看都不看，至少要好好想想，我讲了才起作用，自己不想，我讲了还不是白讲，他怎么弄得懂？"

瑞连忙信誓旦旦地说："哎呀，组长，我真的想了的，起码想了十分钟，我确实做不来嘛。"

"切，你也好意思说哈，我都要想半个小时，你想十分钟就觉得自己想了很久，自己再想想。"你一边啃着自己的难题，一边对瑞说。

我听到此处不止是感动，还有深深的敬意。谁说优生都是自私的，都害怕别人取得优异的成绩，你不是在用实际行动反驳这个世俗的说法吗？

不过豪，我要给你提个建议，你淡定是没有错，有时候面对表扬和赞美的时候还是不要太冷淡，要用微笑表示你得到赞美很高兴，不然赞美你的人会很尴尬。

第四章 唯独爱你
DISI ZHANG WEIDU AI NI

有你就有幸福
——写给我最最亲爱的 YZ 同学

缘分是一个奇妙的东西,看着你妈妈带着你风风火火从十三班搬到五班,我不知道其中经历过什么曲折波澜,只见你对我深深地鞠躬,一声"王老师好",我的心就被你给柔化了,看起来大大咧咧十分理性的王老师总是被那些细节所感动。YZ 同学,感谢你的到来,你给我带来了不少幸福的体验。

初到五班的你幼稚可爱,不管我说什么,你都会拖长声音说一句:"好!"你总是用亮晶晶的眼睛看着我。我们课上的交流其实是很丰富的,我总有一种直觉,你就是一个快乐和幸福的使者。

当你自告奋勇要求做慧学五班的生活委员的时候,我知道这三年自己不用操心教室清洁了。此后,看到你和菡轮流值守在年级大扫除的现场,不管是教室还是公共区域,我都不用操心,你自然会把它们安排得妥妥当当。更为可贵的是,你不仅是一个监督者,还是一个耐心的示范者,总是拿着抹布、拖把坚持在大扫除的第一线,即使有时候守到最后饭菜都凉了,也毫无怨言。我们班的清洁在年级乃至全校都是做得最漂亮的,军功章有你的一半。

另外,你帮我填写晨午检表,我从此不用管这档子事儿,一年多年来没有出现过一次差错,每当年级群里通报批评没交晨午检表的班级时,我的幸福感就弥漫全身。感谢你如此优秀，如此尽心尽力，你就是我幸福的源泉之一。

最美的场景莫过于书桌前的挑灯苦读。我每次到寝室查看，都能看到你脚泡在热水里，眼睛看着课本，手里在记录，你几乎调动了全部可以调动的潜力，把华罗庚的统筹方法运用得纯熟自然。生活老师总是对我说："王老师啊，你们班 YZ 好乖哟，每次回到寝室忙活活地洗漱了就开始搞学习，很少叽叽喳喳，哪个生那么乖一个娃儿哟？"

群众的眼睛是雪亮的，你是很多同学的表率，好多同学都是看到你认真学习便参与其中的，你和你所在的寝室，不管是在崇文楼还是现在的宿舍楼，都是最佳寝室。近朱者赤，愿你和你的室友们能够影响五班更多的同学，让他们与你们一样优秀。

上学期，你有点儿浮躁，成绩也有一些波动，尽管你自己意识到了，但是好像无力驾驭，以至于有时候成绩滑得有点厉害。我能从你的文字里读到你的焦虑，便只言片语给你一些提醒，你总算从那个泥潭里拔出了双脚，这学期恢复了元气。但请你记住，青春的元气伤不起，好好保重，一步一个脚印向前进。

谢谢你，我亲爱的 YZ，有你就有幸福的时光。

第四章 唯独爱你
DISI ZHANG WEIDU AI NI

谢谢你为我"冠名"
——写给我最最亲爱的 PYF 同学

我记得你给我麻麻辣辣的牛肉，记得你给我丝丝滑滑的巧克力，也记得你给我闪闪发光的荧光棒，我内心充满了感激。但是，我今天要真诚感谢你的不是那些好吃的好玩的，而要谢谢你为我冠名。

说真的，我为你抓狂的不是你目前还没有建立起语文思维模式，而是那个像脚趾头刨的书写。无论我怎么提醒你，指导你，每次你都很认真地写，我们很认真地辨，到头来连你自己都认不得了。我曾一度绝望地提醒自己不要期待你的书写有多大进展，怀疑你就是天生的书写弱者——原谅愚娘如此不堪地想你哈。

可是，就在那天办《红星照耀中国》手抄报的现场，我要求大家在不大的版面上写上更多的内容，字的大小要与纸张匹配。我虽然指导得很仔细也很全面，但对于你们几个小男孩儿的书写没有信心，自然也不敢奢望你们的作品能够让人看好，只求你们不要做得不堪入目就够了。

走着，看着，印的设计有了感觉，严书写的第一个版块比较漂亮，宁的专版也有模有样……走到你的面前，嗬哟，不错啊，标题醒目，那几个字不难看嘛。再一看，下面关于《红星照耀中国》作者和创作背景一栏不错呀，也有群蚁排衙的感觉了。我情不自禁地打趣道："PYF，这是你写的吗？你能写出这么漂亮的字吗？你怎么一直深藏不露呢？"你低着头看也不看我，我却发现你脸蛋通红，这个时候不是害羞，而是高兴，你心里肯定乐开了花。

　　我一直找不到帮你纠正书写的办法，要知道愚娘除了自己能够一笔一画书写以外，并不懂书法。看着你歪歪扭扭瘦瘦长长的字，有的手脚在江南，脑袋早就伸到了东北，那个时候我忽然明白了，要改变你书写的随意性，就是把字写小点，缩小你龙飞凤舞的空间，一个个字的笔画自然紧凑地团结在一起了。哎呀，"众里寻他千百度，蓦然回首，那人却在灯火阑珊处"，方法就在这个时候浮出了水面。

　　帆，我真担心你写着写着就开始龙飞凤舞起来，所以要求你在最后作品完稿的时候给我"冠名"，并且激将你如果写得太乱就写上尹校长的名字。我知道你是我最最仗义的朋友，自然不会把"冠名"这么光荣的事情让给你不太熟悉的校长啊。

　　看着你此生第一张漂亮的手抄报，上面题上我的名字，你知道我有多么激动吗？不是捞得一个指导老师的虚名，而是找到了帮你改进书写的方法。帆啊，以后把字写小点，笔画紧凑点儿，横平竖直笔画到位自然就会好看的。

　　帆，我感谢你给我"冠名"，我还期待你给我更多的成就感，加油！

勇者自然是无敌的
——写给我最最亲爱的 QJJ 同学

咱们慧学五班的姑娘们都是完美的,你是完美中的勇者之一,回望你在这个团队里生活的点点滴滴,我最想对你说的一句话就是——勇者自然是无敌的。不管我们经历多少艰难困苦的磨炼,终场哨声吹响的时候,奖杯属于勇者。真的,你就是勇者。

最初的英语学习中,城里孩子已经能够流畅对话,而你还在字母表里面挣扎,过去一直优秀的小天鹅一下子变成了丑小鸭。这种心路历程未经历不知其中滋味,王老师是过来人,且与你有着相似的经历,所以我懂你。看到你一路走来达到今天的境界,我发自内心地为你感到高兴。

在英语学习的历程中,你就是勇者,勇者无惧,无惧暂时的落后,无惧起点那几步的不太顺畅,关注的是终点的荣光,不管起点有多少对手,不管对手多么虎视眈眈,摩拳擦掌,我们都只认定自己前行的方向,大踏步勇往直前。

有一次数学考试你得了满分,杨老师多次在我面前表扬 QJJ 多么仔细,多么勤奋,一步一个脚印,做个试卷比电脑打印出来的还要规范……说得我心花怒放,认定你就会这样一路风雨无阻,顺顺当当,忘记了人不可能一帆风顺的自然规律。接下来的一次考试中,我看见你在考场上一路做下来特别顺手,心里窃喜:"我们五班的 QJJ 这回肯定又是满分,年级无敌哟!"

数学阅卷结束,我第一时间找杨老师打听,她说你没上140分。原来你有一道题从第一步就看错了,一步错,步步错啊。上回的成绩在天堂,这回的成绩下了地狱,别说你是一个孩子不能释怀,就是经历那么多爱恨情仇的王老师都有点郁郁寡欢。然而,我看到教室里的你没有眼睛红肿,也没有情绪低落,你依然在座位上忙碌着,读英语、写作文、研究难题,一切都是那么井井有条。

我一下子轻松起来了。过去大凡遇到这种情况,不少姑娘是接受不了自己出现如此尴尬的错误的,要低沉萎靡好长一段时间,闹不好就此开始消沉,老师们会帮助得苦不堪言。而亲爱的你不是这样的,你能坦然接受自己的优秀,也能直面惨淡的失败,一切都是云淡风轻。

你是勇者,真正的勇者,一个赢得起也输得起的巾帼英雄。

我最最最亲爱的姑娘,看到你,我就想起自己的学生时代,不卑不亢,心里明白自己想要什么。看着你一天比一天优秀,在初二成绩分化严重的阶段能够稳居年级前列的宝座,我深感欣慰。前行路上还有风雨,你已经选择了远方,那就继续一路风雨兼程。请坚信,勇者自然是无敌的!

第四章 唯独爱你
DISI ZHANG WEIDU AI NI

你是我最为得力的助手
——写给我最最亲爱的CJS同学

　　从看到你的第一眼起，冥冥中就觉得你将是我最得力的助手之一。事实证明，我的感觉一直很准，你的表现一直不错，咱俩一个是伯乐，一个是千里马，我这个伯乐发现了你这匹千里马，或者说你这千里马被我这伯乐发现了。

　　不瞒你说，最初你还不是全心全意为大家效劳的，趁我不在大家闹你也忍不住的，是不？每次遇到这种情况，你会红着脸拧着眉毛露出忧郁状给我汇报与我见到的不相符的事情。我懂你哟，当然不拆穿你，于是说："哎呀，我最不喜欢你皱着眉头给我说话，长那么漂亮不微笑着说话，皱着眉头把脸上的漂亮全赶跑了。"你被逼着放松放松，酝酿的谎言自然就说不出来了。不过这还是很久很久以前的事了，现在没有这样了。大大小小的事情交给你来做，总是可以为我分担很多，我就乐得优哉游哉，甩手掌柜的日子是很惬意的。

　　谢谢你，小公主，你那爱皱眉头的毛病得改一改，世界是美好的，要微笑。

　　你也真的是能干哟！记得有一次，我们的展板刚刚弄好，设计师给我们的照片尺寸不合适，要么装进去就掉下来了，要么放进去容易，要取出来就难了。有几个笨手笨脚的家伙，费了九牛二虎之力也无可奈何。你叹口气，搬着椅子就过来了，一句"我来我来"，大家自然给你让出了一条道，你就用圆规尖儿那么轻轻一拨，照片就乖乖地露出来了。

有几个同学也学着你的样子拨弄，搞了半天也没有效果，真是气死个人呢。你再次吼一声："哎呀，我来，我来！"就那么魔术般取出了照片。你成了这方面的专家了，我都赶不上你。

你学习上进步也很大啊，每次在作文里说自己要咸鱼翻身，其实你哪里是咸鱼嘛，每次都在进步，特别是这学期数学和物理每次周周清成绩也不尴尬呀，语文考试也还比较理想嘛。人要的是信心，任何时候都要有强大的气场，这个气场不是闹喳喳，而是静得下来，静得可以坐十年冷板凳，唯有这样稳得住的人才能考出好成绩。我不会骗你，不信试试，包你进步。

你的家长说你进了初中进步了不少，做作业速度加快了，读书比以往安静了很多，考试分数也上升了，再说到成绩的时候你也不垂头丧气了。不过你的家长还是担心你注意力不够集中，一点风吹草动就可能影响你，这自然不好哟。

记住啊，你可是我得力的助手，做我的助手还得更加严格要求自己哟。

第四章 唯独爱你
DISI ZHANG WEIDU AI NI

书虫的生活是幸福的
——写给我最最亲爱的JXL同学

我的一个朋友高调宣传你的事迹不到两天，你就被我抓阄到我们班，不得不说我俩有难得的缘分。谢谢你能成为五班的一员，谢谢你在五班这个家庭里过得那么快乐，你是五班名副其实的书虫，无论哪个同学都说你是名副其实的读书人。我要告诉你的是，书虫的生活是很幸福的。

我们可以跟着文字去旅行，可以在文字中结交好友，可以在文字中借鉴成长经验，进入文字的世界，所有的烦恼苦闷都会烟消云散，我们可以找到自己前行的力量。很高兴，慧学五班有一位如此优秀的书虫。

璐，我喜欢你的阳光开朗，你经常说自己运气好，考进了二外免费的雪松班。虽然从家庭条件来看，你的爸爸妈妈负担很重，要担负你在二外的生活需要努力，但是你从来不因此自卑失落，无论什么时候都是蹦蹦跳跳、开开心心的，走到哪里笑到哪里，你是在拼尽全力好好学习。继续努力吧，用虔诚的劳作感动上苍，你一定能够心想事成。

我与你妈妈交流的时候，她总是大大咧咧说你的缺点，说你不仔细，说你不勤奋，说你骄傲自满，动不动就说"我要回去整她，她不听话的话，我要好好整她"，看到她咬牙切齿的样子，我眼前不禁浮现出一个个暴力的场面。可是，一说起你的妈妈，你开心得满脸都是阳光，每次我问你挨了妈妈的整没有，你都是嘻嘻哈哈地说"挨了"或者"没有"。

你妈妈虽然嘴里说得恶狠狠的，内心却是无比的柔软，听说你生病了，她连忙请假陪你去医院；要送你返校，她跑上跑下开痊愈证明，我听到她如释重负般地说："大妹儿终于好了，急死我了，急死我了。"她那么累，压力那么大，却干得开开心心，乐乐呵呵的，全是因为你的懂事和阳光，让她感受到力量，她想把你培养成她所期待的优秀孩子。

你勤奋好学，从来不骄傲自满，中期考试失利了，我与你交流情况的时候，你很理性地说："我的学科发展不均衡，过去考试总有一些优势学科拉一把弱势学科，这回优势学科题目有点难，我都没得优势了，名次哗的一下就掉下去，看来弥补弱势学科势在必行。"不错，你已经找到原因了，并且已经有了努力的方向，自然不用我多说什么了，那就朝着自己的方向去落实吧。

我亲爱的书虫姑娘，你可要保持喜欢阅读的好习惯，用丰富的阅读提升自己的气质，做一个有品位的美丽女子。

第四章 唯独爱你
DISI ZHANG WEIDU AI NI

经典的风景是无与伦比的
——写给我最最亲爱的 CMY 同学

一年多来，我还没有找到批评你的理由，不知道对你发过脾气没有，如果所述不实，那也只是说我即使曾经批评过你，也没有让我心里真的生气。说白了，你是一个聪明、懂事、勤奋、逗人喜欢的姑娘，每一个老师都喜欢你，每一个老师都对你充满期待。

赞美的话点到为止，说说我今天最想给你说的话题。

对于课外阅读，我曾经给你们和家长都有不少的建议，家长们都买了很多书，你们自己在买书的过程中也是很积极、热情的，这一点，王老师感到莫大的欣慰。可是，在阅读的时候情况就不那么乐观了，这一点让王老师有深深的挫败感，家长们似乎也无可奈何。

在我向你的妈妈了解你的课外阅读情况的时候，你妈妈说："圆看起来温顺听话又懂事，其实骨子里不是那样的，我们说的她不一定相信。您推荐的那么多书，我们都买来了，放在家里她翻都懒得翻，虽然一天到晚都在看书，可是老师们说的好书、必须读的书，一点儿都没有读，她就喜欢读自己买的书。从各个书摊上买来的，有时候看得连饭都不想吃。"

我知道你看课外读物，但不看经典名著。你要知道经典名著的推荐，是那么多大教育家、大学问家历经百年的经验累积，如果没有价值，就不会推荐给我们青少年。王老师小时候没听说过什么经典名著，仅有的读物就是别人废弃的报纸，流行的小人书，还有别人不要的一些《故事会》和连环画，如饥似渴地读点儿，今天想来也算是文学启蒙吧。

近几年，我尝试着读经典名著，虽然所获也很少，但是总觉得经典的东西历经时间的淘洗还是那般耀眼，于是有一种亲切的感觉，一种只能意会不可言传的美妙体验就那么慢慢萌发。

我真的喜欢文字涂鸦，但是从来都不能上一个层次。前几日要我们写个人的语文教学主张，我看自己从教三十年真的有不少心得和做法值得推广，但是真正动手整理的时候除了能记叙一些片段以外别无其他。究其原因，就是我一直拒绝阅读高深的大部头理论著作。如果王老师年轻的时候有那么一个人引领引领，如果王老师不那么任性，尝试多看看，书读百遍其义自见啊，就不会如今天一般一片空白。圆，这就是王老师读书的教训，永远无法弥补的遗憾和缺失，我希望你能尝试着去读读，经典可以引领我们走得更远，走得更踏实。

真的，真的，经典的风景永远是无与伦比的。

第四章 唯独爱你

超越自我永远是最棒的

——写给我最最亲爱的 YJQ 同学

对于你,王老师能送给你的只有赞美,你是一个近乎完美的孩子。我有时候很无聊地想,如果我当初也能生一个如你一般的女孩,说不定,我今天的生活有不一样的风景。

滋生这种想法很突然也很不可理喻,源于我看到了你的两张照片。一张是你把妹妹举上头顶,让她骑在你的肩膀上,快乐地奔跑。那张照片让我想起自己快乐的童年,那时我身边跟着两三个弟弟妹妹,一种母爱的本能便开始泛滥。每每回想那段贫穷但快乐的时光,我的嘴角便会情不自禁上扬。

还有一张照片是你俩坐在草坪上,你把妹妹圈在自己的两腿之间。那是我童年最向往的画面。我小时候背着弟弟妹妹的时候,多想找个地方可以随便坐下来把他们放到地上,一起拍拍小手,摸摸小脸,可我那时唯一可以做的就是用背带把弟弟妹妹死死地绑在背上,一背就得大半天。

我虽然不了解你的家庭条件,但是从你爷爷经常来给你送生活用品,你爸爸来接你与你并肩行走的背影,我知道你在爸爸妈妈的心目中有多么重要,你在家里绝对是一等一的心肝宝贝。在当下的孩子自我意识过强的现状中,你超越自我,把自己所感受到的爱传递给妹妹。看到你,我就看到了我自己,所以很喜欢你,很佩服你。

第一次开家长会的时候,我和你妈妈交流,说你主动担负起文娱委员的重任，你妈妈惊讶地用手捂住了嘴巴，瞪大眼睛说："哎呀，YJQ当文娱委员，不可能哟，她简直就是五音不全，从来都不唱歌的，她怎么会主动竞选文娱委员呢？这简直太奇怪了。"

你妈妈当时的表情和动作，我到现在都历历在目，如电影一般在我眼前浮现。

我也觉得不可思议，我自小不会跳舞，尽管在读书的时候因为成绩好，老师喜欢我便选我参加舞蹈表演，我不是觉得光荣，而是感到害怕，每次都是不欢而散。进入中师读书时，学校要组建健美迪斯科兴趣班，老师对大家不熟悉，便在课间操的时候选拔，我因为当时做操认真便入选。其他同学羡慕不已，我却惶恐不安，去学习了一节课就死活要求退出，指导老师当时敲着我的脑袋说："你呀，你呀，简直是扶不起来的扁扁石头。"

是的，在这方面，我真的不敢挑战，更不奢望能突破自我的，那可是要命的感觉呢。

姑娘，教学相长，我从你的身上看到一种力量，谢谢你！

第四章 唯独爱你
DISI ZHANG WEIDU AI NI

感谢你大步向前
——写给我最最亲爱的 ZT 同学

你是在博远二班让我最有成就感的一个学生。想你第一节课喊的近百声"报告"扰得我一堂课都在制止你,"报告哥"的绰号就那么诞生了,心想如果你每节课都这么喊"报告"怎么得了?这个班级的语文还有没有希望哟?还好,愚娘使出了九牛二虎之力,用了各种土洋结合加偏方的办法,减少了你喊"报告"的次数。

不错不错,一周时间你就把喊"报告"的习惯改掉了不少,偶尔有几声,也不是那么急吼吼的,至少能耐住被冷落了,几次没有被搭理你能主动放弃,一点儿也不固执,这可是一大进步。愚娘就因为这个高兴了好几天,在其他同事处于抓狂状态的时候,我的班级已经步入了正轨,一次次炫耀"报告哥"的进步。

今年春天,我接到你的邀请,让我参加你的生日晚会。我以为你爸爸妈妈要给你举办生日派对,以为每个老师都被邀请,当时我真的很忙,但是一想到自己不能缺席,不能辜负你对我的盛情,在外度周末的我紧赶慢赶回来参加你的生日宴会。当我知道自己是唯一被邀请的老师的时候,有一种受宠若惊的感觉。因为一个学期以来,你的语文考试总在年级倒数,你从来没有完成过一次作业,我对你也是批评得多,有时候还要吓唬你,而你居然在自己的生日晚会上邀请了我。我一遍遍告诫自己要善待 ZT，也一遍遍期待自己这次的出席能够唤起 ZT 对语文的喜爱。

　　但盼望你进步是很辛苦的事。每次都是盯着你的时候你就写几个字，转眼你就做别的事情了，即使考试，你也只是凭着兴趣写点画点。完成一半的题量，得一个让人绝望的分数，你失望我也抓狂，有时候真想放弃你。还好，上次考试，我正好监考你所在的考室，我守着你督促你，只要你一走神，我就要催促你。进初中以来，你第一次完整地做完了一套试卷，第一次成绩突破三位数，这在我在博远二班的语文教学史上有划时代的意义，我心里对你充满感激和新的期待。

　　真正让我豁出去要帮助你提升的是你的假期作业。你是为数不多的完成作文的同学，我很认真地读了你的作文，每一篇都写得那么认真，尽管你没有改掉补笔画的坏习惯，也没有很工整地书写，但我发现每一篇文字都是你生活的再现，即使语句不太通顺，思想也很幼稚，有的甚至没有啥思想，但就是那一篇篇本色的文字震撼了我。我觉得你很幸运有一个负责的母亲，我要用更加负责的态度让你有一个好的语文老师。

　　谢谢你一路向前！你可以跟上大家的节奏写作文、做阅读、写诗歌，你可以安静地举手说一声："让我来试试！"加油，继续一路向前！

第四章 唯独爱你
DISI ZHANG WEIDU AI NI

我看到了明朗朗的天
——写给我最最亲爱的 CJH 同学

你曾经淡定得让我有点儿惊慌，就像一座冰山或者一潭死水，无论用怎样的温暖都不能使你融化，即使春风吹来也不会起半点涟漪。你看起来认真得让人心疼，但考试成绩有时让我恨不得撞墙，曾一度想 JH 是一个听话的孩子，但是缺少激情和勇气。还好，这学期你突然变了，每次我的问题一出口，你就会高高举起小手，那是一道怎样的风景线？

呵呵呵，我看到了明朗朗的蓝天，这是你让我看到的。

"CJH，不错哈，这学期好像胆子大了点儿。"我说道。

你羞羞答答但是不无幽默地说："嗯，我也是这么觉得的，现在不怕了。"

我俩在教室里这样简单的对话，让我看到了你心里燃烧的热情和自信，那个时候，我发现天都是格外美丽和高远，一遍遍地告诫自己一定要抓住机会把你唤醒，一定要在这个看似微不足道的变化中找到让你看到希望的方向。于是，我在课堂上貌似漫不经心实则用心良苦地鼓励你，你总算在我"努力地煽风点火"下，开始迈出了一大步，我的心里简直乐开了花儿。

后来，我在教大家读说明文的时候，总是很小心很小心地，不让任何一个孩子掉队，看到大家好像真的听懂了以后，便让大家写出来，写出来还是不够，又要求大家讲出来。一遍遍"翻炒"，孩子们都有了感觉，班级阅读练习的评奖工作就交给你们了。

　　如果在过去，我提出这样的要求你就会低着脑袋，直到我叫到别人的名字，你才敢轻轻地叹一口气，似乎有一种后怕的感觉。而那段时间你不一样了，每次都是高高地举起手，总希望每次都能抽到你讲课。不过，你的运气也真好，无论采用哪种方式，总会让我叫到你的名字。还真的不错，你每次都能有条有理地给大家讲解，获得阵阵掌声。

　　我最最最亲爱的 JH 同学，成长是一件非常有趣的事儿，"一切皆有可能"不是骗人的话语，你曾经一直都不敢想象自己在讲台上在众目睽睽之下讲课，而在一年半的时间里，你就那么不经意地突破了，一次次不可思议地超越了自己。真正有意义的成长就是一次次突破自己，超越自己，加油吧。

　　涵，我非常非常感谢你让我看到了明朗朗的天，我真诚希望你在各方面更上一层楼，一步一个脚印，用虔诚的劳作感动上苍，用不懈的努力突破自我。只要我们在行动上做到尽心尽力，分数、名次，以至于名校都是手到擒来的事情。我等着你更大的进步。

进步的感觉特别爽

——写给我最最亲爱的 XRH 同学

"哎哟哟,急死我了,急死我了。"呵呵呵,以前看到你做作业,我总是要不断地抚摸自己的心口,一遍遍地在心里感叹唏嘘,那个急啊,心口就像有一团火,恨不得在后边拿起鞭子抽打你,可是我不能抽打啊,况且抽打也无济于事。我常常想,你是不是蜗牛转世哟?哈哈哈,谢天谢地,你进步了,原来有些事情真的是急也没用。

浩,进步的感觉是不是特爽啊?是不是?是不是?你说啊!呵呵呵,你不说,我也知道的,别说你还是个小娃娃,就连愚娘奔五了有点儿针尖大的进步都要开心得手舞足蹈。

我不记得是哪一天哪一节课哪一分钟,你就那么举起了小手,要求回答老师提出的问题。那一瞬间整个世界似乎都亮了,我发现新大陆一般惊奇地说:"你来,你来,好一个新面孔,好一个新面孔。"你回答完问题,有点儿晕乎乎的陶醉感,同学们都为你鼓掌了,你的脸蛋红得不是一般的灿烂哟!

在大家的掌声停下的时候,我很严肃地说:"下课了,你到医务室去称一称吧,回来告诉我情况。"大家丈二和尚摸不着头脑,一个个抓耳挠腮问道:"为啥呢?"呵呵呵,我笑着说:"看看自己举手回答问题了会不会掉肉肉?"大家恍然大悟。就那节课,好多不曾举手回答问题的孩子也都尝试着回答问题,一个二个总算超越了自己。

还别说呢！有一天我在和一个"闷墩儿"同学说话，你恰好走过来，我便表扬你积极发言，问你是不是心里感觉特爽。你笑眯眯地说："那是，爽啊。"还一个劲儿地点头。那一刻，我对你充满感激，你已经以榜样的身份进入了同学们的视野，可喜可贺，值得表扬哟。

最近一段时间，我让你们到讲台上讲说明文阅读的练习题，你们小组讨论的时候都是认认真真，每次抽到你的时候，你都自信满满地走上讲台，按照我教你的方法有板有眼地讲。真的，你还很有范儿呢，别懈劲儿，坚持这样练习，即使不在课堂上讲，你也自言自语对着自己的课本讲，对着桌子讲，练着练着就会成为演讲家。

还有，第一次月考你居然没及格，看到你妈妈，我都想钻地缝了。你妈妈说，为了提高成绩，你还乖乖地去补习班上课了。这个我要提醒你哈，如果你自己不好好努力，不在我的课堂上把那些方法学到手，课后练习不按照要求规规矩矩地练，课外阅读不一个字一个字地读，再好的培训也白搭哟。

加油，进步的感觉特别爽，愿你爽歪歪。

呵呵呵，有那么紧张吗
——写给我最最亲爱的 WMH 同学

你呀，也真够有意思的，每次被点名到讲台前展示的时候，站上去乐呵呵的，一开口就"嗯，嗯，嗯"，然后就开始无可奈何地看着大家，束手无策之际再一次"嗯，嗯，嗯"，我有时候恨不得跑上去帮你说了。可是，不行啊，你必须超越自己呢，不然，人人都能流畅地表达自己，你却不能，说不定还会影响你的发展呢。

呵呵呵，愚娘就不明白了，你真的有那么紧张吗？你到底紧张啥呢？我们没有人要你说得面面俱到，也没有人因为表达不够流畅讥笑你啊，你小子就是自己吓自己，真够好玩的。

昊，你绝对是二班一等一的乖娃娃，估计不会给任何人带来困扰，班主任也不会因为你有半点苦恼，加上你的成绩比上不足比下有余，弄不好你是一个容易被人遗忘的人。因为你从来都不亮剑，从来都没有表现自己的欲望，连话都不敢说。这个褒义地说叫淡定，直白点说就是没用。虽然语文中考不会让你张口说话，但是愚娘还是希望你能够突破自己，随时发出自己的声音，存在感一般都是自己刷出来的。

呵呵呵，说真的，说起对你的感受，我除了觉得你比较内向沉闷以外，还真的不知道该说点儿什么。我自诩是一个比较关注学生的老师，连我都差点儿把你给忘了，何况其他老师，尤其是成绩普遍还过得去的学科，你就更容易被淹没在普通大众中。

  昊，世界上需要实干家，但无论多么优秀的实干家，也需要让更多人知道自己。如果我们不具备宣传自己的能力，或者说缺乏推荐自己的自信和勇气，我们怎能奢望别人推荐我们呢？要知道千里马常有而伯乐不常有啊，更何况要成为真正的千里马比推荐自己更加困难。

  初中三年转瞬即逝，我希望在这三年里你除了提高语文考试的能力以外，还能够更多地提升语文素养，时不时抓住机会展示自己。你看 ZT，他每节课都会以商量的语气对我说："王老师，你让我试试吧。"他就这么一次次反反复复地"试试"，语文成绩就那么一点点提高了，或许考试还不太尽如人意，也会有波动的时候，但是他对语文的自信和热情就那么起来了。热爱和兴趣可是最好的老师啊！

  你本来是一个优秀的孩子，聪明懂事，学习刻苦，目前拦在你面前的障碍就是语文，我希望你能有所突破，一点点儿超越自己，随时随地自我提醒："WMH，有必要那么紧张吗？"

第四章 唯独爱你
DISI ZHANG WEIDU AI NI

最美的坚守者
——写给我最最亲爱的 ZQQ 同学

我每次在教室里看到你的面孔,都会在心里给你千万个赞,在电脑前敲下你的名字的时候,再次在心里给你千万个赞,因为你在我眼里就是最美的坚守者。坚守积极发言第一线,坚持周末打卡读书班,这在别人眼里看起来是那么微不足道,但是在我的眼里,我知道坚守有多么不易。

从开学第一天的语文课堂开始,你总是在第一时间积极举手,不管是否给你发言的机会,你都举手表明态度,告诉愚娘你在认真思考,并且每一次的发言都是经过自己反复思考,认真整理的答案。

说来不好意思,愚娘读了小学、初中、中师,十余年的学生生活,我真的一次都没有举手回答问题。在貌似平静的外表下,其实我也希望得到老师的注意,也渴望用一次举手加深自己在老师心目中的印象,可是我一直不敢表现自己,一直守株待兔等待老师的赏识。

那个时候,我因为没有受到老师的注意感到失落、痛苦,有时候还有深深的抱怨。直到自己走上讲台,才明白,一个老师在讲台上扫视几十个学生,有那么多积极发言的同学,怎么顾得上那些甘愿被淹没的人呢?

QQ,你很不错,不管别人怎么变化,你依然坚守着自己的底线。无论什么时候,只要有机会,你都会亮出自己的剑,都会积极主动表达自己的见解。我向你致敬！

　　还有，我建立的读书班，原本是让大家在假期的时候心灵有一个归宿，对单调的生活感到乏味了，可以进来读读书，一首诗歌、一篇散文，都能唤起我们心里好多热情。然而周末这里是异常地冷清。可是每一个周末，我都能在那里看到你的身影，听到你最美的读书声。

　　坚持一次，那很容易，坚持两次三次也很容易，但能长期坚持，那就是伟大了。我有时候打开音频听你的声音，如同聆听天籁一般，如蜜蜂飞过花丛，如高山流水泠泠作响，我就那么认真地听，每个周末在起床之前都会享受这听觉的盛宴。谢谢，你给了我一种全新的享受。

　　我最最最亲爱的QQ同学，你是一个有语文天赋的姑娘。你写作速度快，记忆力好，阅读面广，你要尝试着坚持写，慢慢找到自己喜欢的表达方式，慢慢练出自己的风格，才能真正感受到学习语文的乐趣。

　　哎呀，差点忘了！我感觉你在QQ空间里发的东西很多，但好多都不是学习方面的，希望你能专注学习，好好坚守属于你的地方，争取成为一道最美的风景。

翻过那道坎吧

——写给我最最亲爱的 LXR 同学

你么,嗯,不错,从我认识你开始,没有见过你有负面情绪,一直都是那么嘻嘻哈哈、开开心心的,为老师和同学们做事情都是积极主动的,关键还一身正气,是一个可以托付重任的帮手。

写着写着,我心里堵了,如此优秀的小姑娘怎么语文就难得上 120 分呢?况且我还觉得你应该是 130 分的素质呢。好吧,想点办法哟,请你翻过那道坎。

我无数次地说过,考试多一分也没多少意义,但是往往多一分比少一分光荣得多,尤其是在关键处。比如 120 分和 119 分看起来就那么一分,前者是优生,后者只是一个中等生,每次看到你的语文成绩都是 118、119 啊,我都在心里呐喊:"LXR,那么一两分你就真的上不去吗?"

你是博远二班里比较开朗的女生。我记得开学不久的一天中午,大家都跑去吃饭了,教室里就那么稀稀拉拉的几个同学。你跑到我面前让我猜你叫啥名儿,我说自己年纪大了有点记不住,你一遍遍地教我,反复提醒我:"你记到没有?别忘记了哈。"呵呵呵,还是你教得好啊,我真的就那么把你记住了。

我有时候在想,愚娘自己是个"闷墩儿",对陌生人一般都不会主动亲近的,你大胆走近老师的勇气让我佩服不已。还有，每次上课都看到你拿着笔，一边听讲，一边记录同学们加扣分的情况，有时候老师自己都没有整明白，你却记得清清楚楚，让每一个同学都无话可说。

每到课间，你都会带领同学们在前面把加扣分一一落实。

蕊，这些虽然都是闲聊话题，但我想通过这些唠叨让你明白，你其实是一个综合能力很强的姑娘，也能够吃苦耐劳，语文学习虽然刻苦用功，但用脑还不够。有几次读到你的作文，虽然写得也过得去，但是其实都是一个素材反复用。对于你这样有语文天赋的孩子，应该有更多的生活素材被你激活。套用一个素材在多篇文章里，看起来是你聪明的表现，实质上是一种懒于思考的毛病，长此以往，就会失去对生活的那份敏感，到时候真的会文思枯竭。

还有，基础知识要记牢。你有时候答题没把握，不该错的题目容易出错，那是基础不太牢固的原因。如你这般要想在语文方面得高分，达到一个高度，把基础题百分百做对才是不二法门。

呵呵呵，我这人话多也没有条理，看到你的名字就想到我要说的话，把这些说给你听，是因为期待你的语文成绩有所突破，我喜欢高分女孩，嘿嘿！

第四章 唯独爱你
DISI ZHANG WEIDU AI NI

向更优秀迈进
——写给我最最亲爱的 ZW 同学

我亲爱的科代表,你是一个优秀的男孩,随着一年多的成长,我发现你工作能力越来越强,于是也希望你越来越优秀,让自己放射出光芒,照亮身边需要你帮助的每一个同学。

镜头转到了去年冬天。大家正紧锣密鼓地学习,我们五班两个小男生闹得不可开交,你听从我的安排换了一个寝室。那个时候,我把山和君托付给你,让他俩拜你为师。在师徒结对复习的过程中,你们配合很默契,学得很认真,期末考试不仅你自己考出了优异的成绩,连山也达到了我都不敢想象的高度,君也是收获满满。

旺,赠人玫瑰手有余香。在帮助别人的时候貌似耽误了自己的不少时间,殊不知成全别人的时候也在成全自己。你是一个有组织能力、有个人魅力的小男生,我希望你能带动更多的人跟在你身后,只有大家好才是真的好。

依稀记得和你妈妈闲聊时,她说你七年级下期特别想家,一到周末就希望家长把你接回家,原来你不逃避的周末课也不愿意上了。或许周末课堂有变化,缺少了一些趣味性,但是老师讲的课即使再枯燥乏味,大多数人可以听不进去,你也应该要听得进去,把全部心思集中在老师所讲的内容上,而不是讲课有没有趣味上,因为你和别人不一样,就应该在这些方面对自己有所磨炼。

闲聊中，你爸爸无意中说你回家做作业还是比较乖，对老师布置的任务从来都不打折扣。虽然他没有说出其他的话语，但是我能听出潜台词，你在家除了完成老师所交的任务，主动积极学习还做得不够，是不是这样呢？呵呵呵，我不用你回答，心里有了答案哟。

经过我们一年半的课堂磨合，你的进步的确不小，但是翻开你的作文还是不敢多看，也没有兴趣多看，即使你自己也不愿意多看。这是为什么？语言很苍白，思想很幼稚，直白点说就是还没有思想，那是因为你阅读不够，积累太少。"腹有诗书气自华。"你看，我与你们一起背书的时候，对于年轻时积累的那些内容一点都没忘记，新的内容虽然记得快其实也忘得快。说这个就是想告诉你，青春时代的记忆才最牢固，我希望你把握好这段稍纵即逝的岁月。

我最最亲爱的旺，你是我最为得力的助手之一，你和轩一起管理的早读绝对是顶呱呱的，你不能辜负我们的期待，一步一个脚印向着更优秀迈进吧！

第四章 唯独爱你
DISI ZHANG WEIDU AI NI

谢谢你让我享受成功
——写给我最最亲爱的 ZSQ 同学

有些人冥冥之中会给别人带来幸福，你就是我的幸运之神，我谢谢你让我享受成功。面对博远二班三十几个年轻的生命，我用心呵护着每一个人的成长，你，是让我有成就感的一个，我因为你的存在而感到幸福。

生命的相遇总有一些奇迹。

你进二班之初很调皮，那个时候你的攻击性特强，总喜欢挑衅同学。说起你，老师们大多摆脑袋。记得当时与曹老师同办公室的一个老师很同情地说："川很可怜，他遇到一群调皮的娃娃，天天给他惹事儿。"你也是办公室的常客。

我关注着你，总觉得暴躁之人绝对有柔软的地方，一直努力与你接近。看你无精打采的坐姿，我觉得第一件事情是让你直起腰来。经过我威逼利诱加上及时的提醒和表扬，二班同学的坐姿就在一周时间全部规范了。你的进步被我看在眼里，接下来就是把你的注意力吸引到课堂上来。说来很神奇，你就那么愿意跟着我走了，慢慢也开始举手发言，主动做作业了。

琦，我写到这里有点感动了，容我缓口气对你说声谢谢。

你还记得当初与一个同学打架的事件吗？那次真的是你主动找别人的，就是那次事件把你搞得一身臭。等你被罚归来，我俩有过简单的交流，你当时流眼泪了。一个懂得感动的人是善良的，我那时就觉得自己可以带好你。还有你当初最喜欢和童杠上，时不时在课堂上就会发生争吵，每到这个时候，我就会看着你，说把心敞开，不能只想着与童的不愉快。我都不清楚你啥时候不与他计较了。

渐渐地，你上课开始积极发言，你开始以最好的状态完成作业，你开始在意你的考试成绩了……我知道自己对你的引导成功了，慢慢地教你立足基础，接触阅读，牢记文言文，你在语文考试中不再尴尬，你就那么愿意听我的话了。

你的书写一直是我心中的痛，看着你"龙飞凤舞"的字迹，我不知道该如何帮你。尽管每次都好言提醒你，你每次也都是乖乖地答应，可是写出的字一点儿进步都没有。直到这周二早读，我们一起默写古诗，你的速度惊人，我让你一笔一画慢慢写，你真的就那么神奇的写得工整了很多。你知道我心里有多么幸福吗？

今天早上，你很诚恳地说："王老师，我是很认真在写的。"那一刻，我的每一个细胞都弥漫着幸福。真的，谢谢你，我亲爱的琦。

前途漫漫且有坎坷，愿你我携手一步步行进，获得更多的成功。

第四章 唯独爱你
DISI ZHANG WEIDU AI NI

感动你一直爱着语文
——写给我最最亲爱的 HYF 同学

我知道你一直喜欢着语文,并且为它一直在孜孜以求,尽管目前考试分数还不尽如人意,但是你在语文课堂上感受的那份快乐是属于自己的。我一直被你感动着,感动着你一直爱着语文。

我们一起学习鲁迅的散文《阿长与〈山海经〉》的时候,说到了《山海经》这一本书,你连忙把自己的这本书借给我看,还说自己读得不多,学了这课对这本书有点兴趣了。姑娘,如果你爱语文,就拿出自己所有的热情善待它,力争在这个文字的世界里找到属于自己的快乐。

有一回,你在赶公交车的路上看见了自己很感动的一幕,就在回学校的出租车上用文字记录了这份感动,第一时间与我分享,还说自己真的没有想到在现实生活中能够遇到这样的人。我把你的文字分享出去以后,你妈妈留言说这篇文章好像帆儿的文字。我告诉她:"岂止是好像,明明就是的。"那一刻,我隔着屏幕都能看到你妈妈的笑脸,感觉手机都笑了。

帆,你快乐,老师和家长也跟着你快乐;你进步,老师和家长也跟着享受这份成功。前不久我与你妈妈交流的时候,你妈妈说:"王老师,非常感谢你,我们帆儿一直喜欢语文。"教学相长,我何尝不应该感谢你一直那么深深地、真诚地爱着语文呢?

我最最最亲爱的帆，你是一个有思想有才华的姑娘，摆在你面前最恐怖的沟壑就是严重的偏科。其实这个没有什么，王老师无数次地告诉你们，当年的王老师数学考过 26 分，分数偶尔低那么一回真的不恐怖的。我当年就是好好学语文，从敬畏每一个字的读音和书写开始，小心呵护着我的语文成绩，当我以优生的姿态出现在语文世界里的时候，还收获了自信，带着这种自信，再来寻求提高数学成绩的方法。精诚所至，金石为开，我真的成功了。

这看似是奇迹，其实是一种必然，人一旦产生了自信心，就会爆发出无穷无尽的智慧。你和我当年的情景如出一辙，你可以把学习语文提上议事日程，从一个字音开始抓起，不达目的誓不罢休，把语文提高到 130 分的高度，再来俯视你的数学和其他学科，那简直就如小儿科一般。听我的，你就这样试试吧，但是一定要拿出百分百的努力，还有百折不挠的韧劲和坚持。

我最最最亲爱的帆，我感动你一直这么爱着语文，我也期待你一直坚持着这份爱，还要学会付出真诚的爱，用心耕耘，用勤奋去浇灌，不要有叶公好龙似的自欺欺人，爱得真诚才会创造奇迹。

第四章 唯独爱你
DISI ZHANG WEIDU AI NI

心敢想事才成
——写给我最最亲爱的CYH同学

"王老师,你昨天让我们定个中期考试的目标,涵回到寝室就哭了,她说自己肯定考不到那个分数,肯定会被你打手板。"你的好朋友在讲台前悄悄地告诉我。

你的妈妈也在那天晚上来了电话:"王老师啊,涵说这个周末要留宿学校,说要在学校复习语文,她担心这回达不到你给她定的目标。哎呀,其实她定122分是很容易达到的。"

我亲爱的涵啊,你知道王老师听到这样的消息第一感觉是什么吗?不瞒你说,那是一种透心凉的失落和失望。要知道愚娘给你们定目标的时候,注入你们心里的是自信,目标就像悬在高处的桃子,需要跳起来才能摘到。所以要跳起来,跳着跳着就真的实现了愿望。一个心里都不敢想的人能够有事成的可能吗?

涵,你的语文素养不低,我每次翻阅你的考卷都有这样的感觉,尽管书写不占优势作文也不会吃亏,但好几次都是五个选择题要错三个,这样的硬伤不是伤筋动骨那么简单,那伤的是语文的心尖尖儿,优秀的学生得基础者得语文,你还没意识到这个道理。

曾记得你妈妈无数次给我发信息,说要请我辅导你提高语文。说真的,我都找不到比我在课堂上更有效的辅导方法了。愚娘教书三十年立足于课堂效果,也不会在课堂上有半点保留，我让你跟着补习了两次，真的有进步吗？呵呵，在我的课堂上学不好语文，再好的补习班也不能提高语文成绩的，真的，我对这点有着绝对的自信。

如果我没有看错的话，你学习语文是尽心尽力的，为什么每次都是失败，高分永远都是你可望而不可即的。我有时候静静地看着你，看不到你脸上散发出自信的光芒，没有自信的勤奋永远都是浮躁的，不能静下心来独立思考，更不能有自己的见解和主张，被动无奈的学习状态永远是低效的。

我好多次在班上呐喊，博远二班那么好的班风，孩子们那么勤奋，为什么成绩提不上来，缺乏优生团队，说到底就是缺乏有野心的孩子。我不懂其他学科，总希望在语文学科上调动你们的激情，激发你们的自信，让你们每一个人都有野心，并且要勃发出实现野心的力量，所以才有了考试前的目标定立，我何尝不知道有些目标的确有点高。

俗话说心想才会事成，如果连想想的勇气都没有，我们还敢奢望成功吗？涵，你能做一个有野心的同学吗？志存高远才能飞得更高，走得更远。

这学期有进步
——写给我最最亲爱的 WJH 同学

我们初次见面时，听你天花乱坠，侃侃而谈，连我家老谭都觉得你是一个聪明的人。可是你一走进课堂就判若两人，不是抱着手指头啃，就是抖着双腿，躲着老师眼睛。你前后左右东南西北四面八方都可以说个天花乱坠，就连在那么多家长中间都有不小的"名气"，但作业敷衍潦草得让人想哭。

呵呵呵，老师数落的都是过去。这学期你还是进步了。

如果不在课堂上看你，只在操场上看你，你穿梭于同学中间，带着相机，挎着小包，俨然一个优秀记者的模样。这样的假象曾让我苦不堪言。这学期能够看到你很快地走进教室，再也没有看见铃声过后你姗姗来迟的身影，你现在能跟上大家一起看书背书的节奏了。

豪，对于你来说，这个进步不容易啊，王老师必须在这里狠狠地表扬你。

过去你一般都是跷着二郎腿，歪着身子把胳膊肘放在膝盖上，嘴巴津津有味地啃着手指头，还很有节奏地交换双腿和双手。我曾经惊异于你这种功夫修炼得不容易，感叹于你小学六年如一日的锻炼，曾威胁要给你配个奶嘴矫正你的习惯。

还好，你今年突然不这样了，啃手指的频率大大降低，上课的时候还能够跟上我的节奏，记笔记，举手回答问题，状态好的时候还有意犹未尽的感觉，这真是可喜可贺的变化。我看到你的家长，突然间话都多了很多，第一次有表扬你的话题了。

前些天，我们办名著的手抄报，如果在以前，你的一张小报写不满三十个字，这回你从第一步开始就有模有样，凭借自己的聪明，把一张内容丰富的手抄报完成了。我估计那是你这辈子第一张做得最认真、最完美的手抄报吧。恭喜你有这么让人振奋的第一次，作为你的语文老师由衷地为你高兴。

豪，一时进步很容易，坚持揪着进步的尾巴一路向前有难度，我不知道你是否能够坚持到底。你想让自己优秀起来，就要在课堂上提高自己的注意力。你发现自己很容易走神，一旦失去老师的控制就会掉队，但这不是你故意的，而是心理使然。你知道自己有这个缺点，一定要有意识地克服，争取随时跟上老师的节奏。

你做作业，书写很随意，甚至连自己的名字也懒得写，这是制约你进步的绊脚石，只有具备严谨的求学态度才能走得更远。还有，你的书写速度太慢，没有速度就没有一切，快速正确工整的书写不可或缺。

这学期进步了，愿你坚守这种进步，争取更大的进步。

你在二班是最了不起的学生
——写给我最最亲爱的 ZCY 同学

我们在整理手抄报的时候，五班一群孩子对着你们的手抄报感叹说："办得好好哟！"其中一个同学指着一张手抄报说："王老师，你看这张写得好工整啊！"我拿起被大家夸奖的那张手抄报，上面赫然写着你的名字。我很自豪地说："ZCY 的，他是二班最了不起的同学。他当初公认各方面都糟糕透顶的，人家就是这么倔强地表现，给别人最强有力的回击。"

真的，二班偌大一个班级，愚娘认为你是最了不起的，我对你有着深深的敬意，对你除了赞美还是赞美。

呵呵，我们一起回放开学时的那些镜头吧。

"同学们，教室的垃圾桶是谁弄坏的？"

"ZCY。"

"周周清最低分是哪个？"

"ZCY。"

"月考语文不及格的有哪些？"

"ZCY……"

呵呵呵，你那时如同流行歌曲一般被每一个同学记住，随时脱口而出就是你的名字。我曾经在课堂说："谁说的必须是他，不信你们试试看，下回历史要改写，我看他那么聪明，虽然淘气但是不懒惰，不过基础差点儿嘛，我才不相信他是你们说的那样。"

你听着我的话不住地点头，脸都笑开了花儿。不过你也真的很争气，由最初背古诗被错别字伤害得零分，到后来默写不扣分。你硬是拼命地记，大声地读，后来文言文考试很少丢分了，不及格慢慢远离了你，你做啥事儿都越做越起劲儿。我是看在眼里乐在心里。

CY同学，二班每一个同学都是不错的，但是我觉得你是最了不起的一个。面对大家贴标签一般的评价，你没有抱怨，也不发怒生气，仅仅是半眯着眼睛尴尬地笑笑。当我鼓励你好好学习的时候，你总是按照我教的方法努力，每次都是欣然接受，即使偶尔有挫败，你依然不自暴自弃，咬牙坚持着。这就是我赞美你的真正原因。

你虽然只是一个小小的男孩儿，但在我心里你是一个有担当、敢挑战的男子汉。你胸怀宽广，不计较他人的评价，只是牢牢记住自己该干什么，带着这种朴素的执着一路向前。我要赞美你！

第四章 唯独爱你
DISI ZHANG WEIDU AI NI

把超越自己当作一种责任
——写给我最最亲爱的 HJX 同学

姑娘，每当我在教室里巡视的时候，都会被你的座右铭"学习要踏实"深深感动，不由自主用你的座右铭来督促我自己，"教书要踏实""思考要踏实""为人要踏实"等。你和我是何其相似，看着你那么勤奋，那么积极向上，不管经历怎样的坎坷都不丧失那份信心，我真的好喜欢你。

你很优秀也很努力，在二班这个集体里传播的都是正能量。王老师只想真诚地对你说："我们人生最大的对手是自己，把超越自己当作一种责任吧。"

在当下二班语文素养还亟待提高的情况下，你是少有的几个对语文有信心、有热情的人。在课堂上看你总是忽闪着大眼睛听我讲课，总是高高举手要发表自己的看法，总是动作麻利地第一时间完成语文练习，我就知道你在真心诚意地学习。我总想有一种神力，帮助你享受到天道酬勤的快乐，可是我没有神力，你的语文考试分数一直上不到一个高度。

如果我没有记错的话，一年多来好几次考试语文，你的成绩都在 110 多分艰难地挣扎，我每次都期待着你能成为佼佼者，但好多次都让我感到失望，你自然也是难受的。看看你的试卷，真的看不出具体问题出在哪儿，因为从基础知识及其运用，一直到后边的作文，没有很突出的板块，也就是说你的语文学习眉毛胡子一把抓，需要识记的基础知识掌握得也不牢固、不准确，考试时难免瞻前顾后，不能集中精力在当下的题目中，考试成绩自然不会冒尖儿。

欣，我们任课老师在一起分析学生的时候，大家好多次都关注到你，一致认为你的理科还是很薄弱，这很可能让你分心。有时候铆足劲儿去学习自己不擅长的学科，甚至不惜牺牲自己优势学科的精力和时间，往往会使自己亮点不亮，还有可能受到伤害。

回想自己的初中岁月，我以成绩佼佼者的身份进入新的环境，但因为对陌生环境的不适应，对初中老师的不适应，还有对新阶段的学习生活存有难以言说的恐惧，所以，我的成绩一塌糊涂。第一次考试的时候，连我一直爱好并深感得意的语文都只考了78分，那种崩溃的心情只有经历过的人才能体会。然而，我渐渐发现，一俊可以遮百丑，于是暗自决心从语文突破。第二学期，我的语文考了第一名，整个世界都明朗了很多，自信心就那么来了，初二时总算艰难翻身。如果不是那次突破，今天的我肯定是山野一农民。

我亲爱的欣，你也行的，学习方法需要自己悟。但愿我这篇文字能够让你有所悟，有所行，把超越自我当作一种责任，砥砺前行，终有所成。

第四章 唯独爱你
DISI ZHANG WEIDU AI NI

锦上添花不可少
——写给我最最亲爱的 HX 同学

二班的老师们聚集在一起谈学生的情况时,每一个老师第一时间都会把你挂在嘴边,因为在这个团队里,你无疑是大家看到的最优秀最有潜力的一个同学。不是你有超人的智商,而是大家感觉你心有目标,并且有一股子韧劲儿,能静得下来安心学习,这对于一个优生来说,是一笔极其宝贵的财富。我们看好你,愿你无限地看好自己,拿出行动给未来的自己铺路搭桥,力争走到我们期待的高处去。

优秀没有错,努力也很正确,我觉得你应该借助外力让自己的成长多点儿动力,锦上添花会事半功倍。不要在老师们面前那么战战兢兢,不敢亲近老师,要知道老师也是有磁场的,亲近他们便会产生一种强大的力量。优生有时候也要活泼一点,主动与老师交流沟通,便于老师走近你,从而更好地帮助你。

晓,我不知道你看懂我这些话没有,也就是让你多亲近老师,多点儿情商,让自己的生活多点幽默,快乐是可以提升智商的。

我又得与你唠叨我自己的故事了。我自认为是一个比较勤奋上进的老师,近十五年来走了很多路,看了很多书,也听了不少讲座,在万里路上阅人无数。我每次都是自己一门心思地好好学,好好听,从没有与那些让我佩服的专家有过面对面的交流，我与他们的对话就是阅读他们的专著罢了。

　　我发现自己的QQ空间里经常有一些专家来"踩踩"，一直也没怎么在意。直到有一天，我的工作遇到了瓶颈，需要梳理一点文字的东西，案例遍地是，但是无从下手，于是平生第一次主动与来我空间里做客的几个专家闲聊了几句。三言两语打破了尴尬的境地，慢慢地说出自己的一些困惑，专家遇到的案例比较多，他们一下子就帮我找到了问题的症结，只言片语就能对症下药。

　　是的，阅人无数不如名人引路，你在这个阶段，自己的勤奋努力不可少，必要的引领和指导也很重要，"征于色，发于声，而后喻"啊！一个优生不主动与老师沟通交流，把自己紧紧地包裹在自己的世界里，其实就是拒绝帮助，放弃更多的成长契机。

　　老师不可怕，每一个老师都期待学生主动与自己交流，哪怕是闲聊也能洞察到你们的内心世界，也可以找到你们的世界里需要怎样的风景，否则你们的世界很单调，很乏味，自然就会很辛苦。

　　万卷书，万里路，生命中遇见的良师益友，往往可以给我们前进的力量。愿你能主动靠近他们，寻求更多的力量！

第五章 风过有痕

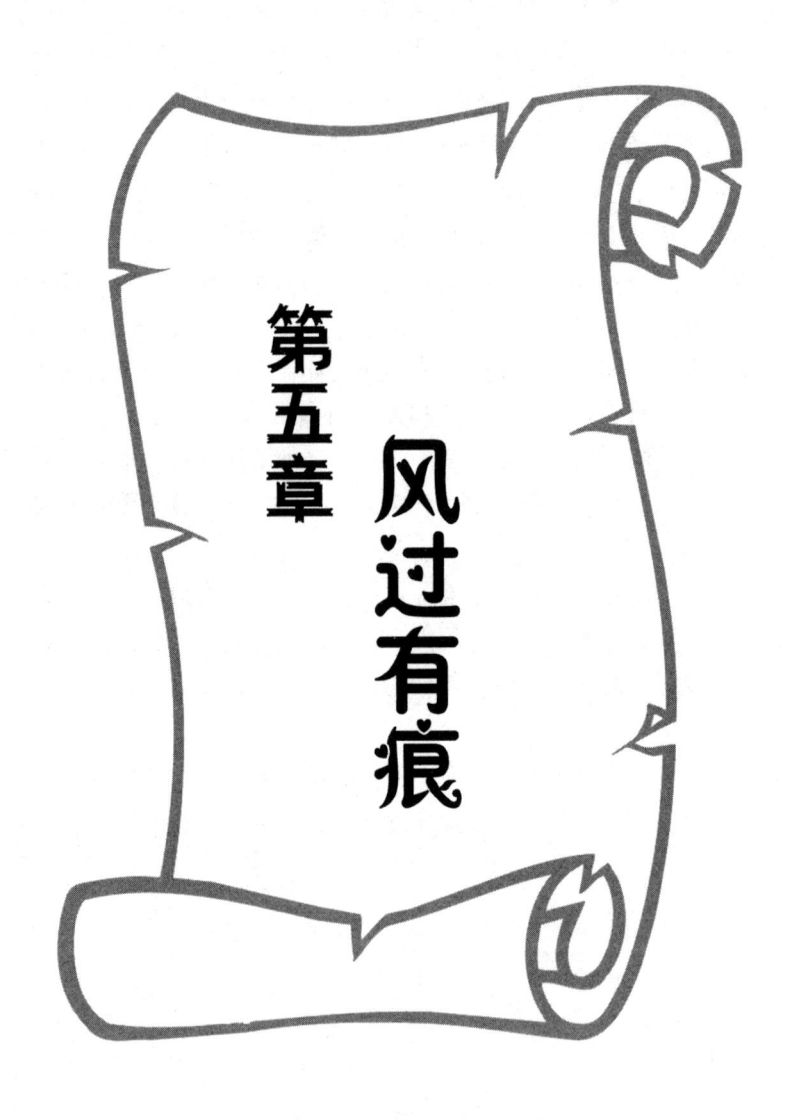

不是追查是拯救

　　昨天下午伟哥对我说："王老师，请给我开个证明回寝室，因为我中午突然发现自己的钱不见了。"我悚然一惊，一种不好的预感涌上心头，担心哪个孩子一时糊涂，他们可是我最最心疼的一群孩子啊。

　　我连忙问伟哥有多少钱，他将右手的食指直直地立在我眼前，继而发出很小的声音："一千。"我急了："这么多钱怎么放在寝室里，那不是给别人犯错的机会吗？"

　　"自从那天来到学校就没有出校门，来不及存在银行卡里。"

　　"为什么不存在我手里？为什么不存在生活老师手里？"

　　"我没有想到这些，况且我们寝室里从来都没有发生过偷窃的事情啊。"

　　我无语，连忙给他开好了进入寝室的证明，嘱咐他说："一定要仔细找找，每一个角落都仔细找找，柜子里、床上、枕头里，每一个角落都不要放过，还得好好想想，也许是你自己记错了地方。"然后我去带领学生进行体育锻炼，伟哥回寝室。整个下午我都是神情恍惚的，总是期待奇迹发生。

　　晚自习前，我悄悄问伟哥，他只是失望地摇摇头。我连忙问他给爸爸妈妈说了没有，他说："我给爸妈打电话了，刚刚接通电话时爸妈很生气，后来就理解了，说丢了就丢了，叫我以后要注意点。"

　　我很自责，开学那天晚上第一件事情就是强调安全，交通

第五章 风过有痕
DIWU ZHANG FENG GUO YOU HEN

安全、饮食安全、用电安全、语言安全等等都涉及了，唯独没有强调孩子们的个人财产安全。因为一来觉得孩子们都是用银行卡，再说当天所有的费用都交给学校了，完全没有想到伟哥身上还揣着这么一笔巨款。我究竟该怎么办呢？即使伟哥和家长不会对我的管理有任何看法，我也应该帮助那个一时糊涂的孩子呀。

我把那个寝室的的孩子都叫到了外面，如实地说了伟哥丢钱的情况，其实他们早都知道了这件事情。我说：“伟哥的一千块钱丢了，你们都知道他有一千块钱，你们在同一个寝室……无论是谁，老师都相信你不是小偷，只是看着一千块钱一念之间犯下了这个糊涂。我希望这个一时糊涂的同学把这钱给放回去，及时改正错误，及时让自己得到解脱，不然你一辈子都会很不安，因为你毕竟不是坏人呀。"

孩子们听了我的话回到教室。本来我不想在班上说起这件事情，但是又觉得应该告诉孩子们，一来让他们多多注意自己的财物，二来可以利用班级舆论的压力让那个糊涂的孩子悬崖勒马。于是我告诉了孩子们，同时说："我的孩子啊，我希望你能够及时改正自己的错误，要学会自我救赎啊！以后，我每天都在教室呼唤你的灵魂，让你改正错误，好吗？"

凭借一个老师的经验，如果去追查完全有可能找得出拿钱的孩子，但是我不愿这么做。想起十几年前，一个优秀的小女生一时糊涂拿走了室友一百块钱，一天之间就消费了六十多块，要知道那时的一百块钱是一笔巨款啊！我信誓旦旦要揪出小偷，三下五除二就拿下了那个女生，她一五一十地承认了错误。我正在暗自享受这份侦查成功的喜悦，那女生也在悄悄地发生变化，从此变得孤僻、内向、沉沦，本可以通过读书走进大学的姑娘，后来只能做一个普通而又辛苦的农妇。为此，我一直感到不安。前几年的一个冬天，我看见她头包毛巾，弓着身子，搓着双手在菜市场卖菜的情景，心头一阵生疼，以至于今天都不能原谅自己的过错。在后来的教书生涯中，我处理类似的事情成熟了很多，冷静了很多，也智慧了很多，偶尔有类似的事情发生，那些一念之间犯糊涂的孩子都得到了最好的救赎。

中午，我回到教室，伟哥居然将我喊出了教室。他要求不要再追查此事，并且信誓旦旦保证绝对不是寝室的同学干的，一再请求我放手。因为他担心这样会影响全寝室的关系，再说班级的舆论也让他们每一个同学都感到不舒服，似乎心头有了很多愤怒。

我深深地知道，伟哥及其家人也没有把这钱放在心上，我也理解孩子们珍惜三年的同室之情，但是我更知道挽救一个孩子该有多么重要。换位思考，他们如果是我，看着自己心爱的学生因为一时糊涂犯下错误，将会一生不安，背负着愧疚成长和生活，那该是一件多么残忍的事情啊。

我的孩子们，为了你们的健康成长，我能包容你们所有的错误，我能理解你们每一个举动，在我眼里你们就是心清如水的天使，我每天呼唤这一千块钱，其实是在呼唤那个走错路的幼小的灵魂，这不是追查是拯救啊。

两天之内，我每天都在教室里提醒，也在反复观察孩子们的表现。一个孩子终于出现在我的面前，他低头小声说："伟哥那钱是我拿的，我会把这件事情处理好的。"我们商量了最好的解决办法，虽然中间又发生过一些我始料未及的事情，但是最终还是妥善解决了，孩子的灵魂得到了救赎，他依然快乐地生活在我们的集体中。

第五章 风过有痕
DIWU ZHANG FENG GUO YOU HEN

金童玉女伴读记

　　时值中考，师生皆忙。余之弟子整整九十余人，勤奋者众，懒惰者寡。然则有二人背众之所行，屡劝不改，余愠怒而窃喜，免费让其伴读也，美其名曰金童玉女。故记之。

　　白鹤戏朝雾之时，弟子已醉诗书于书院，或诵读，或互背，琅琅书声传于九霄之间。余巡游其中，或指点，或答疑，或微闭双眼心旷神怡，看之，想之，中考辉煌指日可待矣。

　　正课时分，念其弱者文言不通，则带读片刻，大多精神抖擞，跃跃欲试，余问则弟子答，每有众疑者，必面全班讲解，然讲则必听。因余向之求弟子可不懂但不可不听，故弟子大多跟余之引导而行。然则一金童频频颔首，误以为对余之讲解赞叹也，待细看，呼其名，其愕然抬首，眼睛大红，精神萎靡，乃悟其久寐，余之讲解灰飞烟灭。余无奈，让其立听，使其跟读，竟颔首如故，眼红更甚。

　　蓦然回首，一玉女点头哈腰于教室之东北角，定神细看，书本横卧于课桌之侧，笔静睡于书之夹缝中，玉女早神游万仞，思接千载，疑其或小憩或走神。余笑之，轻唤之，众弟子哗然一片，玉女猛然一惊，大有失魂落魄之感，呜呼！盖玉女已睡矣。

　　余本欲怒之，斥之，忽觉于人于己无益也，顷刻灵感一动，让其立于讲台。金童立于左，玉女立于右，余则处其间，或闭目静听金童玉女之书声，或双眼巡游教室之间也，既戒之亦警之，此乃一箭双雕也。

金童者，CKY 也；玉女者，YY 也，听其书声琅琅时，待其考试优秀时，或寻求金童玉女替身之时，此三者任有一满意者，便可免去伴读之职责。望众弟子引以为戒，殷鉴身边，众人共勉，胜不骄，败不馁，乃常胜将军之风范也。

抹布排队记

我们班最大的亮点是教室干净整洁，但如果深入其中会发现，咱们班的抹布不讲规矩，大多时候就是聚集一堆懒洋洋地悬挂在窗台的栏杆上，或者东倒西歪于讲台椅子上。为此，王老师不知道提醒过多少次，后来也是束手无策，似乎只好放任自流了。可是，最近这些抹布犹如着了魔一般规规矩矩地排队，一张张整整齐齐地悬挂在窗台的栏杆上。

孩子们都没有注意到这个细节，老师为了考察孩子们的观察能力，曾经悬赏说："咱们班正在悄悄地发生变化，有些细节变得很不错了，如果谁发现了这个变化就到办公室告诉我，我将为你赋文一篇。"大家你一言我一语猜着，一会儿说粘贴栏里整洁了，一会说卫生角整洁了，一会儿说书柜里摆放有序了。不过，没有一个孩子注意到那排整齐的抹布。

家长会上，老师讲了这个教育的案例，也让家长仔细观察，寻找教室里最大的变化。这可激发了大家的兴趣，一个个左顾右盼、交头接耳，不过最终没有一个家长找出这个变化。当我遗憾地宣布答案的时候，家长们点头认可，这的确是一个巨大的变化。

时间大约过去两个月了，孩子们依然没有发现这个变化，

第五章 风过有痕

我不得不将抹布排队背后的故事"晒一晒",为给抹布排队的教练叫声好。愿我永远记住这个美丽的姑娘做的这件美丽的事情,愿我和我的学生都能从"抹布排队教练"身上学到一些东西。

话说晨晨姑娘让我有些操心,教室和寝室卫生扫除的时候,她总要给我惹麻烦,一会儿窗台没有收拾干净,一会儿地面有垃圾,一会儿大家都打扫,喊她做清洁置之不理。我本来想罚她做扫除,但是,我不希望大家把劳动当作一件耻辱的事情,于是决定取消她在寝室和教室打扫清洁的权利。对此,大家心里很平静,小姑娘也暗自高兴。优哉游哉一段时间后,她感觉自己被集体抛弃了,主动找我申请为班级服务。

"为班级服务是你的权利,也是你的荣誉,只要你发自内心想做事情,我觉得你不用申请。"我说。

"我改变了,为集体做了好事,但大家不知道,他们还是和往常一样瞧不起我呀。"小姑娘辩解说。

"你可以找班级生活委员要求打扫教室,也可以向室长申请打扫寝室。要记住,不是参与一种形式,而是真真实实地从事劳动,用实际行动证明自己是一个心中有集体的人,让大家从你的行动中发现你的进步。"我再三告诫。

我事后给生活委员和室长通了气,如果晨晨姑娘申请的话,他们要批准,并且让她和有责任感的人一起承担任务,如果她做得好要及时表扬。不过,隔了很久,我们都没有听见这个姑娘申请参加劳动,这再次坚定了我对她的看法,我真的无话可说,同时也无可奈何。

一段时间以后,这孩子又站在我面前,一把鼻涕一把泪地说想为集体服务。我不便戳穿她的心理,于是说:"我知道你真心要为集体服务,现在由你来承包一项艰巨的任务。我们班的抹布整理是个老大难，快两年了都没有做好，不知道你有没有能力做好这个工作。如果你敢于承担，就从明天开始整理，一直坚持下去，我不会在班级声张，你要用行动让大家感受到这个巨大的变化。"

　　孩子鸡啄米一般点头答应，我便把这个任务交给了她。为了让她更早地找到成就感，于是悬赏让同学们观察这个变化。不过孩子做事不免三天打鱼两天晒网，以至于大家都没有完全发现这个变化。我及时提醒这个姑娘，她每次都惭愧地吐着舌头说："我忘了。"

　　眼看学期结束了，这个姑娘在我的提醒下坚持了快两个月，我不能让她的功劳淹没。昨天晚上，我终于公布了答案，孩子们恍然大悟，在我的真诚赞美中，那位姑娘露出了笑脸，全班同学对她投以赞赏的目光。

　　这就是抹布排队背后的故事，主人公是班级成员LCC。看着她独立坚持为班级做了这么一件好事，我想我会记住她，我们的同学也会记住她。同时，对于任何一个有待转化的孩子，我们必须永远充满期待，努力为他们搭建进步的平台。付出一片真心，收获的将是欣慰。

第五章 风过有痕

最美是那轻轻地一跳
——记班级好儿男 YSH

临近中考，我们按照年级的要求规范地布置着考室，看着孩子们一丝不苟地做好了很多工作，我不得不感叹一年来孩子们的巨大进步，为此独自在心里幸福了一番。且不说一尘不染的地面，整齐的桌椅，也不说干干净净的粘贴栏，单是教室前后墙上校训和班训的覆盖工作就让我无比地惊叹。

晚自习时，孩子们按照我的要求认真复习古诗文的默写，他们两个一组相互提问，或者摘出自己最容易写错的句子强化记忆。我在讲台上望着他们，随着孩子们的读书声左右环视。这既是一种监督也是一种享受。突然，窗外一股风吹进来，后边班训上覆盖的白纸掉落了半边，这张歪斜的纸片破坏了那种整齐美。我决定课后安排学生重新将纸片粘贴上去，于是不动声色地继续凝听和环视。

"沉舟侧畔千帆过，病树前头万木春。"后排的 TYX 和 YSH 互相抽背着。YSH 将书卷成一个筒，左手捏着一边敲打着桌沿，一边点头背诗。他倏地站起来，很自然地走到脱落的那纸片下面，轻轻一跳，右手高举，那纸片规规矩矩地回归了原来的状态，恢复了原有的整齐美。

随后，他转身回到座位，继续背书。他俩一边背，偶尔因为背到自己感觉陌生的句子还会心一笑，相互鼓励。我把这个细节看在眼里，记在心里。YSH 在自然而然完成这个动作的时候没有看过讲台的我,他那轻轻一跳显得很自然,绝对没有丝毫做作之嫌。我的心情一时难以平静,思绪走进了记忆的门里。

这个男孩一向给我的印象是内向拖沓,骨子里有很多懒惰的细胞。但经过这么长时间的教育,他告别了"末位唱歌的舞台",开启了豪放的人生,改变了懒惰的旋律。虽然他看似对一切都无所谓,其实内心世界是丰富多彩的,有着自己独特的思想。

他曾经的作业写得很是潦草,就算完成也是简单地应付。可是我发现在他的作文里提及母亲的篇幅很多,并且不止一次地发誓要让母亲幸福。这个看似家庭很和谐的孩子,怎么很少说到自己的父亲呢?直到今年春季的一个日子,他妈妈才告诉我,孩子是跟着妈妈长大的。我觉得身在单亲家庭,这孩子有着这样的阳光面貌实在是一件值得庆幸的事情。我开始注意这孩子的内心世界,原来,看似很洒脱很酷的男孩,内心也有着最柔弱的地方。

中期考试过后,YSH 的成绩有所下降。我本认为考试成绩升降都是可以理解的,考虑到孩子们的感受,我都会找他们谈谈话,适当地给予最为真诚的鼓励。我和 YSH 的谈话就十来分钟,孩子很是感动,一个劲地点头。我在谈话记录里看到了他写下的感受:"老师找我谈话,分析了我成绩下降的原因,还反复强调名次下降可以理解,只是希望我能够找到原因,总结适合自己的学习方法。我好感动,老师那么关心我,那么在意我,我有了重新鼓起勇气的信心了。"

昨天,我读到他的作文《像优秀学生那样生活》。他在文中提到了一件小事:红歌比赛的那天,他上厕所没有用手推门,而是用脚踢门。我当时没有说什么,事后找到他谈到了这

第五章 风过有痕

件事情。这对孩子的震动很大,他没有想到这个似乎习以为常的动作破坏了他在老师心目中的印象,于是下定决心从细节开始,做一个地地道道的优秀学生。

关于 YSH 的故事还有不少,他那轻轻地一跳勾起了我的很多回忆,于是记录这些粗糙的文字,以表达一个老师对学生的真诚敬意。只有我们关注孩子的点点滴滴,才能教会他们用行动诠释"让大家因为我的存在而感到幸福"的真正含义。

老师,大家都说我爱她
——记一个优秀男孩的烦恼

他是一个优秀的小男孩,我把他当作班级的一盏明灯,号召全班同学向他学习。为此,他一直很勤勉,自入学以来包揽了大考小考的第一名。其他同学也不示弱,时常因为缩小了和他的差距而信心倍增,他因为其他同学的奋力追赶而更上一层楼。可是,在上次月考中,小男孩失败了,语文和英语的分数尴尬到了极点。我连忙找到小男孩,他竟然无奈地摇摇头说:"老师,大家都说我爱上了她。"

我们班的爱一直可以大大方方地说出来,孩子们的戏谑和调侃不足为奇,小男孩的烦恼才是我最关心的事情。我默默地注视着小男孩,内心充满了温柔的爱意和期待,希望他能将自己的苦恼倾倒出来。

沉默了许久许久,小男孩开口了。

"王老师,我知道自习课给同学们讲题对自己有好处,可是最近我很烦,觉得给大家讲题一点意思也没有。"

"好的,如果觉得这样的行动影响了你的学习,影响了你的心情,就马上停止,我待会儿到班上强调一下,把你解放出来,好吗?"

小男孩昂着脑袋,微微眯起眼睛,搓着双手。我知道他还有话说,便把自己对他的希望和最近的担忧说了出来,希望他能找到心绪不宁的原因,同时学会好好调整,并且很诚恳地告诉他:"我只能给你提醒,真正的救赎还得靠自己。"小男孩眼中闪着泪光。

"老师,上一次我给××讲题,讲着讲着就激动了,可能动作有点亲密,于是班上很多同学都说我爱上了她。其实真的不是这么回事,我知道中学生不能谈恋爱,可是大家老是那么说,有时候还起哄,搞得我很心烦,白天晚上都想这个事儿,总是因此走神,再也不想给同学们讲题了。"小男孩哽咽着说出了烦恼的根源,然后长长地舒了一口气。

我看了他一眼,很轻松地说:"原来是这样啊,这有什么大不了的嘛!那个小女孩的确很有魅力,大家见你们那么亲密便误会了,同时他们也觉得你如此优秀的男子汉配得上这个漂亮的女孩,如果你真的喜欢她也没有什么大不了的呀。说说你对这个女孩的感觉吧。"

气氛缓和了很多,小男孩完全放开了。

"要说××同学,很善良很活泼,主要是歌唱得很好,大家都很喜欢和她玩。我给她讲题也感觉很舒服,她也总是问我问题。"小男孩说得很轻松。

"还有呢?"我问。

"嘿嘿,还有嘛,就是觉得她长得很乖呀。"他毫无顾忌地说出了心里话。

第五章 风过有痕
DIWU ZHANG FENG GUO YOU HEN

"如此优秀的同学，你真的不喜欢她？"

"嘿嘿，我有点喜欢。"他很不好意思地摸摸自己的脑袋，仰起脸腼腆地笑了。

"我很高兴你真正长大了，再也不是从前那个闷头学习的傻小子啦，你对××的喜欢证明了你的眼光。学会关注异性喜欢异性是一种成长，不过大千世界，我们遇到的人千千万万，就因为一个异性同学就满腔烦恼，甚至影响学习，值得反思。学会与异性交往也是一种智慧和能力，你的烦恼就是缺乏与异性交往的智慧，激动了动作就亲密，难免让同学们误会呀。再说，大家都说你爱上了她，你就感觉烦恼，纯洁在你心中啊，你怎么不相信自己的心，反倒相信别人的言谈呢？不要太过在意他人的评价……"

我们谈了很久，男孩的心结似乎打开了，很高兴地离开了办公室。

我找到了小男孩最要好的朋友，希望他去开导开导小男孩；同时集合了小男孩的室友们，建议他们利用周末出去"搓一顿"，聚在一起放松一下，说出自己的心思，相互劝说劝说，尽量把心态调整过来。

我还在班上说到了类似的现象，告诉大家调侃是快乐的催化剂，但是一旦过火就会伤害别人，然后用幽默的语言说："我知道有贼喊捉贼的现象，可能正是你自己喜欢××，反倒叫嚣别人喜欢××，这种行为别人看不出来我是看得出来的哟，希望个别同学收起你的醋瓶，那些起哄的同学肯定也别有用心，醉翁之意不在酒啊。"

后来，我还单独找到一些信口开河的同学，教他们怎么说话，不要因为玩笑伤害了别人，也不要因为无聊的玩笑破坏了同学之间的友谊。我对那些孩子说："世界上的人都是不同的，所以我们不能只站在自己的角度去思考去说话，一定要学会考虑他人的感受。"几个孩子也很高兴地接受了我的教诲。

周末回校，我在楼下就听到教室里闹哄哄的，男孩女孩闹在一起很是开心。后来，那个烦恼的小男孩走到我面前悄悄地说："王老师，我们几个同学周末在一起摆谈了一个多小时，现在心情完全好了，恢复到从前的明朗状态，学会了正确对待他人的言论，不要太在意别人对我的评价。谢谢王老师！"

"呵呵，心中有爱就要说出来，你得感谢大家帮你说出了心中的爱。好小子，加油！王老师永远相信你。"

自此，小男孩阳光满面地穿梭于女同学中间，或讲题，或"疯打"，或玩笑，好不开心。我想当他真正成熟后回忆这段往事，会感到很幸福的，因为他曾经有过"大家都说我爱上了她"的青春故事。陪着孩子谱写青春故事的王老师也会感到幸福，因为我教会了青涩的孩子们如何表达自己的爱。

光阴荏苒，我的初2011级五班已经成为过去时，在离别的时候孩子们都想给我送点礼物，我一律回绝了他们。班长很遗憾地对我说："王老师，你带了五班三年，我们没有给你留下点什么。"是的，孩子们没有给我留下半点物质的东西，可是当我收拾这些回忆的时候，我发现他们留给我太多的东西，那是用金钱无法衡量的，这是一笔宝贵的财富。五班的成长也是我的成长，在这个过程中，我感悟到的这些东西将有益于今后的工作。

第五章 风过有痕

老师，我要两个棒棒糖

我正在办公室批改着学生的周末练笔，"多金公子"闯了进来，笑嘻嘻地看着我。

"王老师，我来看看周记。"他一边说着一边从周记堆中抽出了自己的本子，径直翻看我的评价等级。这家伙很期待能够得到最佳的评价，我知道对于今天的周记等级他有点失落。

"你看，文章题目是'那一刻'，而你在文中描写的那一刻却极其简单，简直就是一笔带过，如果能把遇到小狗攻击时自己内心那种恐慌的心理刻画出来就好了。这其实就是在片段练习时我要求你们写的特定情境下的特定心理呀，你完全可以写出自己内心的那种紧张和害怕。如果能够在这一段的基础上再加上两段描写，文章就好得多了，至少突出了特定的时间'那一刻'啊。文章结尾的点题'临危不乱'的成长还是可以的。"我很耐心地对他的作文进行了指导，孩子也很乐意，马上加上一段心理描写。

"喂，你中期考试能保住现在的成绩并且稍微进步一点吗？"我问。

"我就是担心阅读啊。""多金公子"扭扭身子显得有些不自信。

"我只关心你的基础题能不能保证不扣分，至于阅读，我从课堂上发现你并不差，甚至还觉得比部分同学还好一些呢。"我这样说着。

"我可以尽量保证基础题不扣分。"他似乎有了很多底气。

"好，我喜欢你这个样子，有足够的自信，千万不要在心理上打了败仗。那你就好好努力吧。"

快上课了，"多金公子"抱着一沓日记本还舍不得离开，最后终于羞涩地开口了："王老师，我想要个棒棒糖。因为昨天和今天我表现都很好，老师表扬我了，值日班主任也表扬了我，我觉得应该奖励我一个棒棒糖。"

"真的吗？这个是该奖励了，两天都受到表扬可以奖励两个棒棒糖。不过，棒棒糖吃起来太慢，我可不可以给你换成雪粒滋呢？这个吃起来很快，撕开放到嘴里就能品尝到胜利的滋味，行吗？"我很开心地说。

孩子答应了，我顺手将袋子里的糖果给了他两个，嘱咐他塞进兜兜里，千万不要让其他同学知道了。孩子很认真地将糖放进口袋，开心地一溜烟就跑出了办公室。

"老师，我要两个棒棒糖"，这是多么幼稚和质朴的要求，我不禁为自己叫好。进入中学以来，在频繁的大小考试中孩子们被折磨得身心俱疲，随着青春期的到来，他们开始有了烦恼，尽管我板着面孔教训过不少孩子，可是他们依然保留着那份天真。不由得想起名人的一句话——让孩子们童心保持得最久的教育就是最好的教育。我有点飘飘然了，情不自禁在心里为自己叫好。

我祈愿有更多的孩子能够自信地对我说："王老师，我最近表现很好，你应该给我棒棒糖。"

第五章 风过有痕
DIWU ZHANG FENG GUO YOU HEN

人呢？人呢？

我一向自诩对班级的蛛丝马迹了如指掌，多次大言不惭地说孩子们有多少根头发我都能数得清。不料昨天下午的事让我一头雾水，压根儿不知道全班同学跑哪儿去了，两把密码锁板着脸把守着大门，教室里一片漆黑。看着邻班教室里满当当地坐满了孩子，我还以为我班的孩子被哪个任课教师或者年级组喊去参加活动了。

之所以如此猜测，源于我对班级的了解。我的五班被人喊去搞活动是家常便饭；热血五班舞蹈合唱特棒，曾经走得开不起课；创新五班多次被借用上课，全班正业荒芜；慧学五班跳绳队一走，课间操就剩可怜兮兮几个人。想我下午参加党员学习没有看手机，再加上是轻松的下午，说不定哪个老师临时有事课外时间借用全班也是正常的事，于是心安理得地打开教室门，自顾自地调弄着我的摄像机角度。

搬桌子，找位置，试摄像，不知不觉时间就到了六点二十，我的手机一点反应都没有，也没有听说年级对五班有特别的任务，再说这样集体失踪的现象从未有过，别说慧学五班没有，我所带领的班级全都没有发生过类似的事情。眼看我的第一节自习时间就要到了，且不说每天必有的夕会课。这着实让我有点纳闷，真的不知道该问谁，闹不好让领导知道了还有问责和批评。不过，为了查清真相，我也豁出去了，谁叫慧学五班的学生集体不见了呢？

我翻开手机，在班主任群里问："谁知道五班今天有什么活动吗？五班学生全体失踪了。"年级老大春哥儿第一时间回应，说年级对五班没有什么安排。我发去一张教室里除了孤独的桌椅再无人气的图片。我想到走廊上站站，看看能不能听到声响或者看到踪影，反正孩子们不会有什么危险，无非是大家欣赏美术作品全体陶醉了吧？我等等。

"王姐，还没回来吗？年级今天也没有得到通知，全班到底跑哪去了哟？"春哥儿笑眯眯地从对面走廊走过来。

我还没有回答春哥的问话，忽然听到楼下有急促的大部队脚步声，便对春哥说："哟，楼下有脚步声，估计回来了。"这时几个红彤彤的面孔在楼道口出现，舟和琪跑在最前面，上气不接下气地与我打招呼。我问："你们集体逃跑到哪去了？"舟气喘吁吁地说："霖下午参加主持人大赛，我们全班去给他当亲友团了，要投票嘛。"我连忙夸奖说："搞得好，搞得好，应该的。"

话说我虽然平时把孩子们捆得很紧，但是班级的孩子们如果有啥活动，我觉得有意义的绝对支持，有些同学参加什么比赛都会给我说，要求大家投票，我常常振臂高呼，帮他们炒作人气。最有印象的是创新五班，当时杰、之、林参加歌手大赛进入了决赛，杰自己在班上拉票，我知道后动用了能够动用的资源，决赛场上就他们三个选手亲友团阵容最强大，鼓掌的，呐喊的，加油的，连当时评委邓老师都说即使不得奖也过了一把明星瘾。后来年级领导刘主任也说过："五班为什么有那么大的能量，那是因为班主任把全班同学紧紧团结在一起。"

上次鸿要参加器乐大赛的时候，他自己在讲台上对全班同

第五章 风过有痕
DIWU ZHANG FENG GUO YOU HEN

学说:"明天要参加器乐大赛,我的排名顺序靠前,欢迎大家到场观看,也拜托大家给我投上一票。"呵呵呵,一说起要投票,我就开始活跃,为孩子拉票,让他在活动中找到自信。这个任务很光荣,我便私下找班主任联系,最后干脆在年级班主任群吼起来,殊不知这一吼带动大家都为自己班的孩子拉票了。我在班上鼓动说:"虽然明天要中期考试,但复习不在于那么一两个小时哈,你们都去给鸿投票、鼓掌,发挥个人魅力尽可能地为他拉票哟。"

鸿那次比赛因为乐谱不熟悉被扣分不少,但是全场人气是比较壮观的,甚至科任老师们都抽空去拍巴巴掌了。

孩子们一瞬间就堆满了教室,围着我叽叽喳喳地说个不停。

"霖今天表现得不错,主持人和评委都点评到了。"

"哎呀,他的顺序排到最后,大家都去上晚自习了,下面的观众除了评委就是我们班的同学。"

"我们不守着的话,今天的比赛就没得意思了,霖很孤单的。"

原来是这样的哟,我终于明白全班同学的苦心了。我问是谁倡议的,因为我压根儿忘记今天有主持人大赛,更不知道霖要参加决赛呢,早晓得我就要为他好好"炒作"。我说:"你们没有一个人想到我吗?我不仅可以为他拉票,找观众,还可以拿出手机给他拍点照片啊,这么重要的时刻居然没有照片,再说你们这么强大的亲友团也该合影留念啊。"

孩子们尴尬地笑笑,咕噜着说没有想到,还有一个原因就是观众席人太少,走一个就是不小的损失。

人呢？人呢？全部给班级同学呐喊助威去了！要知道慧学五班百分之九十的同学都是惜时如金的，要让他们拿出一个小时守在现场为同学呐喊助威还真的有点奢侈，何况此时此刻已经是夕会时间，完全可以借机溜回来完成自己的作业啊，没有想到全班同学齐刷刷地都在现场，这是一种怎样的团结啊！其实他们回来的时候，每个人手上都拿着作业，他们告诉我说："不晓得要多久才轮到霖，在教室做作业不太安心，干脆就把作业拿到现场边听便做，一举多得。"

　　人都是在活动中成长得最快，不只是活动的参与者受益，每一个投入的旁观者也会受益。这是一次自发的行为，我想让幸福的种子在孩子们心里生根发芽，并坚信它一定会枝繁叶茂，参天耸立。

　　什么是班级文化？如此这般发自内心去遵守，去行动，且觉得理所当然应该做的时候，班级文化就真的形成了。

第五章 风过有痕
DIWU ZHANG FENG GUO YOU HEN

快点，笑嘻嘻地回去

我刚刚从教室出来，三个小男生就羞答答地来找我了。我以为昨晚在寝室发生了大事儿，连忙问："怎么啦？你们昨晚在寝室闯祸了吗？"几个小家伙忸忸怩怩地晃着身子，小声对我说："不是的，是体育委员鸿昨天体育课上'撅'了瑾一节课，瑾实在忍无可忍了，必须找你告状。"

原来是这样啊，我静静地微笑着听他们三个叽里呱啦说着事情的原委。大概是鸿给瑾取了一个绰号，反正不太文雅，瑾很反感，便和鸿有些矛盾。两者从性格和力气来看，瑾都处于弱势，自然在体育课上表现也要"婉约"一点，鸿就"公报私仇"，以体育委员的身份奚落瑾，用方言来讲就是"撅"，闹得瑾昨天下午体育课哭了半节课，鸿熟视无睹，觉得快意恩仇。

"有这等事情？你怎么不告诉体育老师呢？你昨天下午怎么不找我呢？哎呀，我好失望啊，还自我感觉良好，一直认为是你们的坚强后盾，原来你们根本就不需要我啊，我抗议哟。我其实也受伤了，如果你不找我，人家'撅'你你给他'撅'回去，或者来一个我就是百毒不侵，我也就为你感到欣慰了。可惜，你还怄气哭了一节课，这就不应该了嘛。"我假装很失落地抱怨着。

瑾转移了注意，由刚才的气急败坏转为关注我的情绪了。他连忙解释说："不是的，王老师，我本来还是想自己去解决的，打算昨晚上回到寝室与他好好交流交流，毕竟是朋友，我不愿意彼此把关系给搞僵了，到时候相处起来很痛苦、很别扭，哪晓得昨晚上我喊他，他理都懒得理我。"

说到最后一句，瑾神色黯然，垂着眼皮要流泪的样子，陪他来的两个同学也开始附和，大大地鸣不平。

我嬉皮笑脸地说："瑾，我在你这么大的时候，遇到这件事情也会生气，但是不会让人'撅'我半节课，只要认定他是'撅'我，我就会怼回去，把场面搞大，反正你不让我好过，我也不会让你好过，搞僵就搞僵，无视一个同学对于我来说小菜一碟。不过，现在的王老师就不会这样了。他'撅'你的目的是让你伤心，你就真的伤心了，明明就是伤害自己成全别人嘛，他怎么不会乘胜追击呢？你完全可以微笑着警告一句，或者直接跑到体育老师面前要求伸张正义。"他们几个笑了，瑾推推眼镜也不那么生气了。

"还有啊，他给你取的绰号很恶心，你要微笑着回击说他呀。你说本来我一直很佩服你的，原以为你水平很高，从你给我起的这个绰号来看水平极低，还透露出你内心装着不少脏东西。不信，我们下课了去找王老师评评，她说你给我取的绰号不错，我就笑纳；如果她说不行那就只有你自己用了，当然我会向王老师请求，请她把这个绰号赏赐给你。这样不露痕迹地对他说，一箭多雕。你不懂得用语言这种武器，只晓得一个人在那儿怄气，哎呀，我同情你，但是希望你以后要有一点方法啊。"我继续调侃着做工作。

"我们觉得鸿就是有点欺负人了。"旁边两个同学帮着瑾说。

我连忙附和："是的，太不像话了，你应该生气，生气是一种态度，表明对他这种行为的强烈抗议，但是你不应该怄气。怄气是对人家的一种成全，对自己的一种伤害，本来被别人欺负就很不幸了，你还自己伤害自己一把，就是雪上加霜。

第五章 风过有痕
DIWU ZHANG FENG GUO YOU HEN

记住以后坚决不要怄气,不过要你现在做到有点难度,王老师四十岁以后才修炼成功,我把这种功力传给你。"

瑾心情平和了,舒口气对我浅笑,我也笑笑。我看看墙上的挂钟商量说:"马上要考试了,为了不影响你们的考试,等到考试结束我来帮你讨回公道,你觉得可以不?"瑾点点头,说一声:"谢谢王老师。"他们便准备走出办公室,我连忙说:"鸿晓得你们来找我反映情况了,你们如果情绪低落地回去,他会在心里窃喜,还以为我不敢对他怎么样,请你们调整一下情绪,笑嘻嘻地回去,特别是在鸿面前要表现出笑得很开心的样子。这样鸿就会很忐忑,也会很嫉妒,内心一定会波澜起伏。"

他们三个嘻嘻哈哈地走出去,我在后边追一句:"快点,笑嘻嘻地回去!"

推一把似乎比拉一把要好点儿

生活中，我们总希望在方方面面被人拉一把，减少许多成长的弯路，而班级管理中，我愈来愈觉得在孩子们的成长路上，有些时候推一把似乎比拉一把更有意义。

我一直观察这一届两个班的学生，他们显得都比较闷，其原因有性格方面，也有学习方面的，也不排除孩子们在成长环境中所养成的习惯使然。比如让他们大声说话大声读书，不少的孩子就只是蚊子哼哼一般，还有个别喉咙里似乎永远不能产生声音。开头我还心急火燎，如果真的是性格原因应该得到尊重，但我的慧学五班的孩子们应该不是这样的，至少从我的观察来看，有一部分人是有能力也渴望展示的，然而他们习惯坐等老师指派。

昨天的信天游仿写中，要求孩子们用直白的文字，简单的形式，说说开学的生活，乱七八糟都可以说上几句，每个人都能写一点信天游，孩子们一下子来了兴趣。我说明天还要仿写《安塞腰鼓》里面的精彩段落，写我们熟悉的生活，大家准备合作朗诵《安塞腰鼓》中自己喜欢的段落，我来录制一两分钟的视频，播放后大家用文字描写出来。大家都很感兴趣，课后一个个小组都在认真准备。不过，每一个小组都有那种无论怎样威逼利诱都拿不出精气神的孩子，录制出来整体效果也不太好，再说人少了气势也不够，我灵机一动让大家自由组合一个朗诵团队，说愿意的就举手。

我知道霖的朗诵水平很不错，他也喜欢朗诵，料想这个朗

第五章 风过有痕
DIWU ZHANG FENG GUO YOU HEN

诵他一定会主动举手，并且以迅雷不及掩耳之势举手。可是，他没有举手，两眼渴望地看我一眼，等我望他的时候又装作若无其事，有点冲动吧又压下去悄悄看着我的反应。我完全理解孩子的心理："老师，你选我吧，快点呀，你选我吧。"还有瑞的朗诵表情、肢体语言，对于文字本身的演绎水平都不低，但他就是猫在座位上，双手捂着嘴巴乜斜着看我的反应。豪也是很想表现的，他耷拉着眼睑，装得若无其事的样子，一副你喊我我就好好表现，不喊我也无所谓，或者，班上就这么几个朗诵的，要组织精良队伍，应该少不了我的样子，他假装翻着书本，表现得若无其事。

其他同学都很踊跃，我把举手积极的同学组建成一个朗诵团队，把座位也临时调到了一起，让他们去排练，准备录制视频。这下那几个开始急眼了，发现我压根儿没有要请他们参与的意思。他们几个连忙说："王老师，王老师，我们几个也坐到一起，组建一个朗诵团队。"我爱理不理地说："明明你们比谁都会朗诵，也喜欢朗诵，老师说出这样的安排就算给老师一个回应也该主动些啊，总要装作清高来让别人请，机会是自己的争取的，连自己都放弃了还能奢望别人注意到吗？我的要求是主动组合，所以满眼都是主动举手的同学。"

后来，他们组建了一个队伍，朗诵排练也很尽心尽力，在最后环节因为两个女生气势跟不上，自然没达到预期的朗诵效果。

我心里咯噔一下，明明这些优秀的孩子可以展示自己，怎么一点儿反应都没有呢。如果是我年轻的时候，会把主动举手的同学选定后，再千方百计找个理由把我期待参与的那些同学也加进来。近些年我不这样了，班主任不能因器重学生而随时把他们拉着抱着，如此惯学生久而久之会使他的失去狼性，失去主动求生的本领。

　　不得不说说我自己的故事了。读书十几年，我从来没有举手回答过问题，小学的时候同班同学基础差，我还算比较有灵气一点儿的，每当有问题需要回答，即使我不举手，老师也会第一时间叫我。我从来没有主动要求当班干部，但是因为成绩比别的小朋友好，同学们自然把票投给我。评优选模的时候，我从来都没有争取过，老师们自然第一时间想到我。整个小学阶段，班长、三好学生，大大小小的荣誉非我莫属，那一个得意啊，认为世界上如果没有我，老师们简直没法活。

　　我以高分成绩考进当地的重点中学，进入人才济济的班级，我在穷乡僻壤那点光环早都黯然失色了。因为自小被呵护，习以为常得失去了主动争取的能力，回答问题、班干部、三好学生等也与我无缘了，如果不是老师偶尔喊我回答一个简单的问题，估计一辈子我都不会发言。那个时候，我觉得整个世界都不公平，小小年纪开始厌恶这个世界，痛恨这个世界，我不喜欢中学的老师，不喜欢我的同学们，更不喜欢我的中学生活，骨子里的傲气让自己变得自私、敏感、小气，甚至还有严重的嫉妒心理。尽管我在成长中慢慢地自我调适，考进了师范，站上了讲台，但我的整个性格和人生观都是扭曲的。

　　2000年的时候，我调入巫山县秀峰中学，完全陌生的环境让我摆脱了曾经的阴影。一群老师见我勤奋、直爽，领导也看我工作勤勉与世无争，都很包容我，鼓励我，评优选模时给我支持，有机会展示也主动安排我，即使我不愿意，领导也会狠狠地推一把，毫不退让地说："就你了，要出丑你也自己去出丑。"老师们请我写个总结，看个文章，也都是一句话："就这样，我等你给我啊。"我那时做了很多事，人际关系、专业和写作都得到了空前的锻炼。

第五章 风过有痕
DIWU ZHANG FENG GUO YOU HEN

想想伟大的秀峰中学，善良的同事，如果他们当时不狠狠地推推我，真的没有今天的我。也正是在秀峰中学的工作中，我学会了反思自己，学会了主动争取，学会了眼视前方，我变得大方、开朗、宽容，能够体谅人、善待人，也能够尊重自己的内心，明白人生的机会是需要自己争取的。

我在秀峰中学的成长改变了我的教育思想，那个时候起我不再把很多看似不经意的专利给一些优生，我开始实行真正的公平教育，也就是我后来能够得到很多当时成绩很差的孩子的喜欢和惦记的原因，他们有些夸张地说我是他们人生路上的导师。是的，成长路上拉我们一把的是恩人，成长路上推我们一把的是贵人。

我愿成为孩子们成长路上的贵人。

作弊我也认了

我向来主张有话当面说清楚，一直不希望我的孩子们有啥事只反映现象，把我弄得像个警察，犯事儿了都得让我找证据，问证人，这不是班主任所干的事情。如果班级的同学达不到这种境界，就承认一切都是好的，这不算是自欺欺人。

有人说班级有同学考试作弊了，但是坏笑坏笑的样子让我不喜欢，我说考试作弊我也认了。

自从班级展板"状元第一宁有种乎"上墙以后，孩子们对待周周清考试的态度端正了很多，为了让班级一些理科高手能够挂到最前面，我取消了将作文成绩算入总分的决定，这个分数就不存在任何争议，能让孩子们真刀真枪地比试一回。周周清考试时，孩子们格外认真。考数学的时候，我考前提醒，考中提醒，交卷前五分钟还提醒，看到无所事事等待交卷的现象消失了，想必数学成绩会有所长进。

第三节课考物理，一个年轻老师想磨磨她的展示课，请我去听听，我便请了一个同学代替监考。经过一年多来的教育引导，孩子们基本上能够做到诚实守信，但这回老师不在，成绩又要排名，交卷的时候，个别孩子情不自禁地向同桌试卷瞟瞟自己没有把握的选择题，这个也是难免的。

周一的"温馨提示"里有一张小便笺，科代表在上面写着："物理老师说这回测试个别人有抄袭现象，不过，他说给你们留点面子，请同学自重。"我随便问了一句："孩子们，我不在的时候真的有人作弊啊？是哪些人左顾右盼了？物理老师

第五章 风过有痕
DIWU ZHANG FENG GUO YOU HEN

没有说出来吗?"

大家异口同声说:"物理老师没有说名字,只是说怀疑有人作弊了。"连写"温馨提示"的同学也这样说,似乎是真的不知道哪些人作弊了。我想:"物理老师可能也只是怀疑,因为本次考试成绩满分多了几个,整体成绩有所上升,他觉得不可思议便这样说了。或者他知道是谁作弊了,但压根儿不想把这件事情上纲上线吧。"不过,要是我一般不会这样说,即使有这样的怀疑,也会在班上表扬孩子们,借助这次东风鼓吹他们是如何进步,答题是如何规范,消除满分的神秘性,告诉他们物理考满分应该是一种常态。

不知道便是不存在,我向来是这样的主张。既然老师和同学都不知道作弊者的名字,我也不兴师动众去查了。

"周周清成绩出来了没有哟?"我朝天这样问道。

孩子们大声说:"出来了,这回好多并列名次哟!"

"最高分是多少?"

"满分,210哟!"

"嗨,不错不错,我就说你们是很了不起的嘛,一切都有可能,谁英雄谁狗熊,历史都在不断改写哈。"我乘势进一步引导。

"满分和208分的起堆堆。我们组有三个都上208分了。"一个组长很自豪地说,语气里也有不可思议的感觉。

"208分的举手,举手,我看看,一、二、三……没有了,怎么只有八个,不是起堆堆吗?这么小一个堆堆,欺负我没有见过优生吗?要知道咱们班是雪松班,208分不上个三十个就不叫起堆堆,你们就是对自己的要求太低,或者说没有远大的目标,要知道王老师可是连续带了好多优秀班级,优生起堆堆起串串见过不少,慧学五班真的没有让我长见识。但是我今天也很高兴了，虽然只是起了个小堆堆，至少有了良好的开端，希望大家每次考试都要这样考。"我唠叨着说教。

晚自习，我让科代表在电脑里统计了成绩，并且要求大家立即更新展板上的排名。

两个男同学进办公室来了，他们递给我成绩单，用一种超越他们年龄的眼神和语气对我说："成绩出来了，这回水得很。"

我连忙追问："怎么水了？有谁水了？你们知道什么？快点告诉我。"

俩孩子忸忸怩怩地说："我们不能说，说了人家不高兴。"

"快点说，是谁，给你们一秒钟的时间说出来，过时无效。"我紧追着问。

他们吞吞吐吐，含沙射影，其实不用他们说我都知道他们要说谁，即使真有作弊的现象让他俩不能接受，考试结束也应该告诉我。既然说自己不能说那就啥都不用说，这种既看不得人家吃肉又希望别人挨揍的心态是我不喜欢的。我向来主张有话就说有屁就放，认定自己是对的，就没有什么不能说和不敢说，要么就把自己嘴巴闭上，当面不说背后乱说在五班坚决不能纵容。在他俩不明说的情况下，我拍板决定说："我给了你们机会说，但是你们没有把握住，从这个时候起，我信他们不信你俩，我不相信他们作弊，即使作弊，我也承认他们这次的成绩。你俩这种明知不对却不当面制止的作为让我失望，你俩不在事情的源头堵住，结果出来了发现自己的分数落后了就开始揭发，揭发别人也不耿直，还想在王老师面前装神秘，我会被你们牵着鼻子去一查到底吗？这件事就此打住，我若听到从你俩嘴里透露半个字就不会饶恕。"

我笑眯眯地回到教室问："周日晚上物理周周清，真的有

第五章 风过有痕
DIWU ZHANG FENG GUO YOU HEN

人瞟了答案，没有把持住自己吗？"话音刚落，有两三个小家伙忐忑地看着我举起了手。我回避了他们，假装一个都没有看见，接着说："我理解大家想考个高分的心情，但方法不可取哟。要知道王老师的学生必须慎独，我在与不在都要一样，你们在生活方面都能慎独，考试方面更应该做到，否则，真的不配做我的学生，我会对你们很失望的。"

说了这几句话，我就把成绩粘贴上去，大家纷纷试探着去看自己的名次，我出来进去，进去出来好几趟，没有发现教室里有异样的气氛。

晚自习结束前，我说："同学们，每一次考试成绩都有生命期，本次考试大家进步很大，虽然名次波动大，但是分数却有明显的上升。虽然物理老师说个别同学有作弊的嫌疑，但是他一直都没有对我说是谁，我选择信任大家。既然他没有点名，我就不会捕风捉影，我永远相信你们。既然这次考好了，你就抓着考好的自信一路向前，真金不怕火炼，下次继续考好。"

我说完便扫视全班，刚刚忐忑举手的三个小男生长舒一口气，很感激地看着我。

化愤怒为感激

我走进教室还没站稳,霖就哭丧着脸向我走来,吓得我以为他生病了,连忙询问发生了什么事情。霖满脸委屈地对我说:"王老师,王老师,我昨天下午因要参加团校学习提前吃饭了,自己把碗洗得干干净净,今天早上看见里面全是残渣,有同学很恶毒,想害我,把我的碗当作渣盘用,我实在很气愤。"

看到他要哭要哭的样子,我也觉得很同情他,但是如果我表露出我的同情,无疑会放大他的愤怒和痛苦,于是压抑着心情,表面很平静地说:"大气点,别人没洗自己洗了照样用,作渣盘严格来说比直接用还卫生些,我们在家里都没有渣盘,每次都是随便用一个。没事儿,你要相信我们五班绝对没有那样的傻瓜做那样的傻事儿,也许有些体尖回去吃饭的时候,一时着急放在里面了。"听我这样说了,霖的脸色稍微有所缓和,但我完全看得出来他是不接受的,心里的难受根本不能消除。

苦于自己有早自习,再说一时半会也不知道怎么处理这件事,五班的孩子不会这样做,兴师动众吓唬说调看监控也没必要,上报年级让领导大肆查,抑或无端地怀疑体尖学生吗?其实不管是谁,我宁愿希望孩子不是故意的,退一万步来说真是五班有人故意的,我也要把这件事情化小,让当事人自我反省。于是,我一边在教室巡视,一边思考,希望有最合理的方法,化解霖的满腔怒火。

课前,我在黑板上写了两行字:"人生最大的价值是让人

第五章 风过有痕

感动,人生最大的享受是被人感动。"孩子们看到这两句话,有几个连忙把它抄写下来。我开口说:"同学们,把这句话记住吧,人生的价值和享受是有区别的,我经常被你们感动,感谢你们让我享受到这份快乐!"

"我看起来大大咧咧的,其实心还是很细的,心眼也是很小的,有时候敏感自卑,是你们让我逐渐强大起来。昨天体锻时,大家都在跳梯坎,尤其是单脚跳的时候,睿跳得很吃力,我一直盯着,好几次看到他都要把腿放下来歇息,他居然始终坚持脚不落地,硬是坚持跳完了最后一步。我想有这种坚持的精神,睿想做啥事儿不能成功呢?"我漫不经心地说。睿没有想到这个细节被我看到眼里了,他简直乐开了花。

我接着说:"还有,豪体育不错,跳那个梯坎比较轻松,但他并没有轻视,而是一鼓作气超越了提前起跳的同学,这就是不等不靠,敢于超越的精神。我有实力就要勇敢地超越,不断地突破,每个人都有长处,敢于不断地刷新自己,我们还担心学习搞不好吗?中考考点不会变,我们的智慧和努力是无穷无尽的,我希望大家要有一双慧眼,看到这些榜样,见贤思齐。"

豪也觉得来了好运,考了第一都没有感动我,跳个梯坎还得表扬了。

我扫视全班同学,每个同学都正襟危坐。我继续说:"今天早上霖也让我感动,他的碗被别人当作渣盘用了,居然还没有给他洗。霖让我转告那位同学,他很感谢别人在需要的时候无意中用到他的碗,被需要也是一种存在感,如果那位同学能够给他洗了,他会很感激的。其实我都很同情霖,也担心他受不了,不料一年多来,他成长了不少,胸怀变得宽广了,不为这些小事儿闹心,他能换个角度看问题,即使碗被当作渣盘用了也能心生感激，这就是大丈夫的表现。"

　　话音刚落到"碗被当作渣盘"，教室里就笑开了，听我说到霖很感激的时候，霖一下子也笑了。全班同学都看着霖，眼神里有了崇拜和羡慕，似乎觉得他很幸运，被需要了。当然，大家在对霖刮目相看的同时也有人被鄙弃了，有人说用别人的碗作渣盘可耻，有的说用了给别人洗洗嘛。我没有环视全班，我想即使那个犯错的孩子是五班人，在这样的议论中他也会反省自己的。

　　教室的氛围一下子活跃了，我开始了今天的正课教学，孩子们都比较投入，霖也很快乐。

　　我一直关注着霖，一直没有看到他有垂头丧气的样子，估计他已经把这件事淡忘了。我不由得有点小激动。看似忍无可忍的事情换个角度，换个说法，一切都会云淡风轻，生活中大事小情真的没有必要事事较真儿，退一步海阔天空，忍一时风平浪静，因为举头三尺有神明，到头来是是非非真的没有放过谁。敏感小气的愚娘早已不存在，我总希望把自己四十多年的人生体验能够传授给孩子们。

　　心里有阳光世界就有阳光，心里有高分考试就有高分。既然事情已经发生，就不要去纠结和痛苦，唯有豁达才能真正成长。

起起落落的人生才有趣味

　　考试结束了，面对起起落落的成绩，老师家长和学生都难以淡定，分数领先的不满足，分数落后的不甘心，进步的心花怒放，退步的心如刀绞。其实，考试分数浮沉升降乃属自然现象，我等只能尽人事听天命，常胜将军、独孤求败未必真快乐，起起落落的人生才有趣味。

　　十多年前，我们几个同事在一起聊起青春往事，大家都说起自己的初恋，把当年的那份美好作为笑谈互相分享，唯独我当年因为太过普通，即使使出九牛二虎之力也没有吸引异性的目光，青春时光有点平淡，一点谈资都没有。一个男同事很轻蔑地说："我说王老师，不怕你现在教书好像比我们得行，领导和家长对你评价还可以，我倒觉得你这一辈子划不来，青春时期没有几次失恋的人生是不完整的人生。"哎哟哟，我原本觉得自己青春时光心无杂念，心静如水值得骄傲，被他这么一说，我真的觉得好没有意思啊，我的芳华怎么就那么荒芜呢？

　　原来失恋的痛虽然刻骨铭心，但是成为过往以后却是一笔丰厚的财富，茶余饭后说起初恋永远都是津津乐道的，叹我青春情感没有波澜，便少了中年的谈资。

　　我们的学习和事业同样如此，认真做事不一定能做对，用心做事未必做得好，天道酬勤虽然是真理，但是上天也有打盹的时候，偶尔一时半会没有顾过来，即使我们再勤奋，也未必得到天道的酬谢。再说，我们自己勤奋，别人也未必就在躺着睡大觉嘛，天道酬勤也还要看基础、智商等其他条件嘛，咋能一个模子酬谢呢？

　　我的博远二班几乎成了我的痛。一年多来真的不敢有半点懈怠，孩子们也不讨厌我的语文课啊，平时凭借我的三寸不烂之舌把他们一个个鼓动得跃跃欲试，也把平生积攒的经验传授给他们，每次都期待一次考试让大家翻翻身，可是每次都是粘锅的咸鱼，不仅没有翻过身来，还撕脱一层皮，伤痕累累十分尴尬。说真的，愚娘教了三十年书，真的没有被如此碾压过，想过去都是我叱咤风云碾压别人，哪有今日这般在底层被碾压得体无完肤的痛苦。如果在十年前，愚娘不知道会急成啥样儿。

　　走上哪个坡就唱哪首歌，面对博远二班不能抱怨，不能纠结啊，每次遇到不如意的时候，我都会在心里暗暗地提醒自己："王老师，你是有经历的人，如果不遇到博远二班就不是完整的教育人生，教书一辈子啥样儿的学生都应该遇到，感恩，感恩，淡定，淡定。"此时此刻，我都能平心静气地对待这个成绩，尽管一万个觉得对不起家长，但是天地良心，不是我主观不努力。我将继续努力，继续奋斗，精诚所至金石为开，我总预感最后的胜利是属于我的。

　　我看到"报告哥"考上了103分的时候，话一下子多了起来。要知道，在考场上愚娘看到他十三分钟只做了一道选择题的时候，毅然决然站到他的面前，使出各种各样的方法催促，把他追得连滚带爬。我想"报告哥"从来没有做完过一套试卷，只要你不在他面前盯着，他就会淡定地舍弃最后80分的题目。这次不管他答题效果如何，既然我在考场守着，那就要让他有所突破，做一套完整的语文试题，也算开创他语文人生的新纪元吧。反正一个考室两个人监考，我也没有作弊的嫌疑。眼看他作文都写了两百多字的时候，我觉得大功告成，就

第五章 风过有痕
DIWU ZHANG FENG GUO YOU HEN

坐在了讲台上。过了二十分钟，他只前进了两三行，我再次催促，见他终于完成了一套题。小家伙脑袋不笨，居然还考到了103分，这是一个跨世纪的飞跃。

试想，"报告哥"如果语文一直及格的话，就没有今天的谈资。我一说起"报告哥"的故事，好多同事都对我投来羡慕和敬佩的眼光，要知道"报告哥"过去多次都是刚好突破60分大关的学生啊。

想起上次月考，我的五班整体有进步，班级后段学生长进很大，而前边的优生都被我的语文拉下了马，我真的没有努力吗？别人不知道，我自己心里明白，一个多月来是如何付出的。但是用数字说话啊，它能让我解释吗？前路漫漫啊，我能有时间彷徨和纠结吗？流泪没用，改变世界唯有流汗，唯有拿出全部的智慧，重新上路。这次看到成绩，我都不相信自己的眼睛，难道我真的神通广大吗？不，不，不，考试场上偶尔一个高分有何值得骄傲的？偶尔一个低分，有必要垂头丧气吗？胜败乃兵家常事，重新磨刀霍霍，卷土重来未可知。

我考过不少第一，从来没有觉得自己了不起过，我也得过倒数第一，真的没有觉得自己有多差劲，至于别人怎么看，我管不了，我也不会去管，根本也不在乎。

家长们，孩子都没有乱方寸，我们怎能自乱阵脚呢？孩子考差了就足够难受了，我们忍心雪上加霜吗？谈笑间胜败灰飞烟灭，收拾行装再次出发，让今天的失败成为明天的谈资。

贬桑褒槐，一箭双雕
——记周日自习课前的一次谈话

　　这学期，慧学五班的学习氛围依然浓厚，愚娘觉得班级整体进步特别大，但是落实到个人都有令人焦虑的地方。虽然经历了三次小组谈话，但是单独谈话机会不多，不是愚娘偷懒，而是实在找不到契机，无缘无故地谈话缺少诚意，不会对学生的心灵产生多少震动。还好，昨天几个老师在一起交流，我捕捉到两个优生有抄作业的现象，愚娘必须抓住这个契机，好好做做文章，非得把这次难得的机会作为一次珍贵的教育资源不可，必须让其发挥出我所期待的作用。

　　贬桑褒槐，一箭双雕，让批评和褒奖双线并进。

　　我走进教室才下午五点，科代表就在收周末作业了，除了去参加诗词大会的两个同学没有完成，其他人完成得都还是比较令人满意，毕竟前段时间的整顿收到了效果，每一个孩子都能在作业数量上有些敬畏，不敢轻易懈怠。愚娘此时不用多说什么，只是让大家按照惯例阅读课外读物，自己便躲在教室前面的角落里远离了孩子们的视线。

　　"原，你昨天感觉怎么样啊？"我坐在角落里对着昨天参加诗词大会并落选的原问道。

　　原笑眯眯地回道："应该表现还好吧。就是在参加面试的时候被一个女生抢话了，自始至终我都没有机会说话，可能面试官看我闷乎乎的便没有瞧上我。"

第五章 风过有痕
DIWU ZHANG FENG GUO YOU HEN

"好家伙，硬是自信到骨子里去了哈，已经落选了居然还把落选的原因归结到别人头上去了。即使你小人家说的全部是事实，在愚娘这里你也必须反思一些子丑寅卯出来，要知道你小子目前就是需要在屡屡的挫败中找回自己，居然还是这般解释，看我怎么收拾你。"我心里这样想着，面不改色地听他解释。

我等他说到兴头上的时候，趁其不备问："我从杨老师那儿听到可靠消息，说你抄作业，有这回事吗？"这一突然袭击让他没有半点心理准备，低下头脱口而出："是我抄 WJN 的基础题。杨老师叫我去澄清这个过程，周五晚上没有见到杨老师，目前还没有给她解释清楚。"

"抄了就是抄了，还有什么可澄清的呢？事实出来了接受处罚就行，你不用在杨老师那儿澄清了，交给我处理吧。要知道暑假归来集体在寝室赶作业，互相抄，我不是不知道，除了 ZJW 可以逃脱嫌疑以外，你们有几个敢说自己是清白的啊？我没有追究，那是因为假期是你们的家长管理，我大可不必过问你们，我要责罚就责罚家长管理不力。但是在学校发生的任何事情都由我自己来处理，既然你浮出水面，我就从你这儿开刀，让全班同学看看抄作业丢失诚信的行为该付出怎样的代价。你自己说该怎么办，拿出一个比较有创意的处罚方式吧。"我一边嬉皮笑脸一边软中带硬地说着。玮在座位上嘴巴都笑大了，眉开眼笑地说："那是。"

原自然说了很多不疼不痒的处罚方式，什么万字忏悔书啊，体能培训班啊，还有名次军令状啊，作业承诺书啊——看来，他还是积极开动了脑筋的，我觉得这些都是愚娘曾经用过的方法，已经是我的专利，不能剽窃，他也想不出啥办法了。我说："既然你想不出办法，我就对你采用年级和学校的纪律处罚，当着全班写一份检讨书，填写年级违纪档案，至于是否进入你的成长档案，那就看你半期考试的成绩。我无论怎么收拾你，落到实处就是需要看得见的高分，你达到要求了，就可以不计入档案，否则，我手下不留情哈。"

要知道慧学五班的孩子宁愿被我打被我骂，绝对不希望填写违纪成本比较高的违纪档案，他们都觉得丢不起这个人。心里有敬畏就有教育的希望。原很担心这个处罚，他自然会和我讨价还价，不计后果地给我一些承诺。

我这个时候提高嗓门开始教育他了："原啊，我听了半天，你除了自我辩解以外，好像缺乏反思哟，虽然你被人抢话是事实，但如果你站在面试官面前落落大方，一身才气，即使那个女生霸占了话语权，你也不会落选。肯定是你站在别人面前弯腰驼背，坐在那里像坐在教室里一样无精打采，眼神游离，自然不太打眼啊。这就是王老师说的优秀的人应该打造自己优秀的气场，如果你像我们班然、雨、璐、旗、豪等同学，随时满面微笑，目光清澈，落落大方，面试官一看见你就喜欢你，有时候直觉是不讲道理的。"原自然认同我这个说法，也反思了自己当时不太自信，坐在那里有些局促和尴尬，自己说话时也不能好好发挥等。被我点到名的同学则一个个眉飞色舞，偷着乐。

"你不仅自己抄作业，还把作业给旭抄，我虽然当时没有抓住现行，可是何老师都给我讲了呀。你们倒好，仗着目前似乎比别人高了那么一两分，觉得自己比别人聪明，平时浮躁敷衍，有时候还一个劲儿地跟我说拼命在做作业，我就奇了怪了，怎么我们班的女同学没有一个人不能完成作业呢？是人家有三头六臂，还是你们缺胳膊少腿了？你们看看，你们看看，咱们班的女生哪一个不是在拼命，哪一个不是在力求最好，怎

第五章 风过有痕
DIWU ZHANG FENG GUO YOU HEN

么没有人反映她们抄作业呢？我有时候很感恩地想，教上这样一群在各方面都优秀的女生，是我这辈子最大的幸福，我的心里对她们有着崇高的敬意，你们什么时候也让我因为你俩而骄傲和感动呢？"我一边批评着这两个孩子，同时也在话里话外表扬着我们全班女生，不用看，我的姑娘们心里肯定乐开了花。

旭这时候坐不住了，主动从座位上来到我的面前，企图用自己抄作业被妈妈处罚了来代替我的处罚。我直接说："你妈妈的处罚不能代表我的处罚，检讨和违纪档案的处罚自然不可少。"旭着急了，带着哭腔说："王老师，只要不填写违纪档案，怎么处罚都愿意。我中期考试一定考好，争取进入年级前五，我豁出命也要考个高分把自己的耻辱洗掉。"

哈哈，机会来了！我又抓到了契机，大声说："那好啊！你都愿意拼命了，我还敢不宽限那么一两周的时间吗？反正第十周就中期考试，到时候新账旧账一起算，有啥不得了呢？你们两个给我听着，虽然你们目前还在班级前十摇摇晃晃，要知道你们都是被我预言过的，一切皆有可能。慧学五班的佼佼者层出不穷，举目一看，严、玮、鸿、瑞、帆、瑾、佑、颖、恒、宁等都不是等闲之辈，人家拿出干劲儿来一盏茶的工夫就把你们扯下去了，你们以为优秀有专利吗？你看看他们的进步，你们自己看看，严这次考试那名次简直是穿越，印和佑的学习态度有了一百八十度的转弯，宁虽然是倒数第一，但你们看看人家的总分，与你们还有多少差距？笑到最后的到底是谁？我们谁都无法断言。不用全年级的优生与你们抗衡，就五班这些个同学就让你们吃不消。我就不相信自己的眼光还有错，看了三十年的中学生，从大家的一举一动就可以断言未来的走势。"

哎哟喂，大家听到这话，我看着那些被提到名字的同学不由自主挺了挺身子，嘴角自然上扬了。

面前这俩小子彻底意识到问题的严重性了。我再次提到了旭不想听到的话题，谈到霖。我说："你们俩过去闹矛盾的时候，两个都被收拾，霖那时自恃聪明，一次考试跌到十八名去了，我对他进行了'非人的虐待'，他虽然有时候小毛病还有很多，但是人家输得起，爬得起来，自此以后对学习是毕恭毕敬，从来都不懈怠。你们看看这么多次的考试，人家都在班级前五。贬义说人家脸厚，褒义说人家抗挫折能力强，其实我觉得是人家心态好，敢于直面失败，迎接挑战。你们两个考好了就越战越勇，考差一回呢好像天塌了，似乎一辈子都没有勇气面对。愚娘最瞧不起这种人，赢得起，输不起，要知道哪个人的成长路上不是坎坎坷坷的，你们遇到一点点失败就一蹶不振，自我堕落，还沦落到抄作业——真正的勇士是敢于直面受挫的人生，慧学五班的好学生是敢于从一次次的考试失败中爬起来，笑到最后的。"

这下子霖自然很高兴，我一般很少正面表扬过他。

古有指桑骂槐之说，愚娘如此这般贬桑褒槐之计用过多年，因为我本人就是这样的受益者。

我初中时代成绩一蹶不振实在没有自信，也不知道老师怎么看我。一次偶然的机会和一个同学聊天，那同学很羡慕地说："黄老师好喜欢你哟，他说你是我们班最刻苦的同学，成绩会越来越进步，他觉得你是最有潜力的学生之一。"要知道，我们的黄老师从来没有对我这样说过。虽然我当时的确算是比较拼命的学生，老师是看在眼里的，但是我不知道老师眼里有我啊，所以学习上总是缺少了那么一些盼头。自从听了这个同学说的话以后，我学习更加勤奋，有时候想偷懒也有点儿不好

第五章 风过有痕
DIWU ZHANG FENG GUO YOU HEN

意思,总觉得班主任黄老师在背后看着我呢。因为一以贯之的努力,渐渐也悟得一些适合自己的学习方法,初三的时候算是突然杀出来的一个比较优秀的学生,虽然中考分数不在人前也不在人后,但是也算功德圆满,跳出了"农门"。

说真的,我敢肯定如果没有那次偶然所谈,绝对不会有今天的我,尽管今天的愚娘普通如尘埃,但于我自己来说那可是天大的改变。

我开始教书后老是想起这件事情,在与孩子们闲聊过程中从来不说他人短处,总是发自内心赞美每一个孩子的优点,希望借助孩子们的嘴巴转述出去,比我面对面的夸奖效果要好太多。今日与原和旭的交流不是指桑骂槐,而是贬桑褒槐,一箭双雕。

教无定法但教育有法,达到效果的方法就是最好的方法,愚娘也没啥高招,就用这么一些土方偏方带领着孩子们跌跌撞撞地成长。

因为我抱过你呀

中期考试后，孩子们看到自己的成绩，依然是几家欢乐几家愁，但是大部分都感叹这回因为语文成绩有所提升导致名次大踏步向前。我问孩子们是因为什么语文进步了，他们有的说基础题得分高了，有的说文言文和默写进步了，有的说做阅读题时"人品大爆发"。我说："你们这些原因都不对，主要是因为我抱过你们。"孩子们哈哈大笑，接着还有那么一点儿恍然大悟的神态，愚娘不由窃笑。

或许你有点儿丈二和尚摸不着头脑，其实这个是有道理的。人不能没有信仰，无论什么时候，人都不能心里没底，一定要有一个精神的"娘家"，否则，十一二岁的娃娃面对频繁的高负荷考试，要么完全无所谓，要么全身心地有所谓，两种情况都不利于他们的考场发挥，作为班主任的愚娘一直在暗暗想一些自己的办法。

近十年来学生中兴起了考前抱抱老师，然后乐呵呵进考场的风气。还记得与我同龄的一个体育老师，在考前几个小姑娘硬是要求抱抱他。他起初一头雾水说："抱什么抱，明天好好考就行。"哪知孩子们一次又一次感觉成绩不理想，才无意中透露了秘密，这位老师便张开怀抱拥抱每一个孩子，慢慢地，大家都觉得自己的体育成绩一次比一次考得好了。

话说王老师的抱抱起源于2008年的秋天。我刚刚到二外也是"老不更事"的，第一周周末就把我排到上实验班的周末课。当时的愚娘本来带着两个平行班，虽然算不上风生水起，

第五章 风过有痕

但是孩子们对愚娘的那种依赖已经形成。五班的孩子们都到外班上课去了，下课时衡跑到教室里要哭要哭地说："王老师，我要你抱抱我。"她小人家话还没说完就扑到我怀里了，接着几个留宿的女生也都拱进来了。哪知衡后来神化了这一抱，她说："很怪哟，我抱了王老师一下，后来在外班上课心情就平静了哟。"从此，我的"抱抱魔力"便一发不可收拾，于是考前让王老师抱抱就成了我送考的基本动作、基本仪式。

抱抱起源于和谐五班，盛行于热血五班和创新五班，尤其是热血五班从考语文前抱抱王老师发展到每考一科都要抱抱王老师了，即使我说考数学抱王老师不灵，一个二个都说一样很灵。抱抱成了愚娘班级文化的一部分，孩子们似乎从心里相信抱抱的神奇，王老师也渐渐被"妖魔化"了。

热血五班的杰语文一直考得不理想，他说在课堂上是听懂了，考试却想不起来，答题总是对不上阅卷老师的胃口。有一次，我正好在杰所在的考场监考，杰那次破天荒地考得很好，他下来对我说："王老师，我觉得你硬是神奇惨了，你坐在前面我的心就很平静哟，我看一眼题目就想起你教给我的方法，答题思路就清晰了，写作文也感觉不那么难了，居然考了一个高分，我太高兴了。"我还玩笑说以后把我的照片做成挂件挂在脖子上，一旦遇到难题或者困惑便拿出来看看，呵呵。

也不知怎么的，我自己也开始信奉抱抱的力量了，在班上说了那么一回，其实是想用这个方法拉近我与孩子们之间的距离，也想给他们注入一点自信的力量。不过，对于比较内向的慧学五班并没有那么心急。哪知，这些看似懵懂的娃娃，对此却是很上心的，考前辅导结束后，几个孩子围着我不走，我说为什么还不回寝室，他们怯怯地要我抱抱，我才恍然大悟。

我一个个认真地抱，拍着他们的肩膀，或者捧着他们的脸蛋，祝福地说出一些高分。

"好的，加油，135哟。"

"仔细点，130。"

"你呀，状态不错，上130很简单。"

"阅读题在文本中找答案，135。"

"选择题不错，默写没有错别字，上125哈。"

"速度，速度，速度决定分数，你只要把速度提上来起码可以上140。"

……

其实，我在抱着他们的时候，一边打气一边很委婉地提点注意事项，孩子们寻求了安慰，增加了自信，还记住了注意事项，走进考场时或许真的就多了那么一点点儿自信。语文成绩揭晓后的一个早晨，我刚从后门走进教室，一个学生便冲过来说："王老师，我还要抱抱，我的语文增加了20分啊，20分哟。"

我也不知道自己最近几年为什么总用看似唯心的一些方法去管理孩子们，冥冥之中总记得父亲年轻时教导我们的一句话，就是"人凭好心不问前程"。我在求学的时候一直告诉自己要做一个好人。在初三真刀真枪的考试中我总是默默地暗示自己："爸爸说的人凭好心不问前程，我没做过坏事儿，自然应该没问题。"带着这种信念，我冲破了层层障碍考上了农民子弟心仪的师范学校，通过了汉语言文学的专科和本科段自学考试。当很多同学都望而却步的时候，我一直就这么告诫自己，坚持下去，一定能够成功，果然——如愿。

教书生涯里有过不少的挫败和失落，我总想起父亲说过我行教书运；在遇到困难的时候，我想起父亲说写得好文章啥事儿都能办得成，不由自主就开始提笔或者敲击键盘。说来也巧，那些所谓的困难也就在无形中被征服了。

我抱抱孩子们，给他们一些自信和力量，我说考试是照妖镜，能分别出真假努力者；我说举头三尺有神明，让他们学会慎独；我还说如果你感觉自己很努力了成绩却不理想，那只能证明你努力得还不够，必须用虔诚的劳作感动上苍……

我希望讲台下的孩子们有信仰，心中有所敬畏，从而毫不懈怠地努力前行。

相信我，你一定能考出最好的成绩，因为我抱过你呀！

王老师，你猜我喜欢哪个女生

我不是高举爱旗的模范老师，也并非可以为学生抛头颅洒热血的老师，但是，我对于每一个学生都能给予最最真诚的赏识，最最最虔诚的等待。所以，不少孩子总是不知不觉那么依恋我，记忆中的"大头儿子"，讲台下的"报告哥"，他们都能感受到我的真诚，渐渐地总爱亲近我。

前天，我在走廊上被"报告哥"拦住，他坏笑坏笑地说："听说你神通广大，啥都知道，我就想考你一个很难很难的问题。"

"报告哥"在我眼里就是个天才，虽然他的语文是年级最低分，让我受伤不少，但是"报告哥"在课堂上的领悟力让我惊奇和感叹，他那过目不忘的能力是我教书三十年第一次见识的。只是"报告哥"的精力不够专注，书写实在太慢了，考试写着写着就忘记了，第一次月考时做了50分的题目，第二次考试完成了75分的题目，我一直在努力引导他，用我力所能及的温柔和鼓励让他慢慢地动起笔来。从最初的闹腾到现在的安静，渐渐地，他也能写上那么几行作业得意地送到五班教室。我每次都捧着他的脸蛋说："真的不错哦，你开始交作业了，感谢你！"

面对他的提问，我不敢轻易接招，实在猜不透如此特殊的学生会给我一个怎样的题目，只好坦诚地告诉孩子说："王老师没有神通，最多就是能够教一点点语文，带领你们应付一下中考，你数学英语那么好，请你相信王老师，也相信你自己，我们一起努力，让语文向及格进军。"

他拉着我的衣服不松手，一种我不回答绝对不会放过我的架势。我捧起他的脸贴到我自己的脸上说："你个坏蛋要怎么考我，王老师已经认输了还缠着不放，我是你的老师啊，看着我丢丑你很开心吗？"

他挣脱我的双手，后退一步，歪着脑袋说："王老师，我要考你一个很难的问题。我喜欢一个女生，你知道我喜欢哪一个女生？你知道吗？"

这个问题有点雷人，一般娃娃是不会问出这样的问题的，不过身经百战的王老师怎么能束手就擒呢？于是说："二班女生个个漂亮优秀，你也是有审美眼光的人，一个会弹古筝、懂英语的帅哥肯定喜欢很多女生，因为你急于从她们身上学到很多优秀的品质，我估计你都喜欢吧！"

"不是！"他有点儿不耐烦了。

"哎呀那么多女生都可爱，我每一个人都喜欢，你肯定和我一样嘛，我们是一伙的。"我不紧不慢地说。

他诡秘地一笑说："我不喜欢二班的女生，我只喜欢一个女生，是你们五班的。"

我很严肃地对他说："那可不行，我们班女生那么优秀，

第五章 风过有痕

你还不能喜欢她们，难道你喜欢××，我猜想你是想向她看齐。那好啊，我要叫她更加努力，不然你要超过她。"我故意将班上成绩最好的同学名字说出来了，努力矫正他的想法，想给他的想法拓展一些思路，增加一些内涵。

"不是，你没猜对。"他很得意地看着我。

突然记起这几天他总是跑到五班教室与我打招呼，找点理由与我套近乎，每次都在门口盯着前排的一个女同学笑，难道……我试探着说："你以为我真的不晓得吗？就是××。人家好优秀哟，你还有眼光嘛，一眼就盯到了五班最优秀最漂亮的女生，那你得继续努力，语文要上 100 分才行。不然，你想都不要想，现在给我闷到心里哈。"

他很惊奇地对我说："你真的神通广大哟，你唧个晓得我喜欢她？"

"她很优秀又很漂亮，我也很喜欢他，我们全班都喜欢她，你肯定也喜欢她。"我假装看都不看一眼，不做任何惊奇的表现。

上课铃响了，他很快就走到自己的座位上。看着他很认真地读着课外读物，我放下要看的书本，慢慢打开电脑。

半学期来，"报告哥"似乎闯了不少祸，给班级管理带来了不少麻烦，尤其是课堂随意接嘴大叫等习惯严重扰乱课堂秩序。我先是凭借天生的威严直接镇压，把每一次闹腾都消灭在萌芽状态；然后在他"旧病复发"的瞬间给予正确的指点，努力让全班同学淡化对他的关注；还时不时摸摸他的脑袋，拍拍肩膀；最后在班级高调表扬"报告哥"的进步。渐渐地，他能安静下来了。尽管课堂效率仍然不尽如人意，但是他能在语文课堂上安静听课，偶尔回答一点简单的问题刷刷存在感。对此，我深感欣慰。

"王老师——"他有时候把脑袋探进办公室喊我一声。

"王老师好!"一向迟到的他偶然与我在食堂相遇,回头叫我一声。

"我交作业。"明明有科代表收作业,他偏偏一个人把作业送到五班教室里来。

……

前几天,我在寝室的走廊见到他气呼呼地跑来,对我说:"王老师你总算来了,你看那个××他总是看我,他总是看我。"我无论怎样解释说人家不是看他,他还是越来越激动,甩手就不理我。我连忙说:"我教你一个方法对付他。"他才停下脚步。我说:"你把脑袋扭到一边去,他绝对就看不到你了。"

写到这里,我不得不感叹时光的魔力,在教育的百花园里,只要我们用心浇灌,耐心等待,每一朵花都会呈现最美的姿态,每一个生命都有自己的状态,千万别强求他们成长为我们期待的状态。

第五章 风过有痕
DIWU ZHANG FENG GUO YOU HEN

"报告哥"转变记
——记我初上二班讲台的日子

走上二班讲台的时候，我的孩子们正在大声诵读朱自清的散文《春》。这是我教书多年来第一次在第一节课有学生读书的情景，我很激动，也发自内心地感激，初次面对新学生的那份忐忑荡然无存了。

我微笑着站在讲台上深深一鞠躬，然后对孩子们说："踏着你们朗朗的书声走进教室，这是一个语文老师最大的幸福，一个可以大声朗读的班级定会是有无穷潜力的班级。我是你们的语文老师王老师，很幸运与你们一起成长。"

"报告！"讲台左边的一个小男孩来了一声石破天惊的"报告"，我示意他说话。他站起来很气愤地说："老师，班主任不是说语文老师是个美女吗？"孩子们哈哈大笑。我笑眯眯地朝孩子们中间走了几步，俯下身子对他们说："孩子们，你们见过比王老师还好看的美女吗？"

我知道大多数孩子会顺着我的引导，用欣赏的眼光看待面前的王老师。孩子们很给力，异口同声地说："没有，王老师就是美女。"

没等到我继续往下说，那个小男孩把胳膊肘在桌子上碰得砰砰响，又是一声洪亮的"报告！"。

"老师，他们不说真话，不讲诚信！"

这下孩子们没有笑了。我说:"同学们心里自有评判的标准,在他们眼里,王老师就是美女,就是无人超越的美女,这不是不诚信,而是拥有欣赏他人的美德。"

小男孩这个时候似乎没有"报告"的话题了,我于是简单地说了几句鼓励的话。我说:"你们要好好学习语文,汉语是世界上最美的语言,因为它的方块字形、复杂音节等等,都具有独特的魅力。咱们二班的孩子将是未来的精英,你们要好好学习语文,再说中考也是得语文者得天下啊!"

"报告!"

我还没有缓过神来,他的下文就出来了:"我觉得得数学者得天下!"

"那是你还不了解中考啊!"我很认真、温和地说。

因为现在是语文早自习,我想到还有第一节课可以和孩子们好好交流,于是就在教室里巡视,自己也在朗读课文。这是我的习惯,在孩子们读书的时候也大声朗读课文,既可以练习一下朗读,又可以以身作则,给孩子们一个榜样。教室里大多数同学都很投入。

我刚刚走到小男孩身边,他再次报告说:"王老师,我是理科男,我不适合学语文。"此时的我已经觉得有点烦了,压抑着性子说:"你那么小,怎么敢断言自己是理科男呢?认真读书,今天你不用报告了,你有什么事情我都看得出来,不用你报告!"不料他又是一声"报告",很不服气地说:"你看不出来的。"

后来,我继续巡视着,他"报告"过好多次,我也懒得理他。但他接二连三地喊"报告",我说:"你好好读书,你再动

第五章 风过有痕
DIWU ZHANG FENG GUO YOU HEN

不动就喊报告，王老师要收拾你了。"他看我脸色不对，不似先前那么大胆了，已经不敢直视我的眼睛了。这样，总算熬到了早自习结束。

升旗仪式后就是二班的语文课，因为年级整理队形耽误了半节课，我本想多给孩子们讲点逸闻趣事也不能如愿，于是让孩子们大声说了一下自己的名字，然后在黑板上工整地写上自己的名字，从字形开始说开。最后我说："王老师的名字虽然充满男性味道，但也是有棱有角，都是那么方方正正……其实我们每一个名字都是独一无二的，一个名字一首诗，每一个名字都寄予了父母的殷殷期待，我们都是独一无二的。"

我正说得过瘾的时候，那个小男孩大声说："报告——"然后就是把我的名字一遍一遍重复着倒过来念。我很严肃地看着他说："你可以不随便插嘴吗？好好听老师讲课不行吗？"

"报告，可以，行。"

"你们家长花了大价钱送你们来二外，你上课不好好听讲，就在这里捣乱，你觉得对得起家长们的一片苦心吗？"我很严肃地教育。

"报告，不行！对不起。"

我也不知道自己是哪里来的耐性，居然没有发火，就这么断断续续地把二十分钟的时间给混过去了。我在办公室说起"报告哥"的故事的时候，大家都觉得很搞笑，几个小丫头竟然说："老大，我服了你了，你就任由他那么报告了一节课？"

昨晚，我一直在想，特殊的孩子必须特殊对待，他"报告"的神经活跃，估计一节课就刹不住车，当务之急是把他爱"报告"的习惯消灭在萌芽状态。要在二班有所作为，第一件事情就是搞定"报告哥"，否则，三年的语文课堂就会这么被颠覆。

今天下午的课，我很早就到了教室，还没等到"报告哥"反应过来，我就开始约法三章了。我说："昨天是一节见面课，王老师不想改变温柔的面孔，以至于被个别同学哗众取宠的'报告''报告'扰乱了课堂，我选择原谅你。但从现在起，王老师上课不准任何人喊'报告'，你的嘴巴就是用来回答老师的问题，大声读书，必要的时候小组讨论交流，其他时候安心听讲。别把军训场上向教官报告的那些举动拿到语文课堂，王老师不是教官，我是个文人，咱们文人就有文人的交流方式。"

"报告哥"欲言又止不敢说话，但还是忍不住咕哝一句："我不是文人。"我看着他的眼睛很严厉地说："是的，你还不是文人，所以你不懂规矩随便插嘴。王老师的职责就是让文人更加有文化味，让那些还不是文人的人变成文人，此时此刻，你的嘴巴只能用来回答问题，除此以外不准接嘴。"

王老师长相自带几分威严，真正严肃起来是无学生可以抵挡的，"报告哥"终于不敢发出声音了。我开始讲课，讲得很慢，主要是让学生一点点掌握一些学习语文的方法。在介绍朱自清的时候，孩子们梳理出学习文学常识、认识作家要从哪几个方面入手，每一个人都有成就感。我说："同学们，你们说语文简不简单嘛，不到五分钟，我们就掌握了学习文学常识的方法，以后就可以自学了，可以自己整理了，哪还用买什么练习册，自己整理出来的就是最好的资料。"

孩子们都笑了，"报告哥"更是傻傻地大笑，经久不息。我再次看着他说："以后别那么傻笑，容易被人误解你是个傻

第五章 风过有痕
DIWU ZHANG FENG GUO YOU HEN

瓜，容易让人觉得你不正常，我不希望你在语文课堂再发出怪异的笑声，因为我觉得你很正常。"

"报告哥"脸红了，马上止住了笑声。

课堂上他举手发言，我让大家用最热烈的掌声鼓励他。晚自习时他靠近我套近乎，让我看看他写的字。他的字虽然格式不正确，但是书写很整洁。我拿着他的作业本说："你看你的字写得那么漂亮，如果按照我的要求写下来，那就更加漂亮了，还不错，以后认真点。"

"报告哥"昨天作业都没做，我把他喊到办公室，他信誓旦旦地说晚自习交给我，可是晚自习没有交。今天白天再找他，他无可奈何地说："我晚上给你做起嘛。"可是晚自习看他在忙活，我索要作业，他说："估计完不成了，作业太多了，而且计划也被打乱了，你要把我怎么样呢？"

呵呵，"报告哥"这句话还真把我问住了，我要把他怎么样呢？我能把他怎么样呢？

两天相处，二班孩子已经习惯了"报告哥"的闹腾，我觉得"报告哥"进步也不小，至少今天的课堂能跟着发言，回答一些简单的问题，晚自习也能够坐在那里安静地写着画着，虽然忙活半天也不见什么成效，但是至少对自己有了约束。

生命是丰富多彩的，成全每一个生命自己的成长方式，尊重每一个生命的成长，同时尽我所能矫正有些旁逸斜出的行为，尽可能地让他们今天比昨天好，尽可能地呵护好他们的尊严。

反思与"报告哥"的相处，我总结了几点经验。

第一是特殊学生特殊对待。我很佩服自己的理智和冷静，面对突如其来的声音，我没有尴尬，急于生气，而是很自信、很诙谐幽默地化解尴尬，对学生进行整体引导，全班的航向一点儿也没有偏离，还留给学生一个自信的印象。

第二就是尊重生命。在一个追求分数的时代，我能够停下脚步让"报告哥"一次又一次地"报告"，并且一边容忍一边审视、观察，从孩子怪异的表现中去窥探孩子的与众不同。当我觉得他有点不一般的时候，我并没有冷落他，而是一遍又一遍地艰难对话，艰难引导，让同学们觉得王老师是不讨厌这个同学的，维护了孩子的尊严，尊重了这个不一般的生命。

第三是积极思考方法。先发制人定下课堂基调，约法三章，威慑全班的同时，对"报告哥"也起到了震慑作用，明确提出嘴巴只能回答问题、读书和课堂讨论，除此以外都不允许，"报告哥"虽然准备"报告"，但最终还是收敛了。我随时关注到该生动态，一旦看见他有异常举动的时候我就会提醒："不准废话！"当他接嘴解释的时候，我再次严肃制止："不准辩解。"指出嘴巴的功能，让"报告哥"知道该怎么做，严格禁令，切断了他随意接话、插嘴的念想，所以课堂得以正常进行。

教育就是要面对各种各样的生命，教育者除了尊重，别无选择，若能在尊重的基础上给予力所能及的引导、矫正，就善莫大焉。

第五章 风过有痕
DIWU ZHANG FENG GUO YOU HEN

真心说一句自己很蠢

玩笑中自嘲自己很蠢是常事，如果要在心里真心诚意说一句自己很蠢就不那么容易了，或许好多人压根儿就不觉得自己蠢，甚至视自己为天才，是自己的偶像。

小时候，我们的爸爸妈妈对别人炫耀我们说："我们家孩子还是聪明，考试后边的难题全做对了，就是前面的几个简单题错了，聪明，但是粗心。"

"我们家几个娃儿最小的那个最聪明，就是懒啊，所以几个孩子中就他成绩最差。"老家与我同龄的家长都这么说。

"你说，你哪个不努力，你又不笨，稍微努一把力学习难道搞不上去吗？"我在儿子读书时期声嘶力竭吼着。儿子最初也自以为很聪明，真的是不努力，而在紧张的高三时期，我还是这样质问儿子。他无可奈何地说："我的个妈呀，我是你的儿子嘛，我又哪点儿不比别人聪明？别人努力，我还不是努力了的，不是不努力那么简单。原来我不敢说自己努力，整个高中我可以对天发誓，自己真的很努力了，就这个样子，要不是努力，早都不知道成了哪个见不得人的成绩了。"

那一刻，我才如梦初醒，一直以为聪明得天下无敌的儿子原来是如此的普通，能有这样的成绩已经很不错了。我瞬间改变了对儿子的教育，安慰他说："继续这样努力，争取不下降哈，这个成绩考一个比较好的大学还是有希望的。"自此，我学会了客观理智地看待儿子，学会了公正平和地评价儿子。

家长会结束，几个要好的家长与我谈起我儿子，任课老师也说："你那个娃儿硬是聪明，他只要稍微努力一点成绩就起来了。"我心里很有震动，或许这话说的是真的，但是这样的话如果让孩子听到，他会怎么样呢？有的就会因为这句话拼了命地学习，如果一旦努力看不到效果就会厌烦甚至是放弃；有的就从此信以为真，学习懒懒散散，功利心极强，总认为自己到时候花点力气就可以把成绩提上来，要知道这样的偶然进步是带着侥幸的，可遇而不可求，即使偶尔真的考一回高分，那也是瞎猫碰到死耗子啊。

记不清是在几年前，我就有意识不说学生很聪明了，只是说孩子很努力或者很有方法。对孩子们的智商，我总是如实地评价，始终灌输给孩子的是努力了就会有希望，不努力一点儿希望都没有。曾有一个熟人的孩子成绩一直平平，高考考了一个"985"大学，进入校园啥都跟不上，最后只得退学回家，至今啃老。天道酬勤，但天道不会眷顾偶然的幸运者。

如果一个孩子的基本方向没有错，成绩不太如人意或者不稳定，不能一味地认为孩子不努力。考试的状态、试题的特点、孩子的习惯，甚至是运气等许多因素都决定着考试的成绩，没有哪一个人可以信誓旦旦地说自己考神附体，永远满分。

"你们聪明吗？"孩子们都莫名其妙地摇摇头。

我说："我在家经常对着老谭说自己好聪明啊，有时候得到老谭的附和，会在镜子面前看半天，越看越觉得自己聪明。一旦走出家门就不敢造次了，总觉得自己很愚蠢，似乎好多好

第五章 风过有痕
DIWU ZHANG FENG GUO YOU HEN

多地方都有点儿愚蠢，走路没有方向感，唱歌五音不全，跳舞身体僵硬，语文积累不够，英语连字母都不认识。认识到这些后，我觉得必须一心一意把自己的班带好，尽可能地把语文教好点，不然在校园里就见不得人了。这就是我教书以来不敢有半点懈怠的原因。你们也能知道自己哪些地方蠢吗？"

"我自以为是，喜欢死磕，考试连时间都不会分配。"

"我有时候粗心大意，做个数学连步骤都写不完整。"

"我就是有点懒惰，该记的单词都记不住，考试总是不能出彩。"

"我从来都懒得刷题，总觉得自己听懂了不就得了，考试振作不起来。"

"我书写总是老大难，不管哪个写都不好看，我也真是很蠢的。"

"仔细打量自己，我们不是弱智，但是每一个同学都有自己的短板，都是很蠢的。粗心、懒惰、耍小聪明、功利心强，就是扫个地也要耍点小聪明，看起来好像很聪明，殊不知是最大的愚蠢。一个连计算题都出错的人，一个连做题步骤都写不完整的同学，好意思说自己聪明吗？"我总结点评着孩子们的发言。

孩子们，老师们有时候也很愚蠢的，有的老师说某某很聪明，只要随便努点力成绩就起来了，你试一下，看就那么随便努一把力会是哪个样子。学习是一件持之以恒的事情，任何的暴饮暴食都只图一时之快。活到老，学到老，见到老，我真的是没有见过哪个平时不努力，考试前几天头悬梁、锥刺股考出好成绩了的。恕我直言，讲台下的你们也不要这样痴心妄想，你们与王老师一样，就是一群普通的人，除了努力别无选择。

每个人都觉得自己很聪明，我想反其道而行之告诉孩子们，天才可遇不可求，希望每一个同学都能如我一般真心实意说一声自己有时候很蠢，从而脚踏实地、一步一个脚印走好人生的每一步。

求你给我冠个名吧

名著阅读进入考题势不可当，我们不敢怠慢教材后边要求阅读的经典著作，一本《红星照耀中国》，一本《昆虫记》，孩子们暑假读了，还写了读书笔记和读书心得。平时提醒他们阅读，可是，如何让经典有经典的味道？愚娘灵机一动，要他们办一张关于经典的手抄报，内容来自书本，版块大家一起讨论，形式可以自由规划。

过去的手抄报，不少孩子就是天马行空在纸张正中间画很大一幅画，然后像种南瓜一样东边写一排字，西边来一串花儿，随意又空洞，本来需要费功夫才能完成的手抄报成了学生最轻松的作业。吃一堑必须长一智，看到孩子们这些狡猾的行为，愚娘也得魔高一尺道高一丈，于是从内容到形式都有全方位的指导和要求，并且提出要把这次手抄报作为周周清的成绩，成绩不达标的一律要重做并接受处罚。多管齐下，学生的敷衍和懒惰被杜绝在源头，我们的工作就正式启动了。

五班主办《红星照耀中国》手抄报，二班主办《昆虫记》

第五章 风过有痕

手抄报，交叉在班级展览，如果有人被你的手抄报笑掉大牙，手抄报作者要负责给别人看牙医的医疗费用。

孩子们来了热情，一个个纷纷动手。昨晚晚自习，孩子们有的准备了内容，有的设计了版面，看起来还像模像样的。二班的张旺拿着自己的初稿说："我敢肯定，这是我这辈子到目前为止办得最认真的一张手抄报。"这话引起了共鸣，大家纷纷说："我也是，我也是！"

为了保证此次作业的最终质量，我今天正课再次实地指导，让孩子们自己做，我一一提醒指点。看到帆的草图上那潦草的字迹，我说："帆，此次作品要到二班展出，我还要根据内容和版面给你们评分，要记入总分的哟，你要尽全力把字写好点。"一向乖巧的帆说："我这个是草图，这个是草图，保证正稿比这个写得好看多了。"

话虽然是这样说，但是我对于帆承诺书写工整还是不太相信，要知道从他进校以来就没有看见他写过一个工整的字，尽管有时候看他也是很卖命地好好书写，总还是不尽如人意。我有时候很绝望地想："是不是帆天生就不会好好写字哟！"不过，还是变着花样儿提醒和鼓励他。

帆的刊头设计出来了，看起来还是不错的，在刊头旁边还有主办人、主办单位、创办时间等，内容还挺丰富的。我说："哎哟，你这架势要改写书写的历史吗？如果这样写下去那会让我对你刮目相看哟！要不，你给我冠个名吧，加一栏指导老师，再把我的大名写上去。"帆来劲儿了，一个劲儿点头说："要得，要得。"

我突然变得很小心地说："帆，别忙写我的名字，等你办好了整体效果不错再冠上我的名,如果效果不好,还是那种像鸡爪子刨的字迹,就别写我的名字哈,我丢不起那个人,不过,你可以写上我们校长的名字,尹校长、曾校长随便写一个上去就行。"话音一落,全班同学都哈哈大笑。我压过他们的笑声说:"我看了一遍,有很多同学办得不错哟,求求你们在合适的地方给我冠个名哈。古有母以子贵,今有愚娘师以生贵嘛,顺便搭个车出一下名。"

"我肯定要把你的名字写上。"

"我也写上你的名字嘛。"

"我也要给你冠名。"

几个活泼开朗的孩子一边写着一边接嘴。我看全班同学都在尽心尽力地写,兰心的比电脑打印得还整齐,瑞的排版就像报纸一般,恒的背景丰富生动,羽也写得工工整整,再一看严的第一版也出炉了,远看群蚁排衙整齐极了。我一边走一边表扬,然后回转身再去看帆的作品,不看不知道一看吓一跳:帆的字体只有平时字体的十分之一大小,一笔一画紧凑排列,乍一看绝对整齐美观。我惊讶地说:"呵呵呵,你终于暴露'本来面目'了哈,我原来一直以为你天生不会写字,想不到你城府如此之深,藏得那么不露声色,居然能写这么一手漂亮的字啊!"

帆不好意思地低头继续写,小脸蛋红彤彤的。我能透过他绯红的面颊看出他内心的喜悦,继续说:"帆,不犹豫了哈,不犹豫了,请你给我冠个名,别把这个荣誉让给校长们了,快点,快点,指导老师写上去,写上去哟!"

帆一直没有应答我,我看到他低着头一笔一画写得更加认真了。

第五章 风过有痕
DIWU ZHANG FENG GUO YOU HEN

呵呵，改变需要契机，理科超凡的帆文科是一大心病，他自己也使出了九牛二虎之力，在文科答题方面如同我在大街上走路，认为正确的方向几乎都是错的，好在帆一直没有放弃。为了帮他提起这一口气，我小心翼翼，努力寻找契机让他找到成就感，我多么希望这一张手抄报能够改写帆的语文成绩历史，从此在书写上找到自信，在语文上找到灵感。

会的，我坚信一定会的，班上的印和严当初不也是这样吗？他俩正在朝着好的方向进步着，我相信帆也一定能行，愿我心想事成。

在孩子们心里播种一些虔诚

我不是苦命的人，虽然出身贫寒，但是自我感觉一直过得比较如意，在条件许可范围内，似乎都能心想事成。我之所以愿意用一颗纯洁的心构想生活的美丽，是因为曾经的乖张、抱怨，把自己撞得鼻青脸肿，最后发现唯有虔诚和安静才能换得岁月静好，我便开始用虔诚的劳作，换来心里那份盼望。渐渐地，我也尝试着在孩子们心里播种一些虔诚。

因为下周的调休，孩子们本周绝大多数都留宿校内，我便舍弃周末休息时间，陪孩子们游走老君洞。一来带领孩子们看看重庆风景名片之一的景点，看看明代的建筑，看那红墙碧瓦，屋顶四角翼然高耸，亭台楼阁庄严肃穆；还去欣赏明代石刻作品，素颜的，彩绘的，都是那么栩栩如生；更有意思的是，站在老君洞玉皇大帝的南天门口，在青烟薄雾中鸟瞰"人间"风景，别有一种更上一层楼的豪情啊。

出发前，我告诉孩子们心中要有敬畏，心中要有信念，拿出十二分的虔诚努力拼搏，自然会有一个高分。至于一时半会的失败和挫折，只能说明我们努力不够，我们要有底气对自己说："我们来了，我们在努力，我们心中有信仰，必将心想事成。"

我自己出身寒微，不曾读过高中，更不知道大学门朝哪方开，之所以能够有一个蒙混过关的专科和本科学历，得益于年

第五章 风过有痕
DIWU ZHANG FENG GUO YOU HEN

轻时的勤奋好学。那时每到报名参加自考的时候，我心无旁骛，只管努力学习就是了，所以历经一年半的时间，我破天荒地拿到了本科学历，平均成绩接近 80 分，在当时算得上比较神速且成绩优异。试想：王老师报了名后只管躺在沙发上睡大觉，把书本忘到九霄云外，能够在那么短时间内获得文凭吗？当时王老师过着捉襟见肘的日子，自考一个文凭节约的不仅仅是时间，更为宝贵的是节约了一大家人的生活费，我的两个文凭几乎都是没有花钱的。

时过境迁，王老师离开乡镇到了县城，又告别了县城来到都市，每当回忆那段艰苦的岁月都觉得荣光无限。遇到诱惑我会告诫自己要努力学习；遇到挫折，我会告诉自己我一定能够成功。我也有意无意地把这些经历讲给孩子们听，希望他们能够在心里有一个信念，用汗水浇灌梦想，让梦想之花开满孩子们的精神家园。

讲述了这些成长经历，我的孩子们变得更加严肃，他们体会到了游走老君洞的主要目的不是游山玩水。

水足饭饱后，我们一行二十多人浩浩荡荡向老君洞进发，沿途除了引导他们避让行车以外，基本没有干涉他们的言行。我们一路从南门处一侧门进入老君洞，第一处便是我们要拜访的主角文殊菩萨。其实那雕塑的场景我也不了解，也是因为前些年人家说那是文殊菩萨，不少学子和他们的父母都在那里虔诚跪拜，我自己也俯身鞠躬作揖、叩头跪拜过多次，为孩子，为学生，也为我自己，每次跪拜后便觉得浑身充满了力量，心中有了着落，有了依靠。

两个女孩子腼腼腆腆，小心翼翼地走进去，一个小姑娘非常虔诚地闭眼、作揖、叩头，另一个女孩背着书包要跪不跪地东张西望，然后机械地磕头作揖。在孩子们低头一刹那，"当——"一声悠长的钟声从旁边响起，那两个姑娘瞬间满脸严肃，跪拜结束出来时悄悄对我说："王老师，好神圣啊！好严肃啊！"孩子们一个接一个去跪拜，为了表达自己的虔诚，他们放下书包，摘掉帽子，取下围巾，甚至有几个连钱包也交给我管理，他们说要干干净净地拜菩萨。

近十年来，我陆陆续续带过不少孩子上老君洞游走，从来没有谁能像慧学五班这群娃娃这么虔诚，即使在排队等候的时候也是安安静静，满脸严肃，双手合十。拜完文殊菩萨，孩子们便依次往前走，见到小神小仙都不忘作揖上香。就这样一路拜上南天门玄武大殿的最高层，几个孩子走在前面拜了，连忙回头喊我："王老师，我拜了至尊玉皇大帝，你也要去拜拜哟，那可是玉帝呀，王老师，那可是玉帝呀！"

孩子们都到了大殿，我指着玉皇大帝的塑像说："快点拜一下玉皇大帝。"一个孩子连忙制止我说："王老师，别指，千万不要用一根手指指着玉皇大帝。"我很尴尬地说自己错了，那个孩子说："我之前不注意指了一下，一口气回去拜了十次，玉皇大帝肯定会原谅我的。"有几个为了表达自己的诚意还整齐地迈步，齐步走到神像面前叩拜，然后向后转，齐步离开；有的干脆低着头退着出门。虽然有时候看着好玩，但是孩子们在用自认为有诚意的方式叩拜。

一步三拜花了整整两个小时。我们拜完了大神小仙，孩子们似乎觉得浑身轻松，一溜烟跑下南天门，等我一步步走下台阶，他们整整齐齐地排成两列，用娇滴滴的声音说："欢迎仙

第五章 风过有痕
DIWU ZHANG FENG GUO YOU HEN

女下凡！"引得旁边的游客也规规矩矩地站在旁边，看我那么一步步走下来，等我走下最后一步台阶，全体鼓掌。一群游人呆呆地看着我们一行往下走，喃喃地问道："那是哪个学校的哟？他们在举行什么仪式？"

游走老君洞，漫步黄葛古道，嬉戏于涂山公园，一路上吃过火锅，品过小吃，逗过小狗，磨过嘴皮，劳累并快乐着。让行走有主题，让心灵有安放，让行动和努力有所皈依。我希望孩子们永葆一份敬畏之心虔诚劳作，辛苦耕耘，一分付出定会有一分收获，用勤奋和努力去实现人生梦想！

我不是迷信者，但是我进寺庙、道观特别虔诚，偶尔与那些和尚道士寥寥几语就会让我捐出力所能及的功德，常常被亲朋好友调侃为笨蛋傻瓜。想想也真够傻的，不过，有时候觉得自己未必真的那么傻，我信的不是胡言乱语，我信的是一份虔诚，求的是一份心安和期待。如此这般地傻过了，悟得心有一分虔诚，努力便有了一些纯粹，也能够慎独，无论何时何地都告诫自己举头三尺有神明，到头来是是非非曾放过谁？所以，我的工作和学习，从来无需别人来督促，也不用他人费心来监督，尽心尽力做到无愧于内心，只问付出不问收获。

有人看到孩子们叩拜的照片忍不住问我如何忽悠孩子们的，咋就那么虔诚呢。其实，心怀虔诚，努力便多了一份自愿，我真的没有忽悠任何一个孩子，我只是无意间在孩子们心里播种一些虔诚的种子罢了。

我的就是最好的

——二外 2015 年主题班会比赛纪实

热血五班曾经代表年级参加主题班会比赛，因为热血五班的孩子们演唱、朗诵、表演都超牛，一个个都有人来疯的特质，从来不怯场，场面越热闹表演越有劲头。当年的比赛情景历历在目，仅仅是开场一首《长大后我就成了你》就俘获了好多老师的心，加上一浪高过一浪的热潮，老师们赞不绝口。创新五班的孩子们相对要弱一点，很容易怯场，尤其是全班的歌唱不敢恭维，滑稽搞笑的表演人才几乎没有。我们要回避班级的短处，发扬班级的优点，只有在选题上更加贴近大家的生活，努力在全场引起听课老师的共鸣，经过三思，主题确定为"我的就是最好的"。结果看来，我们的选题是比较走心的。

今天第一节课让孩子们试了一下，我很绝望，主要是周一的精神状态堪忧，无论怎么鼓动都没有劲头。在听高二四班的比赛课时，高中学生的侃侃而谈、深刻见解都让我不敢想接下来五班的场面究竟有多么糟糕。在最后十分钟我溜出了会场奔跑到五班教室，让孩子们歇一口气，再次强调全班的回应要响亮积极，面对问题的时候要大胆积极地举手，回答问题要面向大多数的观众，指导主持人的点评要简短切中要害。最后，全班抖擞精神来到颂恩堂的门口，入场很安静很迅速，也很紧张。

主题班会如期开始了。不错，四个主持人手持话筒，声音洪亮地宣布开始，尤其是两个女主持人的引入很精彩，很巧妙

第五章 风过有痕

地切入今天的主题,孩子们的鼓掌很长士气,缓解了心理压力,啪啪啪,啪啪啪,孩子们拍着拍着就笑了,全场的观众也笑了。

第一个环节是"讲故事,寻榜样"。主持人很机智地让全班同学分组讲给组员听,然后从第一组开始选号讲解故事。第一个发言人周维很紧张,他在介绍力克胡哲的故事的时候讲得很简单,我从话筒中仿佛听到了他的心跳声。然后二组的杜怡男讲了铅笔和橡皮的故事,三组到九组都被随机选号,依次讲了故事。很明显,后边的同学开始变得轻松幽默起来了,气氛开始缓和,孩子们挺直了腰杆,回应主持人的声音开始洪亮起来。

第二个环节,让孩子们说说身边的校园、家庭、小组、寝室、老师、同学等等,赞美我们拥有的好生活。一时间精彩纷呈:有的说我们的英语老师最好了,他上课的时候力争让每一个同学都发言;有的说我们的寝室室友最好了,每次回到寝室都能吃上室友送的美食;有的说我们的校园环境很美好,一年四季都是鸟语花香的;有的说我们的组员虽然回答问题不积极,但是从来都不给小组带来麻烦;有的说组员××动作慢得急死人,但是风趣幽默是小组的开心果;一个胖胖的男孩说虽然食堂的地板很滑,但是饭菜很可口;竟然有孩子开始赞美我们年级领导了,虽然有点拍马屁的嫌疑,但惹得全场老师都笑了。这个时候,有的孩子就放开了,赞美的内容越来越丰富,语言越来越幽默风趣。

主持人很灵活,随即转移孩子们的话题:"大家都赞美了别人那么多优点,有谁愿意赞美一下自己呢?尽管我们对自己有这样那样的不满意，但我相信大家都能找到自己的优点。"这是主持人临时加的，孩子们很兴奋，一个个都跃跃欲试，有的说我口才很好；有的说我长得很帅；有的说我的交际很好，在座的同学都是我的好朋友；有的说我学识丰富，不做课件都敢上讲坛……

这一个环节还有一个亮点是"夸夸我们最讨厌的人"。孩子们在纸的反面写上自己最讨厌的人的名字，正面写上他的优点，这是一个新的话题。孩子们觉得好玩，老师们也很期待。不料孩子们写得很实在、很中肯。一个小女孩说，我最讨厌的人很会讨老师欢心，我怎么也做不到，这辈子都赶不上他；一个书写潦草的同学说，我最讨厌的人书写很漂亮，我应该努力向他学习；一个成绩优秀的男生说，我最讨厌的人扫地很认真，他扫地都是最干净的……每一个同学都在夸过后说似乎不太讨厌这个同学了。

我最担心的是第三个环节"小品表演"，因为这些孩子给我的印象是很腼腆的，况且在预演的时候都没有放开。没想到他们也有人来疯的基因，一上正式场合个个都好像打了鸡血一样兴奋，表演语言很是夸张。他们抱怨学校的食堂像溜冰场，墙面像未曾保养的高寒地区的脸庞，寝室的床铺只有二指宽；还说自己矮得自卑，胖得无语。表情之丰富，声音之洪亮，语言之风趣，再加上指出的每一点都是我们学校从领导到老师也觉得愧疚的地方，台下每一个老师都忍不住笑了。

相声表演一直不错，今天的发挥很正常，因为都是围绕自己苦恼的长相问题来表演，夸张的对话让全场老师都忍俊不禁。

第五章 风过有痕
DIWU ZHANG FENG GUO YOU HEN

最后一个环节原本是计划的一个亮点，我们选择了班上眼睛小的、个子矮的、身材胖的、动作慢的、声音哑的五个同学，让全班同学善意地戏谑他们，然后由这些同学很得意很自豪地换个角度欣赏自己，让全班同学在大声的诵读中给本节主题班会画上一个句号，以起到发人深省、余音绕梁的作用。

主持人宣布本次比赛结束，孩子们依次离开会场，全场响起了雷鸣般的掌声。我旁边的一个老师说："不错不错，真的不错，主持人好机智，小品好好玩，相声有深度，那几个朗诵好有意思。"我高兴地听着这些老师的赞美。回家路上，一个老师说："我们班参赛肯定没有你们班的气氛活跃，你带的娃娃都是在正式场合才显山露水啊，感觉这节课比热血五班当年那节课还要实在，孩子们和老师们受到的启迪更深刻呢。"

我们期待一个满意的结果，但不贪图一个完美的结果，整个过程中，创新五班没有花费太多的精力。年级领导曾再三要求我让孩子们去颂恩堂演练演练，以便全体班主任都帮忙提意见，我没同意。一来我对创新五班的孩子们有绝对的自信；二来真心不愿意麻烦全年级的班主任老师听课评课；三来担心让老师们翻来覆去地听会产生审美疲劳，我多么希望创新五班能够给每一个听课老师带来新鲜的感觉啊。如果孩子们表现不好，年级领导肯定会说我夜郎自大。感谢创新五班的孩子们。

俗话说，铁打的营盘流水的兵，如我这般在班主任的岗位上坚守了那么多年，什么样的活动没有参加过，什么样的荣誉没有获得过，什么样的惊险没有遇到过，如果带着一颗冷漠和毫不在乎的心带领一个班级，孩子们的激情也会慢慢消失，孩子们会因为班主任缺乏热情而失去自信和勇气。

参与就是一种享受，是一种成长，做一天班主任就得有一颗孩童般的心灵，愿我自己在做班主任的道路上能够永葆童心。

六颗巧克力

我上周末花血本买回来一大包糖，品种繁多，色彩缤纷，一打开柜子门，各种糖的香味就会扑鼻而来。我总会找各种理由让孩子们来选择，常常将一大包糖放在膝盖上很阔气地说："我这里的糖很多，根据你的成绩自己选择一颗吧。这么多的糖只准选择一颗，肯定有点为难吧，人生就是这样哟，随时都会面临选择，你们选择了好好表现就有了选糖的机会哈，慎重选择。"刚开始，一般都是组长来领糖，后来孩子们一窝蜂地跑来，人人都要自己来选择，我可以借机"买通"学生，亲近学生。

"王老师，王老师，要——要过节了，我——我——"丁昨天早上站在我办公桌前摇晃着身子，嘴里一边啃着笔一边慢吞吞地说，还不时把手放在腰间不知所措的样子。他虽然高大魁梧，但是说起话来还是声音很尖，像唱歌一样，说一个字后就吧唧一下嘴巴，显出为难的状态。

我微笑地看着他说："你想做什么？帮小组领糖吗？"他摇摇头慢条斯理地说："不是，不——不是的，我，我就想，就

第五章 风过有痕
DIWU ZHANG FENG GUO YOU HEN

想……"话又在这里停住了，我有点摸不着头脑，本想着给他几颗糖，但是又想弄明白丁究竟想做什么。于是再问："你想做什么？一口气说出来吧。"

他轻轻叹口气吧唧一下嘴巴，嗫嚅着，低下头使劲扯着衣服，再次慢悠悠地说："我想，啊，就是要过节了，我给礼物，给我们小组的同学——送点礼物。"我从他断断续续的语句中判断说："你是说要过节了，想给你们的小组同学送点礼物，是这样吗？"丁满脸笑容回答说："就是，就是。"

"你是想找我借钱给小组组员买点礼物吗？"我一边拿过钱包一边说。

他再次唱歌般拖长音调说："不——不是的，我就，我就想……"他不敢看我的眼睛，低着头小声嘟囔着。

"我明白你，你想给组员送礼物，我能为你做什么呢？你想我怎么帮你嘛？"我很急切地问。

"那个，那个，唉，就是那个……"

"你就在我这里选点糖送给组员们吧。"我试探着说。

他连忙手舞足蹈地说："嗯，嗯，呵呵呵，就是，那个。"

"哎呀，你怎么不早说嘛？你表现那么好，进步那么大，我就是不知道该怎么鼓励你呢，要送给组员礼物不必花钱的，我送你几颗巧克力，你就把它作为礼物送给组员嘛。也应该送哟，你们小组对你好好哟，原来你一直记着他们的好，这个的确该送点礼物了。不过，王老师只给你这么多巧克力，你一定不能走漏风声，千万不要说是我给你的哈，不然大家都跑来找我要，那怎么受得了嘛？"我很严肃地说，顺手在口袋里找了最大的几颗巧克力递给他，还不忘嘱咐他要收好。

他一边嗯啊嗯啊地应着我，一边很认真地将六颗巧克力塞进自己的荷包里，脸都笑开了花，尖声尖气地说着谢谢，慢吞吞地走出了办公室。我后来在课堂上看见他满脸自信地坐在位子上，课堂上竭力发言，还不时关注小组最沉闷的组员，小组竞读时一直很努力很努力地放声诵读。

　　其实，丁是一个陶醉在自己世界里的特殊孩子，从来不愿意与人交往，下课了就抱着一个地球仪出神，要不就一个人在投影面前玩弄手影，或者旁若无人地背着手在教室踱着方步。这样一个不关注外人的孩子突然想到要给组员们送去节日的礼物，这说明他的心里已经住进了小组的同学；在自己囊中羞涩的时候，他居然想到了求助于我，这说明在孩子的心里我是可以亲近的，这需要多么大的信任才能让他有这样的举动。

　　记得开学初，他总是慢吞吞的，任何纪律任何处罚都对他无可奈何，干啥事都没有自信，我和他说起减肥一事，他直接回答我减不下去了，因为自己本来就是一个没有恒心的人。如今看着他苗条了许多的身形，在操场跑步的速度快了很多，虽然一直落在班级队伍的最后，但他绝对会不折不扣地跑完全程。当他跑步很艰难的时候，我总在后边推上一把说："你看你现在好看多了，为了减肥一定要坚持哟，你现在跑得快多了，王老师实在跟不上你，你自己认真跑啊。"他一定会笑眯眯地哼哧哼哧地往前跑。如今的末位不是他的专利了。

　　我常常在想，面对一个与众不同的孩子，我们要付出多少真情才能让他真正地喜欢上我啊。三个多月的朝夕相处，虽然我偶尔也责罚孩子们，但是石头也有焐热的时候，一个尘封心灵的孩子开启了心窗，他的心里住进了组员，住进了同学，也

第五章　风过有痕
DIWU ZHANG FENG GUO YOU HEN

住进了他的老师，这样的成绩永远不能用分数量化。

六颗巧克力，是开启心窗的钥匙。

几个小地瓜

离开故乡是我的人生理想，回到故乡是我的美好愿望，我的人生就在这矛盾而又统一的离开和回归中慢慢度过。我在他乡打拼寻找人生的价值，回归故乡是感受那一份久违而又亲切的温暖，每次回归都有感动和温暖。

去年国庆节那天，我匆忙地行走在巫山县城的广东路上。虽然巫山是生我养我的故乡，但是因为自己深居简出不曾广结友朋，所以在熙来攘往的人群中很难碰到一个熟识的人。

"王老师！"一个声音从我身后传来。想来天下那么多"王老师"，应该不会有人在这繁华的街道上和我打招呼。我没有停下脚步，继续迈开大步往前走着。

"王老师！王老师！"这叫声有点急促。我不得不自作多情地回头看看，满路上都是赶路的行人，两旁都是叫卖的商贩，没有一个人注意到我。我内心有些尴尬，慌忙继续往前走，似乎要逃离这个本来热闹于我却很孤寂的繁华街道。

"你是王老师嘛，我硬是觉得自己没有看错。"一个挑着菜篮子的中年妇女横在我面前，气喘吁吁地说，"哪怕好多年没有见过面了，但我还是记得你的身影，看你走得那么快，我也顾不得不好意思了，忙里忙慌地大喊，你就是不答应，我挑起担子就追，哎呀，真的是你，我好开心哟。"

"啊，这不是××的妈妈吗？这么早就来卖菜了。"说话间，我们两个的双手就紧紧地握在了一起。这是我在秀峰中学初2003级的一个学生家长，大约十年不见，她居然能在摩肩接踵的人群中认出我，并且抛却了娇羞和腼腆，不顾一切地跑来和我拥抱，面对她的这份热情，无论我的内心涌起怎样的感动都不过分。

我看着眼前这个朴实的女人，一时激动得说不出话来。十年不见，我们之间没有陌生和疏远，简单地询问了彼此的情况，她询问我的工作，我打听她的田园，家长里短说了好一会儿。

"王老师啊，我们娃娃当年那么调皮，难为你一直那么尽心尽力，现在他教书了，我一点都不为他操心了。我经常教育娃娃，不论什么时候一定不能忘记王老师的大恩大德。我有时候路过秀峰中学的时候，还悄悄去看看你，可是一直都没有看见，后来才听说你已经调走了，今天早上喜鹊在门口叫了，原来是要来稀客啊。反正现在国庆放假，孩子们也在家，你无论如何都得到我家去看看。不说多的，今晚去歇一个晚上，让我做顿饭你吃吃。"她一口气说了那么多，我简直插不上嘴。

我费了很大的功夫才推却她的好意。她突然弯下身子在自己的菜篮子里翻弄，一会拿一把小白菜，一会儿又翻出来几个卖剩下的玉米棒子，一会儿又看看那几个瘦骨嶙峋的小地瓜，然后叹口气说："这么多年没有见到你了，我给你一点什么东西好呢？"我很真诚地对她说："我们说说话就可以了，什么都不要给我，我拿着这些菜都是浪费。"

第五章　风过有痕
DIWU ZHANG FENG GUO YOU HEN

"哎呀，我不管那么多了，你不拿点东西走我心里不安，玉米棒子和小白菜不新鲜了，管他的，拿几个小地瓜吧。你别看这个长得小，我一点农药都没有用，味道很不错的。"她一边说一边拿出一个红色的小方便袋，很仔细很认真地选着地瓜，然后用手摸摸后小心地装进袋子里，直到袋子装得鼓鼓的才递给我。

我再三推辞都不行，于是提着一包小地瓜上路了。一路颠簸，偶尔遇见几个熟悉的朋友都惊讶于我提着几个小地瓜，我不厌其烦地对每一个熟人讲述这几个小地瓜的故事，因为我感动于这份朴实的真诚，我希望把这份幸福和我的朋友们好好分享。

转眼间，我离开故乡整整五年了，为了远方的那点追求，故乡的梦幻和温暖都藏在我的心里，不曾想到在我已经渐渐陌生的故乡小城能有如此温暖的邂逅，一时间，我似乎感到了自己曾经在这座小县城生活了八年的价值。

离开故乡是我的人生选择，尽管我使出浑身解数努力打拼，终究还是一事无成，总感觉不能很骄傲地荣归故里，偶尔回归仅仅是解解心底深处的思念之苦，在熟悉而又陌生的环境里寻找属于我的那份慰藉，从来都不奢望有意外的惊喜。而那次，那几个小地瓜给我了无穷的安慰和鼓励。

我的"大头儿子"

我自信一般的孩子都很黏我，但是多少有一些距离，可是这个小男孩随时像一个跟屁虫一般不离我左右，有时候还臆想一些雷人的话语。老师和学生都觉得他很烦，我虽然也厉声斥责过他，但是没有表现出对他的厌烦，于是他继续黏着我。因为他特殊的体貌特征，所以我玩笑地称他为"大头儿子"。

"大头儿子"不是五班的孩子，我们初次见面是在食堂。那天，他端着饭盒走到我的面前，歪着脑袋看我面前的校牌，然后眯着眼睛说出我的名字，突然发现新大陆一般大叫："我是八班的，你是我的语文老师。"我只是点头微笑了一下。

我走进八班的课堂，那孩子就在第一排坐着，也不记得是一个什么问题就喊到他来回答。不料这小子忸忸怩怩半天不站起来，全班同学发出厌恶的声音，我才意识到他可能是一个不一般的孩子。原来他真的是一个特殊的孩子，先天患有脊椎弯曲的疾病，父母大学毕业本来有着很好的工作，可是为了他放弃了安逸的工作下海经商，为的是能够挣钱给孩子做手术。他小小年纪已经经历了三次大型手术。这孩子其实很聪明，但是很爱臆想，有时候让你哭笑不得。

不知道什么原因，我却开始格外关注他，孩子似乎有啥感应一般，课上课下总是贴着我。课上他为了和我说话，总是出其不意跑上讲台说一些不着边际的话，我总是大声恐吓他说："你上课乱跑，我下课就不理你了。"他于是乖乖地回到座位上。

有一次，高效课堂上分小组展示朗读课文，他们小组一个展示的同学因为发音不标准被点评得零分，他气呼呼地将书扔在地上歇斯底里地大喊一声："重来！"全班哗然，小组成员也气呼呼地说："除非你来！"不料他一拍课桌甩出一句硬邦邦的话："我来就我来，谁怕谁啊！"于是弯腰拾起书本，大声地朗

第五章 风过有痕

读课文，竟然一点也没错，我感动得拍红了手掌，孩子们也跟着鼓掌。自此，他成为小组朗读的得力干将，总是缠着我问上课有没有朗读比赛。

大家都叫他"小丑"或者"人来疯"，你越是逗他，他越容易和你吵架，孩子们大多不喜欢他。有几个小家伙恶作剧将他的书本藏起来，他慌慌张张到处找，我发现孩子们欺负他，狠狠地批评了那几个小子，他竟然安慰同学说："没事，我不会计较你们的。"

晚饭后，我和邻班一个班主任手挽手走在校园里。他突然跑到我的面前很生气地说："王老师，你为什么要和她一起走，她是你姐，她是你妹？"然后狠狠地将那女老师的手拉开，自己挽着我的手说："我和你一起走。"我们在大家的笑声中朝教室走去。自此，只要一看见他的影子，老师们总爱开玩笑说："王老师，你的儿子来了。"

因为他，我可是紧张了一段时间。去年我刚刚开始倒腾滚动高效课堂，面对频繁的来访老师，他总是跑到客人面前说："你是教语文的吗？我们王老师在搞滚动课堂，我建议你去听一听。"居然每次都有老师上他的当，搞得我一点都不敢懈怠。他还穿梭在校园里帮我"拉客"，我简直是哭笑不得。

这周三的中午，我因为上课太累懒得去吃午饭，在办公室呆了一会才出去，不料他在教室的门厅里徘徊不停，见我过去好像很生气的样子，嗔怪说："你在干啥呀，半天都不出来，我都等得要冒火了。"其中一个年轻的老师笑着说："你在这里转来转去原来是等王老师啊。"他看都懒得看地回答说："我等她一起吃饭。"于是挽着我的手臂就往食堂拉。半路上，几个年轻的男老师见状笑得直不起腰来，其中一个老师还开玩笑说:"不许缠着我们的王老师，快走开!"

"不要理他们，你是我最可亲可敬的老师。"他开始油嘴滑舌，对那年轻老师置之不理。

他见我真的不去吃饭，好像很难过地说:"我等你半天，又是我一个人去吃饭。"我说:"那么多同学还不够热闹，你快去哟，不然我以后不理你了哟。"他无奈地慢慢走去。

昨天中午，我刚刚吃完饭，他就蹑手蹑脚来到我跟前，小叶老师假装大声吼着:"不允许到王老师这里来!"他不屑一顾地跑来靠着我，一边在我后背上轻轻拍着，一边说:"你不懂，她是我最可亲可敬的王老师，我偏要来，偏要来，我就不相信你会把我吃了。"然后旁若无人地开始和我贫嘴。

"大头儿子"的故事太多太多，每天早上他连自己的教室都不进，径直走到我班讲台前告诉我说:"××节是我们班的课，你不要忘记了啊。"平日里，他总是在走廊上抢我的书本；为了让我理他，他拼命背课文，写生字，还一个个查字典；上课时，他总想揪出我的错误然后跑到讲台上给我纠正；一到教室，他就会把粉笔递给我说:"快，把家庭作业写在黑板上，不然就你说我写。"

别人看着他觉得很烦也很好笑，我似乎习惯了他这样缠着我，尽管有时候心烦也责骂他，但是心底没有半点恶意。孩子的成绩也不会给我啥惊奇，但是他的确改变了很多，家长说孩子成绩好不好不在乎，只要他快乐就够了。

生命是多姿多彩的，面对这样思想出人意料、行为乖张的孩子，我付出了一个教师应该有的温柔，呵护着他健康成长，

第五章 风过有痕
DIWU ZHANG FENG GUO YOU HEN

我把他视为我的"大头儿子"!

我是女王

乖乖女儿青春期最大的烦恼莫过于被莫名地八卦,我自己是一个不优秀的人,在青春时代没有类似烦恼。但我见过,好多姑娘被这些事情困扰得哭鼻子抹眼泪。解决这类问题,不同的老师有不同的方法,大多数第一时间想到的就是逃避,不理别人,我却喜欢反其道而行之,鼓励孩子做女王。

我是女王,何等的高雅和美丽,岂能被你几句嚼舌根的话扰得心神不宁!

一天夜宵时间,我在食堂看孩子们如何胡吃海喝,大多数孩子端着自己喜欢的食物狼吞虎咽,一个小姑娘却坐在座位上一动不动,生活老师在努力宽慰她,一会儿抚摸着她的背,一会儿帮她撩撩头发,一会儿又帮她揩揩眼泪,附在她耳边说着知心的话,小姑娘却哭得欲罢不能。

我远远地看着,其他同学也在不时安慰着这个姑娘。小姑娘丝毫没有停止哭泣的意思,眼睛红红的,抽泣不止,一副受到了天大委屈的样子。我本想走过去问几句的,但是没有立即行动,想给孩子一点缓冲时间。于是我干脆走过去拉过一张椅子坐下来,不管不顾地与儿子打电话聊天,儿子那天也刚好有开心的事情,电话里聊得很是尽兴,直到孩子们差不多走完,我才挂掉电话。

"怎么啦？姑娘，你有什么事情那么伤心啊，哭了半天都还没有停止，如果需要我帮忙哭的话，我也来帮你哭一场，顺便请其他还没有走的孩子们也来帮帮你。"我笑嘻嘻地打趣着。

孩子自己也觉得好笑，但还是忍不住伤心，低下头啜泣。生活老师帮忙回答："王老师，有男同学说她和哪个男生很好，在谈恋爱。"

"真的吗？你应该感到幸运，说明你给别人的印象是美的，这有什么好哭的嘛？算了，我应该替你高兴，不帮你哭了，你要是忍不住就继续哭哈。"

小姑娘怔怔地看着我，满脸的莫名其妙，似乎一下子轻松了不少，我开始慢慢地与她对话。

"是谁在说你这些坏话？"

"××同学，还有××同学。"

"嗨呀，你个猪脑壳，还不晓得他两个嘛，这几天正被我收拾。他俩一天到晚绑在一起，人很聪明但还不晓得搞学习，嘴巴臭一下可以理解。你不理他嘛，你在这儿哭，他俩也看见了，会觉得自己的八卦有意思，以后会越来越起劲儿。一个聪明的女孩子被几个淘气娃娃八卦两句就哭得稀里哗啦，实在让人觉得好笑好玩，换作是我以后也会继续说。你要知道，男生看小女生流泪是一件享受的事情。"我一口气说了一大篇，小姑娘就那么看着我，眼泪已经忘记流出来了。

我再次假装很好奇地问小姑娘："王老师想知道，他们说你和谁呀？"

小姑娘说："他们说我和××，还让其他班的男生到我们教室门口来看我。"

第五章 风过有痕
DIWU ZHANG FENG GUO YOU HEN

"哈哈哈，说你和他呀，他好乖哟，我最喜欢那个男生了，不是说你和那个男生真的怎样了，而是那些淘气孩子觉得你俩都很优秀，把话题拿到一起了。再说外班同学来我们教室门口就确定别人是看你吗？你就觉得自己做了坏事一般难堪吗？是我就摆出一副高傲而又美丽的面孔，无视他们，用我的举动震慑别人：我就是女王，尽管看，我没时间也没兴趣俯视你们。人家看一两回觉得不好玩就自然不看了。"我这人话特别多，絮絮叨叨又是一大篇，小姑娘彻底没了眼泪，耷拉着脑袋不住地点头。

后边也没有怎么劝，小姑娘就自己回寝室去了，我第二天过问她的心情是否好转，她告诉我说没事。不过我背地里找了两个八卦的臭小子，威胁恐吓，说如果再看到这个女孩因为这件事哭鼻子要惩罚他俩，两个小家伙自然收敛了。我还找机会表扬那位躺着中枪的小男生，努力把他捧成优秀的形象，并侧面给这个小姑娘信息，让她知道传他俩的八卦实在是因为他俩优秀。如此这般苦心经营，让姑娘能够真正自信起来。

昨天，我把小姑娘叫到面前过问这事，小姑娘笑嘻嘻地摇着脑袋说早就不苦恼了，当然也没有听到这样的八卦了。事实上他们现在前后桌坐着关系融洽，虽然小男生浮躁坐不住，但是再也没有调皮捣蛋了。

青春期就像开车一样，尽管我们想方设法让自己安全行驶，但始终不可避免会有一些人给我们带来危险，无论我们在青春期如何管理好自己，总难免被一些乱七八糟的八卦烦恼。不能躲避，不能恐慌，最好的办法是以不变应万变，稳住自己的阵脚，用女王的心态俯视流言。

俗话说，哪个背后无人说，哪个人前不说人。我们努力做到人前不说人，背后不诋毁人，但是我们也要正确应对背后被说，坚守自己的底线，坚信自己的女王气质，青春就会春光一片。

教育是一种温暖的等待

不是一缕春风就能唤醒冬眠的大地，也不是一场甘霖就能滋润亟待生长的万物，更不是一声霹雳就能震撼巍峨的山川。其实教育也是一样，一次声色俱厉的呵斥，一席语重心长的谈话，抑或是一篇千字的整改报告，都不能一劳永逸改变一个孩子。所以，班主任工作是一场持久战，也是一场充满诗意的温暖等待。

我曾经花费了两年时间等待一个撒谎的孩子回归诚信的大道。

Q同学看起来是一个文静寡言的女孩，端庄秀丽，平时也乖巧懂事，特别擅长画画和写作。因为有她的存在，我从来都无需担心班级的板报，任务一下达，她绝对会带领班级板报组的同学在第一时间完成任务，并且会有让人惊喜的效果。可是，这样一个优秀的学生，却和撒谎有着千丝万缕的联系，并且她撒谎时的那种镇定当时会让人信以为真，事后让人哭笑不得。究竟是怎样幼稚的谎言让我们这样的中年老师哭笑不得呢？

第五章 风过有痕
DIWU ZHANG FENG GUO YOU HEN

时间过得很快，转眼就是半期考试。英语口语考试结束后，英语老师让科代表统计成绩，Q同学当时登记的口语成绩是满分，可是最终教导处颁发的成绩却只有45分，全班倒数第一。我和英语老师都很诧异，当我向Q同学询问情况时，她很平静地说当时是满分，并且是她亲眼看见主考老师落笔写下的。

为了弄清事情的真相，我请英语老师去教导处找到原始试卷，试卷上赫然写着45分，哪一句没读准，哪一句没有背下来都标记得很清楚。我们再次找到Q同学询问情况，她依然满脸平静，说自己当时明明是100分，怎么就成了45分，似乎还满腹委屈一样。

一个谎言才刚结束，另一个谎言又不期而至。

期末考试又到了，英语口语成绩下来后，全班居然没有Q同学的成绩。当我们向她了解情况时，她很惊讶地说："怎么会这样呢，我明明去考了的呀？"在一系列谈话后，我和邹老师商量决定让她去补考。记得那天晚自习刚上了一半时，她主动来向我请假说去考口语。不多久，她回来了。我问她，她说考了，并且说得了多少分，不过这次她似乎更聪明些，没有说满分。没想到的是，第二天早上，邹老师在来上早自习的路上遇到主考老师，听主考老师说，Q同学没有去考试。原来她只是出去转悠了一圈就回来了。

Q同学的谎言不仅是对付老师的武器，对家长也毫不"口软"。

期末考试后，Q同学是第一个询问成绩的，我清清楚楚地给她说了每一门学科的分数，并叮嘱她数学不及格，假期一定要好好好复习，并且还给她推荐了一本资料，让她寒假好好学习，以此提高数学成绩。不料她却向家长汇报了一个高分，后来在和家长的交流中我才发现这个秘密。我将她叫到办公室教育时，她还很惊讶地说："怎么，数学不是130分吗？"

如此这般的谎言不胜枚举，尽管我有时也哭笑不得，但我想孩子毕竟是孩子。每次面对她的撒谎，我都耐心地教育，并且每次都期待她能改变，可是她总是故伎重演。有时我真想给她一顿疾风骤雨式的怒吼，或者给她个处分，以解我心头之急，可这能从根本上解决问题吗？

记得有位哲人曾经说："凡存在的就是合理的。"孩子撒谎没有错，错在让孩子滋生谎言的土壤，Q同学的背后究竟有着怎样的故事呢？是什么原因让一个纯真的小女孩把说谎修炼得如此驾轻就熟呢？

我终于拨通了家长的电话，约见家长了解孩子的情况。当我面对Q同学的家长时，愕然间不知道该如何称呼。这是一张苍老的面庞，满眼都是忧郁，对我的态度恭敬得让我有点不知所措。我们很艰难地开启了交流的话题。

Q同学的妈妈告诉我，Q原本有一个哥哥，是一个很聪明可爱的孩子，可是在18岁那年去世了。自此，孩子的爸爸得了严重的精神分裂症，曾经有四五年都神情恍惚，几乎丧失了劳动能力。直到后来有了Q，她爸爸的病情才慢慢好转，渐渐地走出中年丧子的阴影。可是因为有这样的疾病很受歧视，他寻找工作处处碰壁，只得在一家体检不严格的私人企业上班。

我还得知，Q的哥哥当年很优秀，爸爸总是希望Q在各方面都能超越哥哥，一旦知道Q的负面信息，他就会暴跳如

第五章 风过有痕
DIWU ZHANG FENG GUO YOU HEN

雷，焦躁不安，似乎随时都有旧病复发的危险，所以关于 Q 的一切错误，妈妈从来不敢让爸爸知道，还叮嘱我千万别给她爸爸打电话。

另外，为了给 Q 更好的生活条件，她妈妈在一家美发店做洗头工，工作很忙，无暇也无能力辅导 Q 的学习，所以从小就把孩子寄在小学老师那做作业和辅导。出于对老师的无限信任，Q 妈妈从来没有怀疑过孩子的成绩，老师们也没有说过 Q 的缺点，所以他们一直认为孩子小学成绩很好。

我明白了一切。Q 本身就是一个特殊的生命，她是父母重生的希望，如此的家庭背景之下她只能优秀，在不能优秀的现实下，就用谎言掩盖了自己的缺点和不足。同时为了家庭的安宁，Q 的母亲也做出了无奈的举动，我深深同情这位母亲，更感肩头的担子沉甸甸的。

我本来是一个雷厉风行的急性之人，但要从根本上解决 Q 的问题，急不得。既然通过望闻问切了解了病因，接下来就对症下药，我选择了耐心和等待这一剂良方，帮助 Q 找到回归诚信的路。

第一，我选择相信，保护孩子的自尊心。比如，面对第一次她撒谎说英语口语是满分时，我在对她进行了诚信教育后，还是按照她报告的分数给她计分，让她得了个好名次，并鼓励她说，凭着自己的聪明，大胆读英语，大声读英语，一定会考满分的。

第二，留心细节，堵住谎言的源头。以后在每次考口语时，我就会安排一个学生，说 Q 的胆子比较小，让这位同学陪她去考口语，并对 Q 说，让某同学陪她去，增强她的自信。

每次期末考试后，我都跟 Q 的家长说，让 Q 先自己问成绩，然后向家长汇报。在她汇报成绩后，家长给我电话询问，确定成绩是否真实，这样来阻断谎言的源头。

第三，发挥特长，让她找到自信。因为这孩子喜欢读书，我经常借给她书籍，让她看后写读后感，写得好的文章在班上展示；还指导她参加语文报杯竞赛，偶尔还能得一个奖；委任她做板报班长，每次我们班办出的板报获得很高评价时，我总是不吝惜表扬。尤其是课堂上我多给她发言的机会，训练她敢于大声说话的胆量，其实她害怕英语口语，与她不敢大声读书是有关系的。

第四，营造诚信氛围，感悟诚信魅力。在七年级下学期，我们班举行了以"诚信"为主题的系列主题活动，化教育于无形中。

我在教育和等待中期待 Q 的变化。俗话说，即使是石头也有焐热的时候。她没有辜负我的等待，我的等待保全了一小女孩儿的自尊，维护了一个小姑娘的形象，唤醒了一个小孩子心灵深处对于诚信的认识并且形成了对谎言的免疫力。记得这孩子后来在一篇题为《温暖》的作文中写道："老师的等待，温暖了我一生。"

回想我对 Q 同学的教育过程，我当时选择这种教育的理论依据叫"容错"。理解孩子犯错，甚至创造机会让孩子犯错，让孩子在错误当中去认识生活，认识自我，然后自我矫正，逐渐形成健康的人生观、价值观。

"容错"是一种教育文化，其特点有三。第一，相信人生而向善。第二，相信觉悟成长是个体生命的本能。第三，相信

第五章 风过有痕

自我教育才是教育最核心、最纯正的力量。

如果有了以上的"相信",教育便不再是一种单纯的矫正和塑造,而成为了一种帮助和引导。"雷厉风行""疾风暴雨"似的发现问题、处理问题就不再是教育的必须,"瞻前顾后""回环往复"反而能够成就教育的真谛。这是更人性化的教育。

教育是慢的艺术,教育是"难得糊涂",教育是"容错"、是"用错",教育是一种温暖的等待——这是教育的胸怀,更是教育的境界。

第六章 班书万金

第六章 班书万金

我最最亲爱的 LHZ 同学：

你好！

我站在讲台上欣赏你们的时候，你给我的印象总是眼泪太多太多。我真的不喜欢你流眼泪，希望你用行动证明自己，你能做到吗？我相信你能做到。以后要记住，男儿有泪不轻弹，千万不要未语泪先流。

军训的那天，你因为身体不舒服，我带你看了医生然后陪你休息。在二外那宽广的操场上，将近千人的队伍在艰苦地训练，而操场的角落却有一对师生在聊天，那是一道很独特的风景，也是我俩短暂的交流。你谈到了自己的爷爷，也谈到了自己的爸爸妈妈，从你的眼神里可以看出你很幸福。我本来是因为你犯下了严重的错误在批评你，可是后来我知道了你的遭遇，听了你撕心的哭诉，我眼泪溢满眼眶，如果不是突然反应过来你说的这些与我们的谈话无关，我差点偏离了主题呢。

孩子，我想对你说，无论你小小的年纪经历过怎样的伤痛，都不要把这些伤痛当作失败和错误的借口，更不能因为似乎受伤而让爱你的妈妈伤心落泪。当你的父母出现在我的眼前，你母亲向你劈头挥出的那一巴掌让我震惊，也不由得同情你，但是也觉得你太不理解妈妈的辛苦了。虽然我阻止了你母亲的暴力，但是如果你是我的儿子，我肯定也会狠狠地揍你一顿，你的确做得太不应该了。

你的《都是你的错》一文，我反复读了好多次，也一直在思考你所说的话。于是从心底深处想好好原谅你，原谅你的过错。

孩子呀，你可知道为师的一片苦心，我知道你渴望好好学习，但是老师不能随时跟在你的身边督促你，于是费尽心思给你物色了那么一个组长，让你们师徒结对，有问题可以请教，有不良行为可以得到约束，同时还可以学习他们身上很多优点。俗话说跟好人学好人，你却不太喜欢和那些品学兼优的孩子们一起学习、玩耍，我心里很难过，尤其是你做出学校三令五申禁止的事情，我甚至有些失望。

人非圣贤孰能无过。我在心底一直努力地宽容你的过错，好在你最近的表现让我很满意，我看到了一个可爱上进的你。课堂上高高举起的手让我很欣慰，你用这个美丽的动作告诉老师："我很好，我在积极思考问题。"我衷心地希望你以后随时和组长在一起，请他督促你完成作业，请他帮助你解答疑难，还要随时整理自己学习方面的问题，请教每一个任课老师。

中期考试你的语文成绩有很大的进步，可是英语成绩很是让人沮丧。期末在即，不要漏掉任何一个知识点，不要放过任何一个单词，上课即使不能完全消化老师的讲解，也一定要让自己做一个全程的课堂摄像机，课后好好在脑子里回放老师的讲解，然后一点点地去吸收。下过苦功夫以后，你就会收获到成功的喜悦与激动。数学是你的强项，一定要精益求精，争取满分，为自己赢得成功，为咱们五班增添一分光彩。

我亲爱的孩子，这些天看你很勤奋，不过请记住：学习是很辛苦的事情，努力勤奋一天很容易，要天天努力，时时勤奋很难。我希望你坚持下去，一步一个脚印地走下去，若有不懂的问题随时请教身边的同学，请教你的组长，请教老师，我们都会竭诚为你解答疑难，并且会因为帮助你而感到莫大的幸福。

期末考试迫在眉睫，你一定要争分夺秒地努力复习，语文的生字词听写要过关，古诗文的默写要滚瓜烂熟，文言文不要放过每一个字词，翻译要落实到每一个字上。对于老师讲过的题平时多看看，回忆老师教给你的方法；做阅读题一定要仔细

第六章 班书万金
DILIU ZHANG BANSHU WANJIN

阅读原文,从文段中寻找答案;作文从练习时就注意书写,千万不要写写改改,想好了就一气呵成。记住了吗?

不要忘记老师对你的喜欢,不要漠视老师对你的赏识,我相信你会完全告别过去,从此一天比一天进步。祝你期末考试取得全面成功。

最最爱你的王老师
2008 年 12 月 11 日星期四

我最最亲爱的 TQX 同学:

你好!

不知道什么时候开始,你喜欢在晚自习后留下,默默地待在我身边,不怎么说话,只是静静地聆听其他孩子的谈话;对我的讲话,你总是微笑着默默点头,时机成熟的时候,偶尔也腼腆地和我说上几句。我看在眼里,乐在心里,我知道你是喜欢我的,不然你不会在我身边逗留。

我亲爱的孩子,感谢你对我的偎依,因为你对我的依恋让我感受到为人师的幸福和快乐。孩子,只要有空,好好和我说说话,老师喜欢走进你们的世界,喜欢聆听你们的心声,但愿你能够敞开心扉诉说青春的苦与乐。

嘘!你可能还不知道,我在很久以前就见过你的爸爸妈妈,看他们比我年长才有你这么一个年幼的孩子,总以为他们会加倍地溺爱你,你却出乎我的意料,竟然一切都能自理。看你的内务收拾得比女生的还要好,看你自己洗的衣服干干净净,你的爸爸妈妈可高兴了,他们当着我夸你进步很大。表扬你就是夸奖我,我当时心里好激动,真的好想对你说声谢谢,是你让我受到家长的表扬,我因为你的存在而感到幸福。

你还记得"这就是我"的综合实践活动吗?大家虽然都做出了很多自我展示的课件,可是孩子们不敢走上讲台,一个个犹豫不决。当我点到你的时候，你竟然大大方方地走上讲台，有条不紊地介绍了自己的基本情况、近期目标，还展示了自己的特长，当时大家可佩服你了。

我看到你出色的表现，不由得想起你爸爸妈妈的话："我们孩子内向胆小，他一般不敢在公共场合讲话，希望老师多给他一些鼓励。"这哪是一个内向的孩子，这是含蓄，是内敛，该展示的时候一点都不胆怯，相反还很从容和镇定。

你的优点说不完，老师打心眼里喜欢你，喜欢你认真学习的态度，喜欢你对工作认真负责的态度，喜欢你从不多言多语的文静，还喜欢你一点都不娇气的好性格。

那次运动会上，你代表五班参加跳高比赛。虽然你不曾练过跳高，但在老师指定你的时候，你高兴地接受了任务。体锻时，你开始还不习惯长跑，但硬是咬牙坚持，从来不叫苦叫累。看你如今轻松地对付跑步，体育方面都有很大的进步，老师打心眼里高兴，在心里一遍遍地祝贺你。看你检查组员背书的情景，我多么感激你的帮助，你简直成了我的"影子"。

时间过得很快，你在认真复习的同时，不要忘记你的组员们，他们虽然一个个很勤奋刻苦，但是还是需要你的提醒。另外，通过管理督促组员的学习，你也可以提高自己的学习和能力。永远都把工作和学习当作乐趣，全身心地投入，一切都会使人感到无限的幸福和快乐。

期末考试马上就到了，你一定要认真复习好每一门功课，给爸爸妈妈带回喜讯，给自己留下一份自信。我相信你行，绝对不会辜负老师和家长对你的希望。

祝你取得满意的成绩！

最最爱你的班主任王老师

2008年12月18日星期四

第六章 班书万金

我最最亲爱的WFY同学：

你好！

我读完了你写的《这老师，真让我感动》一文，心里涌动着一种成就感，还有说不出的幸福感，真想对你说一声："辛苦了，我的孩子，我所做的一切太微小了，是你让老师浑身充满感动，是你让我体会到了当老师的那份幸福。"

孩子呀，我经常和你的阿姨通电话，每当她问起你是否有进步，我只好说："不错不错，现在能够安心听课了，看样子也长高了很多，在寝室也能很好地整理自己的内务了……"如果你阿姨执意询问学习情况，我几乎求情地说："不要把我和孩子逼得太紧，我们都很着急，我们也都在努力，一切都会有希望。"

是的，我坚信：只要我们肯真心付出，一切都会有希望，不是吗？开学那些日子，你们几个小家伙因为不懂事竟然做了很多糊涂事，我万般恼火，好不容易平息了，你们竟然一波又起，搞得王老师左右不是人，里外不是人，让我走进了未曾涉足的精神低谷，有时候恨不得甩开膀子气呼呼地离开这个鬼地方。时间是疗伤的良药，我们共同努力，很快走出了这低谷，似乎比从前变得更加自信，更加坚强了。

我还记得学习《紫藤萝瀑布》的时候，为了照顾你记下我讲课的笔记，我几乎是一边在黑板上写一边念着。可是我看到你的笔记时简直哭笑不得，其中的四个字你写错了三个，绝大部分是照着写的，怎么也不至于错得这样糟糕吧！面对你这样的基础，我真的有些束手无策。不过，我没有抱怨，因为我知道，你既然到了我讲台下，过去的就让它过去，你的未来必须由我来打造，只要你身心健康，品德优良，我一定会将你打造成一个上进的孩子。

中期考试前，你的古诗文默写、文言文翻译都准备好了，我预感你会有很大的进步。可是翻开你的文言文题目，我几乎无语，竟然得了个零分。不过值得欣慰的是你的默写得分百分之八十，一直惧怕作文的你竟然得了 40 分，这个成功冲淡了我的懊恼，对你我依然抱有百倍的信心和热情。

你说感谢我给你安排了一个最好的组长，我也感谢你非常配合组长的工作。

那天晚上的事永远印在我的脑海里。你的组长让你默写过关，你摇头晃脑背了半天，总是背了前面忘记后面，对了上句错了下句。你的组长让你一个个看一遍写一遍，然后一个个听写，你都乖乖地做着，趴在座位上了认真地写呀、记呀，直到全部过关才离开教室。

我当时在旁边虽然默不作声，但是这一切都看在眼里，心里无比地感动，相信你在组长的帮助下会一天天进步。如今的你生活得很快乐，学习得很幸福，每当问到作业做对了没有，你总是昂首挺胸，闭着眼睛回答："做对了！"那样子是我最喜欢看到的风景。

我亲爱的孩子，无论付出多大的努力，我都要让你获得长足的进步，希望你好好配合我，我们一起努力打造你的灿烂人生。

最最爱你的王老师
2008 年 12 月 11 日星期四

我最最亲爱的 WK 同学：

你好！

恭喜你被大家推上班级表演的舞台，看你红彤彤的小脸，羞涩得如同丛林深处的花朵。你半天都不敢露出头来，忸忸怩

第六章 班书万金

怩地站起来，歪着身子惊异地看着大家，还用手指着自己的脸说："我呀？嗯——"

那样子可爱极了，我连忙大声说："WK的歌唱得很好，大家要给他一点掌声呀。"教室里掌声雷动，大家很有节奏地呼喊着："WK，WK……"整个教室几乎沸腾了。

你终于站上了讲台，一首《萤火虫》把大家唱歌的细胞全激活了，一边拍着节奏，一边跟着你歌唱。我嫉妒呀，你三两声歌喉就把大家吸引过来了，同学们都成了你的粉丝，如果我的课堂有你的歌声那么富有魅力，我一定会成为最优秀的老师呢。我得加油，向你学习。

嘘！

我不知道你最近是否还在哭鼻子呀，开学那段时间哭得泪人儿一般，纠缠着你妈妈不放，把她搞得焦头烂额的，还说你好几个晚上都打电话，自己蒙在被子里不睡觉还不让爸爸妈妈睡觉。她可是差点急坏了，你这个小调皮，多烦呀！不过从你现在的表现看来，你乖多了，你妈妈也没有诉苦了，这就是进步嘛！

人总是要长大的，早一天离开妈妈独立生活不是受苦，而是让自己的羽翼更加丰满起来，不要说不想去新加坡留学哈，这个梦想咱都得有，别人都在争取，我们何尝不拼出命去好好搏一搏呢。

"WK那姑娘真乖，她的英语书写是最漂亮的。"英语老师满怀幸福地对我说。

"WK，进步很大，现在的数学不成问题了。"数学老师对我夸奖你。

"我喜欢改WK的作业，她的书写很漂亮，还能写出优美感人的文章。"我在办公室炫耀着。

……

一个人得到一个老师的表扬很简单，如果要得到大家的表扬就难了，可是你得到了，得到了很多老师的认可，远远超过当年的小王老师呀。如果我当年能有你一半优秀，或许我可以做一个大学老师呢。

说了那么多，很多小事也涌上了我的心头。

那晚，我刚来到你们宿舍的走廊上，呜呜呜的哭声让我惊诧不已，几个孩子拉着一个女生劝慰，那女孩侧身靠在墙边，两手捧着脸一边呜呜呜地哭，一边说："我要和××做同桌，原来和他同桌的时候从来没有违纪，从来没有被老师批评过，呜呜呜，我……"

原来是因为你上数学课随便讲话被我批评了，你竟然没有想到是自己的责任，怪罪到自己的同桌身上了。同桌喜欢说话你就提醒他不说嘛，或者不理他呀，怎么是因为同桌让你违纪的呢？你是忘了王老师的教诲：凡事敢于说"都是我的错"。不知道我说了什么，你竟然乖乖地不哭了，还挥手说："王老师晚安！"

我是喜欢你的，喜欢你很多很多，我也相信你很喜欢我，让我们在相互的喜欢和欣赏中迎接快乐与成功吧。

祝你期末考出一个扬眉吐气的好成绩！

最最爱你的班主任王老师
2008年12月25日星期四

我最最亲爱的WK同学：

你好！

"老师，我的语文考了多少分？"周周清考试刚刚结束，你就关切地询问成绩，这足以看出你对学习是多么重视，你牵挂的不仅仅是分数，还有你对人生的承诺。

"老师，我如果作文写完了的话，我的成绩应该可以上130分呢，我下来把它写完，你再帮我看一遍，好吗？"我很

第六章 班书万金

快乐,因为我的学生不仅能够找出自己的不足,还能够主动弥补自己的不足,那是为今后的成功做铺垫,是为将来优异的语文成绩埋下了伏笔。

还记得你开学时歪歪倒倒地坐在位子上,让老师感到一点都不顺眼,就算找你谈话,似乎也不见好转。可是,当我们约定,你在一周内不让我抓着,我就给你写感谢信,你一下子就改变自己了,硬是赚取了我一个小时,直到把信公开在我的博客上你才罢休。

你呀,一点都不给老师面子哈。我那次和你们比赛谁到得早,结果我迟到了,大家都没有催促我表演节目,你却一点都不地道,硬是逼问我什么时候唱歌,好像还急不可耐的哟。那次,我不小心扔了一个粉笔头在地下,你下课就说:"王老师,你应该罚自己扫一天教室,因为你上课不小心扔了一个粉笔头。"

呜呜呜,你把我管得好严格哟,我怕你找出我的不足,所以一点都不敢疏忽,生怕被你逮着难堪。

嘘!你这个家伙把我要求得越严格,我的进步就越大,一贯自我感觉良好的王老师,不料被你抓住了好几回,我现在正在加倍努力,做一个让你找不到缺点的老师,请你继续监督我。不过,我也不会放过对你的监督,不如咱们相互比赛,看谁做得最好?

第一次月考,你赚足了我的表扬,可是中期考试让我的情绪跌进了低谷,你这个粗心的小少爷,居然连语文都没有上120分,真让我沮丧,真想拧起你的耳朵打个痛快,好在你妈妈及时让你与网络游戏说了再见。不过,你也是好样的,写了一篇《告别过去》的文章后,就彻底地诀别网络游戏。好样的哈,有勇气也有毅力哟,千万不要半途背叛自己的毅力哈。

开学不久，我问你想考哪所大学，你却用地道的川普回答说："我要成为博士后，因为很多大学生找不到工作滴。"我可是记得你的理想，不要只是空想呀，成为博士后很不简单的，那顶帽子要用很多汗水才能换来，希望你好好努力。

运动场上，你呼哧呼哧地跑在最后，总是红着脸蛋，这怎么能行，小小年纪就跑不动路，我不能放过你。不管是体锻时间还是课间操，你都得老老实实地给我跑，不管有多么难受，你都得坚持，以后不允许掉队，明年的运动会你得上场参加长跑比赛，我要你为班级拿奖。不信，我明年派你上场，如果还是那般慢吞吞的样子，看你怎么好意思……

小子，我要锻炼你的身体，我要监督你的言行，我要督促你的学习，我还要等你成为博士后了吃你的喜酒……好好加油，短期目标是一定要夺取期末考试的全面进步！

最最爱你的班主任：小王同志
2008年12月20日星期六

第六章 班书万金
DILIU ZHANG BANSHU WANJIN

我最最亲爱的 WSK 同学：

你好！

我站在讲台上，看见你们各做各的事情，一个个是那么的有条不紊，不由得想起你们刚来这个学校的情景。你当初的模样浮现在我的眼前：总是摇头晃脑地接老师的话茬，无论对什么话题你都能滔滔不绝。我既看到了你的能说会道，也担心你话太多影响纪律，我真的很恼火，有时候很懊恼地想：做你的老师真的很累。

感谢你，感谢你对我的义气，我竟然还没对你施加暴力手段。不知不觉你变得安静、乖巧，虽然有时候比较随意，但是随意中透出了好多灵气，我看到了一个聪明义气的小家伙。看着你一天天地进步，我不由得乐滋滋、心花怒放地想，这辈子拥有那么一个聪明的孩子真是我这辈子的福气。

呵呵，我本来是一个情绪稳定的老师，却在你面前产生截然不同的两种看法，不知是你改变了我，还是我改变了你，或许是我们两个忘年的朋友在相互改变着对方，这样的改变真的是一种莫大的幸福。

不会忘记，我们全体语文老师在备课室评比手抄报的情景。我翻开你们做的一张张手抄报——漫长的国庆假期，我的孩子们做的手抄报竟然不堪入目，有的只有一张小纸片，有的用几幅乱七八糟的图画打发了，有的干脆胡编乱造……我仔细翻找着，这样的手抄报不用说评奖，单是让人看看也难为情呀。

我沮丧地翻找着，一张字迹工整、版面新颖、内容丰富的手抄报出现在我眼前，这可是最能给我面子的手抄报之一呀。我高高举起你的手抄报，得意地说："咱手下的兵不错，你们看看够水准吧。"这种近乎夸张的炫耀引得大家哈哈大笑。这张手抄报本来完全可以进入一等奖，不料，你小子竟然用铅笔把姓名写在了中间，还是歪歪扭扭的呢，就因为这个瑕疵，你那份漂亮的手抄报只好降为了三等。

我经常在你面前唠叨这件事情，不是数落，而是告诉你，无论什么时候都要注意细节，做任何事情都得精益求精，把每一件小事情做好就是大事，细节真的决定成败呀！但愿这个教训能够让你铭记终生。

那天，我在教室陪伴你们做作业，你却漫不经心地翻阅课外书，我心里很高兴你如此地醉心于阅读，但是也担心你较为落后的英语成绩，因此反复提醒你。你磨磨蹭蹭的样子让我好难过，我的哥们不应该这样磨蹭，应该雷厉风行，还应该迎难而上，特别能够抓住事情的主次，可是你让我伤心了，老师我是多么希望你各科成绩都能遥遥领先呀。

孩子，咱俩是师生，我更愿意做你的朋友，做你忘年的朋友，把这份真挚的情谊延续到永远。我趁着给你写信的时候，对你提出一些殷切的希望。你能说会道，简直就是天生的演说家；你聪明有加，不逊色于任何一个神童，但是缺少足够的勤奋和严谨；你虽然心怀远大的理想，但是对于实现理想还不够全力以赴，如果能够多点勤奋和严谨，时刻为了理想奋力拼搏，你将是最让我自豪和骄傲的孩子。

我喜欢你那洋洋洒洒的作文，喜欢你别出心裁的建议，喜欢你在课堂神侃的潇洒和从容。在期末即将来临之际，我希望你不仅做好自己，还要用行动影响你身边的同学，让大家从你的身上感受到奋进的力量，并争相效仿你，行吗？

祝期末考试成功！

最最爱你的王老师

2008 年 12 月 18 日星期四

第六章 班书万金
DILIU ZHANG BANSHU WANJIN

我最最亲爱的 XRX 同学：

你好！

我很高兴你意识到自己的暴躁是不好的，并且能够主动给同学打电话表达自己的歉意，这是一个很好的举动，你的坦然和诚实已经超过了王老师，真是一个优秀的姑娘，小王老师由衷地佩服你。

孩子，我知道你不是存心要暴躁，在你这么大年龄的时候，我也暴躁，总是喜欢对着亲近的人发脾气，虽然不是有意的，但是无意中会伤害别人。所以，当我知道你暴躁的时候，只是轻言细语地提醒了你几句，你马上就意识到这种行为的危害性，连忙给同学打电话道歉，真是好样的。

"王老师，YYX 好像发烧，我把她带到医务室去看看。"这是一个动听的声音。原来是运动会结束的那天，YYX 突然发起了高烧，作为室友，你连忙伸出了援助之手。老师对你心生感激，同学们满是佩服，你用行动证明了"让大家因为我的存在而感到幸福"。

"XRX 今天最漂亮！"

你还记得这句话吗？那是你将头发扎上去的那天，我在全班同学面前表扬了你。你以往总是喜欢让刘海挡住整个脸庞，一低头全部的表情都埋在了头发里面，学校要求你们的发型是前不扫眉，一定要让大家眉清目秀，绽放最美的天真和烂漫。开头你不习惯那样，后来终于接受了我们的建议，完全按照学校的要求执行，一下子眉清目秀，完全变样了，大家都觉得你瞬间变漂亮了很多倍。

《这老师，真让我心疼》一文深深地震撼了我。我在办公室朗读了你这篇文章，很多老师都羡慕不已，一个同行说："王老师，你好有福气哟，怎么有这么可爱的学生呀，如果有一个学生这样真心心疼我，我这辈子不教书了也心甘情愿呀。"

我听后犹如喝了蜜一般，心里乐滋滋的。嘘！感谢你哈。

你不止一次在文章中感叹自己中学生活的不如意，虽然付出了很大的努力，成绩总是提不起来，你很苦恼也很彷徨。我在文中的批语里指导过你，其实，你已经不错了，只是没有最好只有更好。你今后努力的方向是不让自己走神，上课的时候随时准备起来发表自己的观点和看法，抛开你那些不值钱的面子，回答错了可以知道错的原因，回答对了可以陶醉片刻，只有你的智慧和师生的智慧发生碰撞后才能产生更多的智慧，这样才能让你加强记忆，提高学习的能力。

孩子呀，看着你半年来长高了不少，也长胖了很多，我很是高兴，这说明你的生活很惬意，二外这片土地适合你成长。如果你在学习上能够更上一层楼，能够向TY、WFF、YYZ等同学看齐，你的爸爸妈妈，你的老师，还有你的同学都会更加高兴。

期末考试马上就要来临，在这些日子里请摆脱所有的苦恼，愉快地投入到学习中，如果有心情郁闷的时候，我愿意做你的垃圾桶，接受你所有的心情垃圾，只要能够让你们快乐地成长，我什么都愿意做。

我期待你高举手臂要求发言，我盼望你滔滔不绝发表见解，我希望你永远温柔可人善待每一个同学，我祝愿你成绩一天比一天进步，最终取得让所有关心你的人满意的成绩！

最最爱你的班主任王老师
2008年12月21日星期日

我最最亲爱的YLS同学：
你好！
我终于打开了你的自我展示课件，看你匆匆忙忙照下的照片和你平时一模一样，越看越觉得好笑，越看越觉得可爱。你

第六章 班书万金
DILIU ZHANG BANSHU WANJIN

是一个很有独立能力的孩子，据说你是抱着很大的决心走进这所学校的，我相信你一定抱着很大的决心要风风光光地走出这所学校，到那时，王老师会因为身为你的班主任而感到骄傲和自豪，也会因为是你的语文老师而感到幸福和荣光。

家长会上，我看见很多孩子都和家长黏在一起，你的妈妈匆忙中连夜赶回了家。我到寝室看你的时候，你和同学们正乖乖地做着作业。看你和室友们把寝室打扫得干干净净，我也想住在你们寝室了，因为你们比我收拾得好哟。

自开学起，我们年级就注重细节管理，餐桌上要打扫干净，餐盘要自己倾倒。可是同学们不是小姐就是少爷，谁会做这些事情呀，为这事情很是苦恼。我努力找寻可靠的哥们，希望有人能够为我们分担重任。不久，我在学生队伍中发现了你，于是将这个光荣而艰巨的任务交给你了。你不负我的重托，硬是把一个老大难的工作干得井井有条，我们班从此在这方面都是做得最好的。

有一天，我看见你将凳子一个个地往桌子下塞，做得那么心甘情愿，我虽然很感激，但是很心疼你的辛苦。一个管理者应该发动大家的力量，一个人自我包办是不行的，我们的目的是让大家都养成良好的习惯。我本来想好好指导你，然后在班上讲讲，让每一个孩子遵照执行。不料，我还没有开始行动，你就做好了，大家都很听你的话，能自觉主动地放好凳子了。真是青出于蓝而胜于蓝呀，你的管理水平和能力远远超过了我呀，我不得不佩服三分。

你虽然不是我的儿子，却又很像我的儿子。你的表叔见到我就说："王老师，你让 YLS 周末到我家吃饭哈，学校食堂吃久了很不舒服，我想给他改善生活。"我很多次带信让你去，你都拒绝了，害怕麻烦别人。我当年读书也是这样，不管亲戚多么热情,我都不愿意去,总是怕麻烦别人,难以报答别人的恩情。

孩子,我现在才知道自己当初错了,既然我们的亲戚真心爱我们,他们愿意为我们做点事情,我们应该成全亲人的好意,不然他们会很难过的,弄不好还对我们的印象不好,要么觉得我们很高傲,要么认为我们很没有出息。俗话说:"不走亲也疏,勤走疏也亲。"老师建议在适当的时候,还是要走走,听听他们的教诲,吃点他们做的饭菜,你的亲戚会感到无比的高兴。

孩子,你的作文写得好,可是你的英语单词还不熟练;你的语文成绩不错,可是你数学还总是很粗心;你的食堂管理很好,可是运动场上还没有你矫健的身影。我希望你和室友们一道,在课余时间打打篮球,跑跑步,抓住那些数学和英语成绩好的同学打破砂锅问到底,不把学习搞起来不罢休,好吗?

我永远欣赏你,感激你,也永远对你充满希望。没有最好,只有更好,你千万不要辜负老师和家长的一片苦心,努力将自己锻造成优秀的人才!

祝你心想事成,期末夺魁!

最最爱你的班主任王老师
2008年12月20日星期六

我最最亲爱的YLW同学:

你好!

我宣布元旦节不回家的同学跟我去吃火锅,你就高声嚷道:"元旦坚决不回家。"啪啪,回家去,我好节约一个油碟,那可是两元人民币哟,嘿嘿!

"老师,我就是不明白,YLW背书那么快,考试总是没

第六章 班书万金

有 TY 好,究竟是什么原因。他真的很聪明,如果好起来准会得年级第一……"这是我和孩子们聊天的时候,她们问我的话题。

你说是什么原因?我让孩子们好好观察你,看你和 TY 的区别在哪里,既然你比他还聪明,而效果没有他好,问题肯定在你,不是别人。我是知道原因的,但是我不能说,我要你自己找出原因,找出问题的症结来,这样你才会自己解决,从而和 TY "比翼齐飞"。

还说呢,开学的时候,我看见胖乎乎的你偶尔迟到,还把你悄悄列入钉子户,准备把你当作重点对象来整治。当我指出你的缺点的时候,你很认真也很端正地接受意见,我不由得脸发烧,因为我知道自己大错而特错,差点把一个乖娃娃打入捣蛋鬼的行列了。嘘!好险哟,好在王老师还不糊涂。

中秋节的早晨,我接到一个陌生的电话,电话里传来熟悉的声音:"王老师,我是××,今天是中秋节,我祝您中秋节快乐。"我放下电话几乎流出了眼泪,这就是我的孩子,给我一个温馨的早晨,把最真诚的祝福送到了我的面前。我虔诚地祷告上帝,保佑我的孩子,保佑他身体健康,因为他也是一个人求学在外,自己孤独地呆在寝室,还不忘给老师送来祝福。我好惭愧,惭愧没有最先将祝福送到你们的面前。

感谢你呀!是你教会了我,让我随时牵挂自己的亲人;是你让我那天拿着电话到处拨打;是你提醒我给自己的老师打了电话;是你让我真诚地祝福每一个朋友和亲人;是你让我在中秋节收获了无尽的感动。

数学老师曾经说要选一个负责的组长,我向他推荐你,他说和我有同样的看法,于是将数学组长兼科代表的重任全部交给了你。这些日子以来,你做得很好,全班同学也很信服你,老师也很信任你，看着你忙前忙后的身影，我心里对你满是感激，一遍遍地祝福你。

现在，你身兼多个组长的重任，不仅仅是一种职位，关键要帮助每一个组员进步，帮助他们不放过一个字母，指导他们梳理知识，带领他们学会总结学习方法，我希望你能够培养几个新组长。

这些天，我一直在静静地观察你，总觉得你最近变得很浮躁，不知道是身体不舒服，还是其他原因，看你学习很不在状态，于是那天我预测班上的情况，说你考不赢你的同桌，那话绝对不是吓唬你的，是我最近的直觉，是根据你最近的表现这样猜测的。你可得好好努力，精益求精地复习每一门学科，力争考出好的成绩。

同桌的疑问你可以解答，也可以证明自己一点都不会比TY差，上课不能凭借感觉，一定要落实到每一个细节。

呵呵，我不能唠叨了，好好努力吧！

最最爱你的班主任王老师
2008年12月20日星期六

我最最亲爱的YYZ同学：

你好！

教室里闹得一团糟，老师心里万般恼火，无论敲桌子拍椅子，还是厉声制止，似乎都无济于事，短短几天，我的声音嘶哑得如同苍蝇的嗡嗡声了，可是你们的喧闹似乎有增无减，只要是谈到与学习无关的事情，瞬间就沸腾起来……有一天，我从闹腾腾的孩子们中间看到了你，你安静地坐在教室的后排，专心致志地看着我给你们的课外书，无论周围多么嘈杂，你都能够静静地看书或者做作业，这是一道令人欣慰的风景，一下子就烙在了我的心里，我让孩子们从身边寻找榜样，他们果然懂事了很多。

感谢你呀，我的孩子！因此，我不止一次和你妈妈通电话的时候，自然地叫你"臻儿"。

我在办公室批阅着你们的日记，大多数孩子都是记流水账，或者天马行空、漫无边际，很难见到个人的思想，真是乏味极了，虽然我在阅读在批注，但是一点也不快乐。突然，我翻开了一篇字迹工整的文章，那是你的。你在文中谈到了大家对摸底考试的态度，你说一个同学摸底成绩数学不到40分，别人问起的时候，还嬉皮笑脸说没及格，似乎一点也不难过，你纳闷为什么还有这样的人，面对自己非常糟糕的成绩，竟然还无动于衷……瞬间，我觉得你是一个既刻苦认真，又有思想的娃娃，你在我心中占据着越来越重要的位置。

第一次月考，我看到你的语文刚刚及格，一下子难以相信自己的眼睛。等我看到你的试卷，仔细分析，总算找出了你学习语文的弱点。你当时还不太会做阅读题，作文也总是虎头蛇尾。你站在我的面前，虽然很难过，但还是含着泪水听着我指点和鼓励，眼睛一眨不眨地盯着试卷，咬紧嘴唇点头。从此，你学习更加卖力了，还主动回答问题，从内向变得开朗活泼，敢于表达自己的观点和见解。

恭喜你呀，我的孩子，尽管你现在的成绩还不是让我非常满意，但是看着你在一天天进步，老师由衷地高兴，情不自禁地提醒自己：一定要将表扬进行到底，进步就是优秀，有你的学而不厌，有老师们的诲人不倦，你会一天天走进自己期望的境界。

臻儿，为了搞好寝室的清洁卫生，你曾经放弃了吃早饭，老师感谢你但是不表扬你。健康是人生的根本，无论什么事情都不能阻挡我们吃饭的脚步。你身材高大，可是不能驰骋运动场，我还不满意，希望你随时加强锻炼，一定要将自己男子汉的风采展示在运动场上，好吗？

感谢你收下了几个"徒弟"，感谢你在文章中赞扬历史老师，感谢你带领留宿生主动打扫教室清洁，感谢你们参加电脑打字比赛，感谢你们成立学习小组，感谢你能够主动参与篮球运动。

说不完你的好，道不尽对你的喜欢，只愿你努力学习，期末取得更大的进步。

最最爱你的班主任王老师
2008 年 12 月 20 日星期六

我最最亲爱的 DTT 同学：

你好！

情不自禁地就这样喜欢上了你，喜欢你围着我问长问短，喜欢你对我给予的鼓励和肯定，还喜欢你圣诞前的礼物《有你做我的老师很幸福》，当然还喜欢圣诞节那个哈哈大笑的鸡蛋……不得了了，我是无可救药地喜欢上你了，喜欢你很多很多。

嘘！厌你不可能，爱你没商量。

我在认真地批阅着你们的作文，一篇《我好想做你的女儿》出现在我眼前，字字句句都是掏心窝的话，并且还有很高的赞誉。一字一句地读下来，看到了我们之间相处的很多细节，尽管艺术来自生活却高于生活，但是此时此刻我固执地认为你是录写了生活，于是对号入座，你希望做我的女儿。

孩子，你可以做我的学生，但是你不能做我的女儿，因为我对自己的儿子很敷衍，有时候甚至很冷漠，几近十年了没有问过他吃什么，也懒得管他穿什么，儿子曾经无数次地说妈妈

第六章　班书万金
DILIU ZHANG BANSHU WANJIN

对他不好。这就是我当妈妈的样子，说来就有些惭愧和不安。

不是拒绝你，而是希望你好好做我的学生，做我的学生远远胜过做我的女儿，我一直努力做一个好老师却从来没有想过做一个好妈妈。

你在讲台上介绍自己是排球高手，我当时醋意浓浓，怎么就没有让我抓阄得到这么优秀的姑娘，运动会上肯定能为班级争光。果然，你让董老师脸都笑得开花了，那一脸灿烂胜过夏日的骄阳，我真羡慕，如果，如果你是我班的选手……

不过，王老师很幸运，今生今世做了你的老师，看着你的语文成绩一天比一天进步，看着你从最初建议取消日记或者少写日记，发展到现在希望多写日记，还情不自禁地爱上写日记，老师心里那感觉似蜜蜂飞过花丛，犹如泉水流过山间，还像月亮朗照荷叶。

"王老师，我申请做小杨的老师。"这句话犹如雪中送炭呀，要知道小杨目前因为基础很差，学习成绩一直很尴尬，虽然我万分渴望他进步，可是力不从心，有时甚至感觉到无能为力，一直在寻找一个可以帮他的老师呢。真是想睡觉时就来了枕头，你的申请让小王老师感激涕零，恨不得紧紧地搂着你赏一个亲切的吻，然后说一万遍谢谢你。

我有时候怔怔地想：一个老师无论多么努力，如果孩子们拒绝围在他身边，该是多么孤独呀。为此，我努力在十二班温柔，努力蹲下身子和你们对话，还想将表扬进行到底，可是很多时候还是会恼羞成怒，想想自己是多么地无能。唯一让我感到欣慰的是，你们这些哥们儿给我很高的评价，还高喊着喜欢我。这是送给我的最好的礼物。

嘘！这些天，我一直在计划 2009 年不生气，不知道能否实现这个远大的理想。

祝你期末考试科科成功！

最最爱你的语文老师：王老师

2008年12月28日星期日

我最最亲爱的HYP同学：

你好！

我今天晚上在教室监考的时候，看着那些孩子们在认真地答着政治试卷，可是心却在你们身上。因为我毕竟和你们在一起的时间很少，要搜集一些材料作为我们共同的话题，的确有些难度。看着一排排熟悉的名字，我决定哪个浮现在我眼前，我就开始和哪个唠叨——你是今晚走近我与我唠叨的人。

敲击键盘给你写信，本来应该写点让你高兴的东西，可是王老师是一个心直口快的弱女子，还是一个心眼狭窄的普通女人，所以决定写点自己对你的看法，无论你高兴还是不高兴，我都将它作为新年礼物送给你，并且祝你新年愉快。

那天，我在讲台上认真地讲着，看你东翻翻西翻翻，心里几乎是火山一般快要爆发。但是想着大家对我好意的提醒，王老师想做一个温柔的人。我一直看着你，你好像一点感觉都没有，若无其事地做着你的事情。我最后还是点名了，那是我最无可奈何的时候，你却懒洋洋地咕噜着，我也没有听清楚你说的话，不，就是没有用心听你的话，因为我知道你无非是为自己辩解而已，我要你马上认真听讲，我要你认真做笔记，所以不在乎你说了什么。

孩子，小王老师一直固执地坚持，让每一个孩子因为热爱语文而勤奋学习，所以生怕因为自己的简单粗暴伤害了你们学习语文的热情。我费尽心力地呵护你们的自尊，培养你们的兴趣，很多孩子都逐渐喜欢上了语文，喜欢上了我。我感觉你还是很喜欢我，但是我觉得你并没有真正喜欢语文，或者是不喜

第六章 班书万金

欢你自己，心里真的很难受很难受。

还有那次，我抱着电脑回办公室，你一下趴在我背上，那一刻，我感觉无比幸福，好像是我的儿子在我面前撒娇，其实那时，我多么想回头扑进你的怀抱，因为你十二岁的怀抱足以让疲惫的小王撒娇一回。那情那景，你在我面前不再是一个幼稚的孩子，分明就是一个伟岸的男子汉，难怪你妈妈说离不开你，我理解了她对你的那份依恋和深情。

我喜欢你那拖长声音的呼喊："我的王老师呀——"

上周五，我心里狠狠地生你的气了，真的，我受不了了，实在受不了了，尽管我没有发作，但是彻骨的寒心差点让我泪流满面。因为，我反复强调期末课内重点语段的复习很重要，为了节约你们的时间，我在课堂上一道道讲解，你居然连练习题本都丢了，还满脸无辜地说："我真的没有发到。"我明明亲自分发的，还一个个询问，直到确认都有了才离开教室，所以你越是满脸无辜我越是心寒，你太伤害老师了。

虽然这些题曾经无数次讲过，可是我不放心你们都能得心应手呀，正如期中考试你兴冲冲地给我说："老师，我考得不错，因为那些题你都讲过，我全做了。"我还没有走出陶醉，尴尬的分数就摆在了我的面前，我多么害怕这种尴尬再现呀。

我亲爱的"儿子"，如果你努力的话会很优秀，可是如今的情况真的不理想，我害怕接到你妈妈的电话，因为我也是一个母亲，我害怕见到你的班主任，因为我也是班主任。我今天不是数落，而是提醒，是梳理，希望新年的你能够成熟懂事，能够和我够哥们儿。

期末在即，愿你考出一个让人欣慰的成绩。

最最爱你的语文老师：王老师

2008年12月28日星期日

我最最亲爱的LJJ同学：

你好！

哈哈，你小子好有意思哈，竟然当着同学们的面说我很自恋。呵呵，我向来给人的印象是很自卑，可是到大都市来了给人的印象是很自恋，你的那句话让我好自信哟。一个懂得自恋的人也会自爱，自爱的人更会自尊，自尊的人就会更加了不起了，我已经走入了优秀的第一步，我因为学会自恋而感到骄傲和自豪。老师谢谢你，谢谢你的暗示，谢谢你的鼓励。在这辞旧迎新的时间里，大家都在计划着如何欢度这个时刻，我独自在电脑前给你写信，我想将新年的祝福送给你，祝你新年心想事成，学习如芝麻开花节节高。

好样的，昨天下午的那一幕，我看在眼里记在心里。你满腔的正义让我佩服，因为我是做不到这点的，因为我自小就是一个内向不管闲事的人，可能是因为胆小的缘故，虽然看着别人作弊很难过，但是也绝对不会举报。所以，我昨天看到你那样，由衷地佩服你，面对邪恶和丑陋就要敢于揭露和举报，敢于揭开虚伪的面纱。不过我建议你以后遇到这样的情况，首先告诉监考老师，这样比越级反映情况更妥当，监考老师会及时制止和妥善处理的。还得注意报告的方式，一般不要暴露自己的身份，要学会保护自己，见义勇为应该变为见义巧为。

我为你鼓掌，我因为是你的老师而骄傲和自豪。

最近一段时间，你是充满了斗志呀，好几次语文考试都名列前茅。我仔细分析了你的试卷，无论是基础题还是阅读和写作都做得很好，看来你是真心喜欢语文了，你是在用心和用力学习语文了，老师感谢你，感谢你喜欢语文，感谢你用力学习语文，我相信学好语文会增加你的内涵，你以后的人生会多一些诗意。

我那次和你的爸爸通了很久的电话，他的忠县口音让我好

第六章 班书万金

久都没有听明白,他说你小学的时候语文很优秀,可是到了初中语文就不太占有优势了,还说我途经忠县的时候邀我去做客。我当时很着急,也很感动。着急的是你的语文成绩怎么不那么尽如人意呢,感动于你爸爸的真诚邀请,同时,我还期待你考出优异的成绩后成全我的忠县之旅。

《我因为朋友的进步而自豪》一文,你写出了朋友的巨大变化。ZQF目前学习是有很大的困难,最近一段时间,因为很多同学的帮助,还有他自己的改变,无论是学习态度还是学习习惯方面都有很大的进步。以往他几乎是拒绝作业,现在能够主动做一部分作业,还能够写一些简单的作文了,我正在为他的进步而感到欣慰,没有想到你也看到了他的进步,并且为他的进步而感到自豪,我心里很感激。感谢你,感谢你看到了同学的进步,我也希望你以后能够给ZQF更大的帮助。

期末就在眼前,不能有半点失败呀,我满腔期待你各方面都能取得巨大的成绩。

最最爱你的语文老师:王老师
2009年1月1日星期四

我最最亲爱的WHN同学:

你好!

天下王姓是一家,没有想到我闯进这个大都市教书,讲台下还有几个本家,你是本家最潇洒的一个。我不想冠以你"少爷"的称呼,情不自禁唤你一声"本家公子",但愿你能笑得直不起腰来,哈哈。

嘘!

我也不知道什么原因,乡村教书整整十九个春秋,讲台下的本家都不那么优秀,这让热爱家族的小王老师万般恼火,不知道是我对过去的本家照顾不周到,还是过去的本家真的很差劲,于是渴望在这里改写历史,发誓让讲台下的本家个个优秀。五班的 WFF 硬是争了一口气,中期考试越过千难万险爬到了年级前一百名的行列,如今如同飞速上天的火箭,怎么也挡不住她进步的步伐。我心里那个喜和乐呀,无以言表,无以言表。同时也期待你和她一样,有着同样的进步,帮我打破教不好本家的魔咒。

那次运动会上,我想到五班和十二班的比赛。为了班级,以咱本家公子为首的十二班坚不可摧呀,简直就是攻无不克,战无不胜,看得王老师连连点头,情不自禁喃喃自语:"佩服,佩服。"

我一直在想,一个能打篮球的人,必定有超凡的智商,我小时候就嗜好篮球,不是也改变命运,进入教师的行列了吗?你的聪明肯定超过了我,我翘首期待你的进步,盼得那个心切呀,只有我自己才能体会哟,也不知道何时才能得到你的真心理解和支持。

半年来,看着你背书总是摇头晃脑,颇有点孔子弟子的味道,殊不知你总是窜改李白、杜甫的经典,我一直怀疑你是否对他们流传千古的文字不屑一顾。于是既对你有着很深的佩服,也有着隐隐的担忧,因为你背诵不出,默写就是难上加难,考试成绩尴尬让我无颜面对你的班主任,也害怕见到你的家长,更觉得愧对咱家的好公子。

我有时候很健忘,但是偶尔记忆出奇地好。上次周周清你语文得了 97 分,我还没有吱声,你就高喊:"王老师,我这次欠你几分,下次一定还你。"我可是有指望了,总是盼望期末考试你能加倍地还我,还我一个很高很骄傲的分数,让我逢人便可夸耀咱的好本家,让我对着电话向你家长报告喜讯。真

第六章 班书万金

的，男子汉说话算话，小女子这边倾心等待了呀。

哎呀，有时候很想闹点脾气，但是一想：不行，我得保持教师的风度，不能在孩子们面前失去雅量，看你背不好书，看你作业很糟糕很想生气，但是一想进步就是优秀，还能勉强说服自己。

孩子，请你记住，老师也是一个普通简单的女子，我的热情和信心也需要你们呵护。因为你是我本家，我今天要求你以后对我多些照顾，大声背书，上课专心，作业工整，考试高分，我将会靠着你十二岁的伟岸身躯做一回快乐的公主。

请在期末考试给我一份"贿赂"——让人惊喜的语文分数！

最最爱你的语文老师：王老师
2008年12月28日星期日

我最最亲爱的DQ同学：

你好！

办公室里，大家各自说着热点内容，我一个人默默地对着冰冷的屏幕，轻轻摇荡着自己的思绪，总是渴望在失去的时光大海里捞起几枚记忆的贝壳，用以叙说我们的心迹，留住那些美好的回忆。

说实在话，因为我平时疏于记录，而到这水不流的时候来寻找记忆，真的是一件很烦恼的事情，于是开始理解孩子们抱怨没有题材难以作文的苦楚，曾经涌现在记忆里的很多细节此刻都已消失，我好郁闷，好郁闷哟。不过，无论这样的絮叨多么艰难，我都要坚守自己的承诺。因为我曾经许诺过你们，一定为你们每一个同学写一封真诚的信，不管是作为鼓励的奖赏，还是作为新年的礼物，我都要写，认真地写。

哈哈，我这些倾诉不是说我有多么辛苦，而是想用自己的实际行动告诉你，很多时候，只要拉开架势，一切都会得心应手，无论千难万险，也会在我们的决心和意志面前退却。

孩子，加油吧！

你是一个充满正义感的孩子，我还记得你那篇《这老师让我很气愤》。你在文中叙述了一个野蛮的老师，说她伤害孩子到了忍无可忍的地步，还详细地描写了她的可恶行径，也细腻地描绘了自己的心理活动，你说很多次，都想冲进教室，狠狠地给那老师一记耳光，你希望通过自己的挺身而出换来孩子的尊严，呵护学生稚嫩的心灵。

读罢你的文字，我也陷入了深深的思考。教师说到底是一个服务的行业，我们守护的是生命，肩负着一代人的成长，如果教师不能润物无声，而且动用暴力伤害孩子，那将是罪人，愧对人民的重托，更不用说以身示范给孩子们一个很好的表率了。

我虽然已经年长，但还是难以泯灭那颗天真的童心，看着你们那些幼稚的举动，即使是一个人独处，偶尔也会忍俊不禁，好像有点神经兮兮，哈哈。

一个下午，你拿着点名册清点人数，用清脆的声音点名，孩子们都乖乖地回答"到！"。可是，偏偏有个淘气的小家伙搞笑，他明明坐在位子上，听着你的点名声却无动于衷，还憨憨地望着你好笑，你就固执地又点一次，他也懒得回答，你再点一次，他依然不理睬，然后你狠狠地在他的名单上画上一个符号，悻悻地走下讲台。

这些情景，你们早已忘却，可是在我心里铭记得那样深刻。我自己也不明白为何对这些芝麻小事那么难以忘记，不是因为多事，而是用我成人的眼光来看待，一切都是那么有意

第六章 班书万金
DILIU ZHANG BANSHU WANJIN

思,看见你们的天真稚气,我仿佛回到了浪漫的童年,所以深深地,深深地把你们铭记。

时间不会开倒车,我在逐渐衰老中看着你们渐渐长大,见证你们的成长过程,这是一种非常幸福和惬意的工作。尤其看着你那些好,我为你感到自豪,人生路漫漫,老师除了给你祝福还有无尽的期待,好好加油吧。

祝你期末考试各科成功!

最最爱你的语文老师:王老师

2009年1月4日星期日

我最最亲爱的LNX同学:

你好!

新年刚过,我没有沉浸在节日的喜庆里,一来,因为我要迎接紧张激烈的期末考试,虽然我们平时付出了很多努力,但是临阵也不敢有半点疏忽和大意;二来,我要信守承诺,因为我承诺过八十九个孩子人均一千字的书信,所以我已经开始了冷静的思考,这半年来,我和你们一起收获了什么,一个个细节浮现在我的眼前,你尤其让我难以忘怀。

写到这个境地了,开始和你絮叨,我主要想表达自己对你的喜欢和感激,还有深深的祝福,祝福你在新的一年里心想事成,健康快乐地成长,一步步进入年级优生的行列。

孩子,你知道吗?我在心里该是多么地喜欢你,尽管已在敲击键盘给你写信,但是无论我给你多少文字,都难以表达我对你的爱,因为你的乖巧,你的懂事,还有你的勤奋,无时无刻不在感动着我。我真的感叹,感叹上帝赐予我如此优秀的学生,让我的班级有了榜样,有了典范,很多孩子在你面前不得不低下头。

我在其他同学的日记里看到了关于你的评价,他们很多人都因为你是他们的朋友而感到无比自豪和幸福，你的大度和善良感动了很多同学。我心里好高兴，高兴有那么多善良真诚的同学，他们在自己进步的时候，未曾忘记身边任何一个同学，你或许也能够体味这种无尽的幸福吧。

　　我亲爱的孩子，你用默默无闻表达着自己的个性，用勤奋坚韧谱写着自己优秀的历史，你是我看到的最懂事、最勤奋的孩子，半点不淘气，俨然一个谦谦君子，叫我怎么能不佩服你，还要情不自禁地赞扬你，不时地学习你呢？

　　"腹有诗书气自华"，我希望你不要忘记大量的积累阅读，把自己置身于书香的世界里，博览群书，蓄积能量，让自己的内涵逐渐丰富起来，一旦积累发酵，将会诞生无穷无尽的文学能量，好好努力吧！

最最爱你的语文老师：王老师
2009年1月4日星期日

我最最亲爱的ZWT同学：

　　你好！

　　"王老师，我们拥抱一个。"

　　"来，拥抱一个，王老师得恭喜你。"

　　我们在体育馆的门口拥抱在一起，大家围着我们说啊，笑啊，一个个高兴得不亦乐乎，很多孩子流露出无限的羡慕之情，旁边的老师们也看着我们笑开了花。这是一个温馨而幸福的场面呀。

　　我亲爱的"女儿"呀，不知道你还记不记得这个情景，那是你获得朗诵冠军后的画面。要知道你的练习很辛苦很辛苦的，临上场的时候，我都还为你捏了一把冷汗，总担心你中途忘词。你在台上表演，我站在舞台的角落里，眼睛都不敢眨地盯着你，直到台下响起了雷鸣般的掌声，我悬着的那颗心才落

第六章 班书万金
DILIU ZHANG BANSHU WANJIN

下来，陪着你一起走下舞台，我长舒了一口气。要知道，你们董老师可是对我要求严格呀，她年轻，好胜心很强，什么事情都要争个优胜，我担心自己不能完成她交给的任务，愧对她，也愧对你呀。

我亲爱的孩子呀，是你的勤奋，是你出色的表演让我顺利地完成了任务，是你优异的成绩换来了你们班级的尖叫和呼喊。我看见你们班主任紧握拳头，和孩子们一起跳起来了，我心里涌起了很多感慨。要知道王老师是一个很敏感的人，面对繁重的教学任务和不完全熟悉的教学环境，我犹如走钢丝的山羊，不敢懈怠一分钟。当你们班主任在门口说其他班级都在利用自习课堂训练朗诵的时候，我当时很难过，因为我已经付出了很多努力，朗诵虽然离不开老师的辅导，但是若没有天赋，训练起来真的很艰难呀。

我害怕自己表现不好，我担心自己所做让别人不满意，最后把满腔的希望都寄托在你的身上。感谢你让我重获了尊严，是你让我在这片土地上找到了些许成就感。

《这老师让我很感动》一文让我潸然泪下。我本来不是一个习惯流泪的人，但是在这里我变得多愁善感，我因为思念故乡的孩儿们，眷恋我的乡村讲台，我因为要迎接这里所有的挑战，有时候似乎看着很多人的脸色佝偻地生活着，我变得很脆弱，也很敏感和多疑，于是，静坐下来流泪好像也司空见惯。不过，读到你的文字，我是发自内心的感动，是你理解了王老师的一切，是你见证了我的辛劳和真诚，所以读着读着，我就忍不住泪湿青衫呀。

我是那么地爱你，也是那么地期待你的优秀，可是两次大型考试都让我很失望，别人可以少考几分，你应该是出色的优秀的，你知道老师在你的身上寄托了莫大的希望，你的小小失误会让我万般难过的。

　　看看，几个选择题你要错选，默写你不拒绝错别字，真是让我哭笑不得，恨不得揪住你的耳朵狠狠地揍你，让你好好长长记性哈。本来想给你多写点，篇幅满了，我停笔了哈。期末考试不能再次失误哈！

最最爱你的语文老师：王老师
2009年1月2日星期五

我最最亲爱的ZWC同学：

　　你好！

　　哈哈，"三人行必有我师"，我们每一个人对这句话都很熟悉，可是有谁真正注意到我们身边那些好老师，有谁真正愿意把生活中的那些楷模当作老师呢？我在努力这样做，我的很多同事做到了，他们感染了我。

　　我说了这么多，可能带给你的是满头雾水哈。其实我们是在说你呢，说你是我们的老师，你的很多细节影响了老师们，我们背地里给你的评价可高了。请听下面几句简单的对话。

　　"看，我们班的学生过来了。"

　　"是的，那几个孩子总是很麻利的，好讨人喜欢哟。"

　　"还别说呢，我是越来越喜欢ZWC了，他真的是太可爱了，有很多细节值得我学习。"

　　"原来你这个班主任也佩服他呀，我这个教语文的早就佩服得五体投地啦，有时候感觉很惭愧，很多地方都没有一个学生做得好。"

　　"那天我让他给我送电脑到办公室去，他很认真地给我收好，然后将鼠标、充电器整理得井井有条，你是没有看见他收拾那电线哟，一丝不苟的动作让我好惭愧……"

　　哈哈，你好让我嫉妒哟，你们的班主任对你那么好，他越

第六章 班书万金

来越喜欢你，我是越来越敬佩你呀，还对你充满了无穷无尽的感激呢，看你为我收作业，看你助我帮助同学，看你给同学们做表率，还有你成为我们所有人的榜样，都激励着我随时认真工作，努力进取。

孩子，我喜欢你一身正气。你那篇《这老师让我很失望》我认真阅读了，从你的文章中，我看到了当时的场面，你们委屈了。说实在话，咱们老师做出那样的行为真的很惭愧，不过，你不要失望，不是很真诚地给你们道歉了，后来不是对你们很好吗？即使是老师，也偶尔会犯错误呀，不要耿耿于怀，用你们宽广的心胸去包容老师的错误吧。你是一个很有威信的孩子，大家都会听你的，所以，还得请你带动大家多点包容，期待老师改正自己的错误吧。我相信咱们老师会做好的，千万不要对老师失望哟！

我在班上着急地说："ZQF 的语文学习很困难，他基础差，还容易被懒惰控制，谁能够在他身边随时提醒他呀？"很多同学面面相觑，你很认真地高高地举起了手臂，大声说："老师，我能帮他。"同学们一个个睁大眼睛看着你，眼神里流露出怀疑的目光，因为帮助他是何其的艰难呀！

在以后的日子里，你如同 ZQF 的影子，随时提醒、帮助他，还给他不少真诚的鼓励，我是看在眼里感谢在心里。看到你那样认真负责，那样热情大方，我都感觉不如你呀，所以在这点上，我早把你当作了自己的老师，在心里给予你最崇高的敬意。

你是一个自我要求严格的好孩子，生怕漏掉老师一句话的任务，随时都是肩扛责任，为着那份神圣的荣誉而战，坚韧而战，所以深受好评。我想告诉你，少一分急躁，多一分耐心，静下心来从容面对学习，你就会事半功倍，获得更加令人欣慰的收获。

我期待着期末的惊喜，也随时准备为你祝贺，加油吧！

最最爱你的语文老师：王老师

2008年12月31日星期三

我最最亲爱的CJQ同学：

你好！

你是一个看似默默无语的孩子，却这么可爱，这么优秀，看到你腾飞般的进步，小王老师难以抑制内心的激动和喜悦，一种成就感涌上心头。在平安夜的时刻，我愿将世界上最美丽的祝福送给你，愿你一生都幸福快乐。

"再见了，爸爸。"你接过爸爸手中的东西，一边后退一边和你爸爸道别。

"再见，你是好样的。"你爸爸站在食堂下面的小路上，乐滋滋地看着你一步一回头地离去，虽然满眼都是依恋，但是满脸都是坚强的微笑。

……

孩子呀，上面这一幕是开学第三天中午的场景，或许你早已忘记。当时有不少孩子都因为思家太切，吵着闹着不让父母离开，你不仅很安静，而且笑着跟父亲道别，因此，那一刻定格在我的心里，我看到了一对可爱的父女，为了前途，勇敢地割舍着相处在一起的温馨和幸福……只要是你们的瞬间，尽管只是从眼前划过，我都能记得那么清晰，不是因为记忆好哦，而是因为爱你们爱得那么真挚。

开学时，我就注意到了你。虽然你很少说话，但是骨子里有一股劲，一股永远向上的劲，这是我很欣赏你的原因。

开头几次考试，你都是很尴尬的成绩，可是不曾见你气

第六章 班书万金
DILIU ZHANG BANSHU WANJIN

馁，而是看见你脚步更加匆忙，课内更加认真，作业更加工整，憋足了一股劲，拼命拼命地追赶，终于在中期考试成绩有了突破性的飞跃。

为了让你的优点更好地向每一个同学辐射，老师让你担任了英语学习小组的组长，你尽职尽责帮助着每一个组员，践行着"让大家因为我的存在而感到快乐"的师训；我把学习困难的孩子交给你，你用行动感染了他，他不由得喜欢上了英语，你还时刻帮助他，让他心生感激，不止一次称赞拥有如此优秀的同桌，他正一步步地向你学习。我相信，有你的帮助，他会快速进步，成为五班一颗闪亮的明星。

"王老师哟，早上起床好痛苦哟，真的不想起来。"我走进你们的寝室，你这样叫苦。

"这就是迎接挑战，冬天的被窝是最让人留恋的。"我鼓励着你们。

"嗯嗯，虽然起床困难，但我们还是从来没有赖过床。"你的眼里流露出骄傲和自信。

是的，我们的生活多姿多彩，不仅品味了痛苦而且战胜了痛苦，咱们一起努力，负责迎接二外朝气蓬勃的黎明，负责把第一声读书声传送到二外的九重碧霄。这是一种多么富有诗意的生活呀，当我们七老八十的时候，回忆这段充满挑战的时光，该有多么地惬意。

我亲爱的孩子，你虽然文静但是不忸怩，不论是朗诵比赛还是英语演唱，你几乎都是主角，带领着我们的队伍站立舞台中，展示着咱们班的风采。你内向但是不孤僻，看你和同桌们一起背诵、一起表演课本剧，我心头漾起幸福的涟漪。

我很幸福，因为做了你的老师；我很快乐，因为和你们拥抱青春；我很幸福，还因为你们会一天天进步，一天比一天优秀。

愿你每一次都能进步，愿你有一个灿烂的前程！

最最爱你的班主任王老师

2008年12月24日星期三

我最最亲爱的CJS同学：

你好！

一直以来，你既认真学习，又坚守着一份责任，因为我把全班同学的财产都交给你来保护。谢谢你坚守自己的岗位，谢谢你为同学们付出的劳动，同时也谢谢你对我的帮助，你简直就是给我光明和温暖的小太阳，老师因为你的存在而感到幸福。

运动会的日子里，你是我们班的功臣，无论是一百米短跑还是千米的长跑，你总是在小组遥遥领先，你是赛场上一道美丽的风景，大家因为你的表现，呐喊声中都充满了自信，不由得令人啧啧赞叹。篮球比赛场上，你带领着不会打篮球的队友们，几乎是孤军奋战，尽管我们力量处于严重弱势，但是你依然顽强拼搏，用不屈不挠诠释了篮球精神。

好样的，我的孩子，老师对你充满着无尽的感激和敬佩。

我们一起相处半年时间，很多点滴都涌上心头。那次诗歌背诵比赛的时候，大家都高举手臂挑战自己的记忆，一向不爱举手的你也高高扬起了手臂，让我眼前一亮。我把这个宝贵的展示机会给予了你，你熟练地背诵了下来，第一次在班级获得了掌声，那种成功的幸福写满了你的脸庞。自此，能在我的课堂找到感觉了，能够发表自己的观点和看法了，有时候也能够自如地驾驭一些语言文字了。

好样的，我的孩子，老师对你的进步充满着无尽的希望。

第六章 班书万金
DILIU ZHANG BANSHU WANJIN

我在其他同学的日记里看到了对你的评价，他们认为你完成日记不是很认真，特意两行写一行，以填充字数蒙混过关。我也有这种感觉，但是一直认为你是真的有写作困难，所以偶尔给你一些空间，事后满含期待地提醒你。我还没有开始行动，我们的同学就帮你指出来了，我心里好高兴，高兴有那么多善良真诚的同学，他们在自己进步的时候，未曾忘记身边任何一个同学，你或许也能够体味这种无尽的幸福。

那次，我把你叫到面前，轻描淡写地指出了这个缺点，告诉你，老师对你满含期待。你乖乖地点头答应，还鞠躬说："谢谢王老师的指点。"在后来的日记中，你能够不折不扣地完成，并且作文的水平在不断地提高。

好样的，我的孩子，老师喜欢你那种知错就改的坦然，还喜欢你那声发自内心的"谢谢"。

期末考试说到就到呀，尽管你平时已经很努力了，我还是担心你的功课，你千万不要辜负我对你的满腔希望呀，该背诵的课文一定要背诵，该默写的诗歌一定要默写，每一个英语单词都不要放过，每一道数学填空题都要认真对待，不然对不住辛辛苦苦挣钱培养你的爸爸妈妈，也愧对老师，更对不住自己。

我希望你这段时间留下来复习功课，临阵磨枪，即使不快也光，全力以赴迎接期末考试，争取取得令人满意的成绩。

最最爱你的班主任王老师
2008年12月19日星期五

我最最亲爱的 CYT 同学：

你好！
我认真阅读了你的作文《我因自己的进步而自豪》，很高兴你能为自己自豪,我们只有自己欣赏自己,才会得到他人的欣赏,无论何时都不能自卑,我看到你今天这样,一种成就感涌上心头。

无论曾经的路走得多么艰辛,此时此刻都觉得那么有意义。

半年来,你和我都经历了很多。记得你曾经号啕大哭,总是告诉爸爸妈妈,自己很着急,我常常半夜接到你妈妈的电话,他们为你那样不自信好担心呀。虽然开学几次考试都不理想,但是你通过自己的努力,终于一次次往前靠,中期考试竟然获得文言文满分,那可是很少有人得满分的哟。我很激动地在全班表扬了你,后来也无数次地表扬你。

后来,你逐渐变得阳光,喜欢和同学探讨问题,喜欢围在我的身边问东问西,还喜欢参与班级比赛节目。一个开朗活泼、满脸自信的丫头出现在我的面前,我真想抱着你狠狠地亲吻,然后拍拍你的头,爱怜地说:"好好成长,我的'女儿'!"

"愿你有一个灿烂的前程!"

"好,好,都学CYT,她的表情很到位,她掌握了朗读的节奏,很像著名主持人王小丫……"

这是我们在朗诵练习时给你的表扬,同学们也很佩服地看着你,一个个模仿你的语气和表情,一时间,你成为班上的朗诵楷模,一个个选手都向你看齐。大家练习得很辛苦,最终,在讲台上展示了自己的风采,镜头里留下了很多精彩的瞬间。我一次次地看着你们的笑脸,心里涌动的是一股股幸福的暖流,原来生活是这般精彩,我们班是这么温馨和谐,我的孩子们是这般优秀,你是最出色的孩子,请接受老师对你的敬意。

我的孩子呀,天气逐渐变冷,期末考试临近,我希望你不要太过紧张,不要失眠。

第六章 班书万金

家长会后，你的妈妈打来电话，她很心疼地说你突然失眠了，好几天都不能入睡，可是问你有什么心事，你又说不出所以然来。我安慰你妈妈，可能因为你太想家的原因，还有对中期考试的成绩耿耿于怀。我估计你妈妈和我那晚都陪你失眠了。

我站在你的面前，帮你卸下心头的包袱，告诫你不要对自己性急，这样不公平，会伤害自己。你后来说不失眠了，我好高兴，高兴你信任我、依赖我，只要三言两语的安慰就可以让你高枕无忧。小王老师那时也为自己自豪了，当然这种自豪的源头来自你的表现。

每当我闭目凝神的时候，眼前总是浮现你的形象：体锻时你跑在最前，全班同学跟着你跑得那么整齐；课堂上你和同桌分角色朗读，还大胆发表自己的意见；批改作文时看着你娟秀的字迹，还有发自内心的文字……任何的语言都不能表达我对你的喜欢。

好好努力，好好成长，我随时都在你的身边，但愿我能让你的青春多一份诗意。

祝期末考试成功！

最最爱你的班主任王老师
2008年12月23日星期二

我最最亲爱的DQY同学：

你好！

今天是圣诞节的前夜，尽管昨晚上就守候了平安，可是我的心却是异常地孤独和寒冷，不是因为没有朋友，也不是因为气温降低，而是因为心灵的彻骨伤寒。似乎从来没有这样难受，似乎未曾有过这般悲哀，但是无论怎样难受，我都伪装坚强,因为我不愿意让母亲担忧,不愿意让儿子纳闷,还不愿意让你们受累。

孩子,我今天无论是在办公室还是在教室都在想,如果我要找人倾诉,非你不可,一种发泄的冲动溢满心口,因为你是我的学生,也是我的朋友,更是我的好哥们儿。在无数的学生中,你是最让我感激,最让我信任的人之一。

好了,写下上面的话语,我的心头多了一分平静,敲击键盘诉说着对你的爱怜和感激,还有很多的佩服和仰慕,请接收我真诚的祝福,请让我在心里紧紧地将你拥抱。

"哈哈,我上个厕所后告诉你哈。"你一边摆手,一边往教室外边退,惹得旁边的几个同学笑弯了腰。

"嘻嘻……你和王老师得了同样的恐惧症,我等你从厕所凯旋。"

昨天下午,我在和同学们谈话,你走了进来,我迫不及待地问你期末准备考多少名,你竟然说要上厕所。我想起自己小时候害怕当旗手,因为那粗糙的树杆上升旗很困难,于是每次都借口要上厕所来逃避,是我传染了你,还是你天生就和我有着几分神似?

我的铁哥们儿,我总是带着感恩的心看待每一个孩子,无论你们是淘气还是优秀,我都感激那份神奇的缘分,让我拥有这么丰富多彩的孩子,所以每次给你们写信的时候,我最想说的就是感激,对于你也不例外。

我永远都不会忘记,那次就餐归来的途中,你很沉重地说:"王老师,我真的对有些同学很失望,因为他们天真地做着势利的事情,扮演着成人中长舌妇的形象,如果实在需要这样做,也不应该背叛最亲近的人……"你说得很痛苦,我知道你的心情,因为你是正直的、义气的。

第六章 班书万金

我记不得当初是如何安慰你的，只觉得我和你一样难受，不过，我是大人，知道孩子们的天真和纯朴，他们不是有意的，或许被说者真做得不好，孩子们的眼睛是雪亮的；又或者人上一百，形形色色。所以，我告诉你这是一种正常的现象，现实生活或许更加让你难以接受，早出现这种情况，可以增强你对生活百态的免疫力。

你嘿嘿一笑，一切都已释然。可是，我今天好像和你当初一样难过，尽管万般渴望和你倾诉，但是想着你还是一个孩子，不能让你为我伤心难过，还不想让懂事的你来安慰我，因为那样我会很难为情的，也担心自己说着说着泪流满面，在你们面前觉得不好意思……嘻嘻，还是笑一个，尽管满含苦涩，我还是喜欢笑着看你。

孩子，勤劳、正直、坚韧、执着……好多好多的优点都集于你一身，我真的很佩服你，很多方面你就是我的老师，我在影响你的同时也暗暗地学习你，尤其学习你为了他人能够吃亏的品质。

说不完你的优秀，道不尽满腔的祝福，多么希望你挑战年级佼佼者，做一个让我喋喋不休赞扬的好姑娘，愿你在期末实现短期的心愿。

最最爱你的王老师
2008年12月24日星期三

我最最亲爱的 HBT 同学：

你好！

"老师，我的衣服掉在操场上了，可是回去没有看见。"一个孩子非常焦急地对我说。其实我无数次地嘱咐孩子们注意自己的东西，不要随便乱放，可是依然有人哭诉丢失东西。

"老师，我班有个同学把衣服忘在操场上了，我给捡回来了，可是我不知道是哪位同学的，交给你。"我正在一筹莫展的时候，你抱着一件衣服气喘吁吁地出现在我面前。看你满脸是汗笑呵呵的样子，那是我生平看见的最美丽的脸蛋，一种感激荡漾在心头。开学第一天，你就用行动让我因为你的存在而感到幸福。

　　"老师，我班开运动会时，大家的饮水由我来负责吧。"

　　那笑脸，那声音，一直铭刻在我的记忆里，我永远忘不了那种莫大的幸福和心灵的震撼。这就是我的学生，这就是一个时刻铭记班级的好学生。运动会上，其他班的孩子干渴难耐，而我班的学生捧着矿泉水喝得开心，这就是你给予我们的幸福啊，孩子，老师不会忘记你的好。

　　孩子，你还记得开学不久曾给我的一张小字条吗？上面的内容我永远帮你保密。虽然我没有答应你字条上的请求，但是我心里很感激你有这个心思的。至少在老师提出一个意见后，你用积极行动响应老师的号召。

　　不知道你还记不记得，我那暴风骤雨的场景，不知道我曾多少次善意地提醒你，你却总是不认真完成作业，尽管我说过要惩罚你，或者还要罚你重做很多很多遍。那天我终于忍无可忍了，气势汹汹把你叫到办公室，你还嬉皮笑脸地说："没有做，一定补起来。"你那样子，更是火上浇油，我更加严厉，让你感到震撼，一向高大魁梧的你流泪了，连连给我求饶："王老师，我再也不敢了，我马上补起来，马上补起来。"

　　自此以后，你收敛了很多，尽管作业质量不如我期待的那么好，但是数量上是保证了。

　　我说过，我希望让你们因为感动而勤奋好学，如果不能感动你，我将让你因为惧怕而不得不学。绝大数同学选择了前

第六章 班书万金
DILIU ZHANG BANSHU WANJIN

者，你却选择了后者，这让我深感意外。我希望你改变自己的选择，让我在你们勤奋的土壤里逐渐变得温柔可爱。

为了改变你随意乱动的习惯，我特意把身材魁梧的你安排了第一排，旁边是内向听话的同桌，后面是正直铁面的纪律委员。两周以来，你的进步很快，我看到了希望，叫你重新写作文，你欣然答应，无论是书写还是文章内容都让我看到了你的进步，我必须得好好祝贺你，还得好好感谢你。

那天的组长会议上，你们的组长表扬了你，说你背诵最快，也最流利，你是那组的佼佼者；纪律委员也说你最近很乖了，上课不再随便东张西望，也不乱扔乱丢了。我很欣慰，因为你终于在一点点地进步，只要进步就是优秀。期末来临，不知道你能不能摆脱现有的名次，向前跨越一步。我多么希望你能够进步一百个名次，因为这个目标对于你很容易，但愿你朝着这个目标迈进。

最最爱你的班主任王老师
2008年12月14日星期日

我最最亲爱的 HTT 同学：

你好！

我看着你默写的诗句，心里真的很着急，我知道你自己也会着急吧，怎么会这样呢？在我的心里，你应该是非常非常聪明的，我永远坚信，凭借你的聪明，只要稍加努力，再加上科学的学习方法，不久的将来会捧上进步的奖杯。

你很优秀。开学的竞选班会上，你三言两句的演讲就博得同学们的敬佩，一张张选票飞向了你。是你，一个优秀的你，代表咱们班级走进学生会的队伍，大家对你是既敬佩又羡慕。

开学的那些日子，你看到了很多不好的东西，一次又一次地提醒老师要注意，我费了九牛二虎之力换来了今天的收获。我在感到自豪的同时，心里涌起了对你的万般感激，感激你的提醒，感激你的思考，没有你就不会有今天这么优秀的班级，论功劳，你应当仁不让呀，嘻！好好陶醉一个。

  你好聪明哟，我看你自编的歌曲，唱出来是那么的振奋人心，虽然没有时间让你教同学们唱，但是我心里记下了你这份成绩，由衷地佩服你的才气和能力，也送你一个雅号"油菜花"（有才华）。朗诵比赛前夕，你给我们提过很多富有创意的方案，大家默默地感谢你；圣诞晚会的前夕，你忙前忙后，为班级贡献着自己的才智和汗水；运动会的时候，你率先冲出起跑线，带领我班的运动员奋力拼搏，硬是领先了一大段的成绩，如果不是中途掉棒的遭遇，那次稳稳地能拿第一，虽然万般惋惜，但是你的风采永远留在了我们的记忆里。

  孩子，那次你真的错了。

  我们的班歌是《相亲相爱的一家人》，××同学是一个内向胆小的孩子，作为班干部，你应该给予她春天般的温暖，你倒好，干脆连门都不开，闹得她都害怕进寝室了，据说她悄悄地哭了好几次。我听说后就感到心痛，总是难以置信如此优秀的你怎么会做那么荒唐的事。以后做事一定要三思而后行呀，否则酿成的错误终生遗憾呀。

  我很高兴，你很快意识到了自己的错误，并且及时道歉，得到了朋友的谅解。我希望你以后善待这些胆小的同学，我们应该帮助他们，让他们挺直脊梁生活，千万不要雪上加霜，让他们寒从心起，这是我最不愿看见的，你知道了吗？

  中学生活很辛苦，学习任务也很艰巨，你似乎还没有找到学习的方法。我觉得你目前要战胜课堂走神的毛病，学会让自己的眼神和老师的眼神碰撞，这样可以避免走神；再就是要随

第六章 班书万金

时积极发言，促使自己的思维跟上老师的思路。

反正，你必须学好，不然我会很难过也会很自责，只有让你进步了，我才能觉得自己有些优秀。希望你用勤奋和坚韧成全我优秀的梦想吧。

愿你一天比一天进步！

最最爱你的班主任王老师

2008年12月24日星期三

我最最亲爱的HY同学：

你好！

我刚走进家门，电话铃响起来了，我抓过话筒就听见一个动听的声音说："王老师，你好！我非常感谢你对我们孩子的培养，孩子电话里告诉了我一切，我心里好感动哟，是你让我们的孩子走上了舞台，不然他自己不会主动展现自己的能力的……"

我一头雾水，听了半天还不知道是谁的家长呢。

嘻嘻……原来是你的妈妈。

她对我选你代表班级参加朗诵比赛，并且让你领诵感激不尽，说你一直内向，从来都最爱自己的面子，不会主动申请"抛头露面"，这回你能够在舞台上展现自己的风采，她高兴得几乎失眠了。

你妈妈哪里知道，我只是发现了你的才能。若不是那天在《羚羊木雕》的课堂上分角色朗读，我还没有发现你这个人才呢。平时，我虽然知道你很优秀，但是没有发现你的朗读才华呀，正在为朗诵发愁的我，突然发现你这么会读书，犹如哥伦布发现了新大陆一般欣喜若狂，感谢你为我班争气，感谢你为了班级荣誉辛苦地付出。

孩子，你知道吗？我在心里该是多么地喜欢你，尽管在敲击键盘给你写信，但是无论我给你多少文字，都难以表达我对你的爱。因为你的乖巧，你的懂事，还有你的勤奋，无时无刻不在感动着我，我真的感叹，感叹上帝赐予我如此优秀的学生，让我的班级有了榜样，有了典范。

还记得那天，你们寝室纪律很差，我喊那几个违纪的同学到办公室，他们都用第三人称指责别人，仿佛一个个都很委屈，都是因为别人说话引起自己说话。我问道："HY 说话了吗？"他们一个个低下了脑袋，嘟哝着说："没有，HY 从来就不说话。"

我拍案而起，厉声说道："同样是人，HY 能不说，你们为什么做不到不说呢！我是一样强调纪律的，人家能行，你们怎么不行，同样是他人影响，别人怎么能做到出淤泥而不染呢？"

你可知道，我连珠炮的问话，那几个小子吓得低下头，看都不敢看我一眼，纷纷说："都是我的错，都是我的错，我不该……"我可得感谢你，如果不是你一直表现好，我当时还找不出来证据批评他们呢。

时间过得很快，转眼间就是期末了，我梳理着和你们在一起的日子，或感动，或幸福，或欣慰，你的一切都浮现在我的眼前。当我开始给你写信的时候，心里就开始了憧憬，憧憬在期末考试中你的各科成绩都能更上一层楼，憧憬着你走上高高的领奖台。

你是很优秀的，不过请记住，一花独放不是春，万紫千红才会春满园，拜托你好好带带你的同桌，好好带领你的室友们，还要积极参与班级的活动，课堂上积极举手回答问题，如果满腹才华不展现也是一大遗憾哟。我希望你把班级作为你表

第六章 班书万金

现的舞台，随时表现自己，发表自己的观点和看法。

期末考试即将来临，你必须有板有眼地复习，一个钉子攒一个眼地落实每一个知识点，争取期末考试进步一百个名次，让自己、老师和家长都高兴高兴，增加信心和勇气。

祝你一天比一天进步！

最最爱你的班主任王老师

2008年12月14日星期日

我最最亲爱的HJ同学：

你好！

不知道是不是我的错觉，我感觉众多的孩子都很依恋我，可是你对我好像很冷漠，当很多孩子跑到我面前撒娇，有的说："王老师，抱一个。"有的说："嗯哪，我好爱你。"有的说："嗯，我还要亲你一个了才回去。"……我们闹腾得很厉害，你似乎只是淡淡地看着我，很少加入淘气包的队伍。

我曾经无数次地反思：王老师做得还很不够，或许是因为要求你们太过严格，或许是还没有展现足够的魅力，或许是因为王老师真的是很差劲很差劲……其实，让每一个孩子都健康快乐地成长是我最大的心愿，让每一个孩子的生活增添诗意，是我追求的目标。

孩子，我亲爱的孩子，加入这个队伍吧，老师心里装着每一个孩子，你们都是天使，你们都是天才。虽然我在讲台上指指点点，但是骨子里我总是自惭形秽，很多时候把你们当作了自己的老师，不仅爱着你们，更多的时候还尊敬着你们，我无时无刻不在向你们致以最崇高的敬意。

"这次考试很失败，但不是永远的失败，这是失败的终点，成功的起点，我们重振旗鼓迎接崭新的胜利……"这是你在第一次月考总结会上的慷慨陈词。这句话被列为鼓励同学的经典，我不知道在班会上有多少次引用过这句话，这句话也让我充满了力量。但那次挫败，却让王老师心力，一时开始怀疑曾经的意气风发。

对不起，我的孩子，那次，我是没有理你。

我们国庆假期要做一个展示课件，我让你们发在我的邮箱里。记得我曾经在黑板上写过好多遍，临走时还强调一遍，大家异口同声说记住了，可是那天你却焦急地给我发短信索要邮箱。我当时正在公交车上，况且还不会在手机上书写电子邮箱（嘘！我好惭愧！），再加上当时心情不好，也就懒得理你，还因为我一心想要培养你们认真聆听他人讲话的习惯，唉！

如果那次让你受伤，请你原谅我，我也是一个小女子，考虑问题也很简单，有时候要求你们太过严格，甚至还有些操之过急，好多时候忘记了你们还只是孩子。

欣赏你，我的孩子，那次，我是表扬了你。

进校以来，每一次考试，你的成绩都排在前面，尽管有些小小的波动，还是让老师倍感欣慰。五班因为有你而骄傲和自豪，你的努力带动了好多好多同学，尤其看到SJ最近的进步，我的心里一遍遍地感激你的帮助，你践行了"让大家因为我的存在而感到幸福"这句话。

我心情沉重地写了这么多啊，也要嘻嘻哈哈调节气氛。这些日子你辛苦了，魔法英语的风波让你心里不安，还有圣诞晚会让你费神，期末考试的重担也让你喘不过气来，我知道你很

第六章 班书万金

辛苦，不过想想天下的青少年都是这样辛苦也就心平气和了，希望你放下所有的包袱一往无前，奋力摘下期末考试的桂冠。

语文课上你有时走神，你可得好好当心，稍不留神别人就跑前面了，拼命追赶是很累的。祝你期末考试名列前茅！

最最爱你的班主任王老师
2008年12月27日星期六

我最最亲爱的HYH同学：

你好！

我可爱的老班呀，一学期以来辛苦你了哈，快过年了也不知道给你什么，嘻嘻……其实是吝啬舍不得给你什么，哈哈。你身边那么多人疼你爱你，我给你再珍贵的东西也无济于事，何况小王还没有什么珍奇给予你，但是我知道，你一直期待我唠叨的语言，渴望对着电脑呢喃你我之间的故事。（呵呵，我是不是有点自我感觉良好哟）

对不起哈，你每天都问我给你写信没有，我没有正面回答你。之所以拖到最后和你絮叨，不是因为对你淡漠，而是在酝酿更深的情感，总想和你说上几句肉麻的话，或是吹捧自己尊敬的老班，或是借你的进步炫耀一下我自己，哈哈。老班呀老班，咱俩这算什么关系，好像是同学，抑或是最好的姐妹，管他呢，只要咱俩真正快乐，我降低辈分又何妨。

"同学们，我从来没有当过班长，可是进入中学后受到王老师的信任做了班长，我想为大家服务，和大家有一起把这个班级打造成优秀的班级，我会严格按照班规要求来管理大家，监督大家。当然，这样严格要求，如果得罪了你们，在班干部的评议中投我的反对票，我也不怕，只要是为了班级好，为了大家好，我都会坚持下去的……"

　　这些话是你在班会上讲的，当时我在讲台下，你可能没有在意。或许你今天已经忘记了这些话，我却记得清清楚楚的，无论怎样都不会忘记，因为就是那席话让我对你佩服得五体投地；因为那些话让我好生感激，暗自得意慧眼识英才，居然找到如此优秀的老班。

　　老班小姐，我是那么佩服你，也是那么感激你，不过，你爱悄悄哭鼻子的毛病又让我那么担心你。我好几次半夜接到你老爸的电话，听他担忧的声音，几乎用恳求的语气让我对你费心点。我好同情你老爸呀，他无论工作还是生活都做得很好，可是他家公主一哭就让他六神无主，好几次也忍不住着急失眠。你呀你呀，怎么让眼泪这么不争气呢？

　　哈哈。出你的丑了哈！其实是让你的眼泪多了点透明度，不过，最近一个多月来好多了哟，可喜可贺。

　　还别说呢，我总是喜欢和你泡在一起，听你掏心掏肺地诉说，那时我的心和你的心一起跳动，脉搏是那般默契，怎能不让我涌起千般幸福，万般感慨？特别听你说自己的心情，怎么和小王老师当年一样？不过，王老师的经验告诉你，赶快调整和改变，否则你既不快乐也难以进步，只有阳光温馨的心态才能收获成功和喜悦。

　　这些天，看你和同桌满腔热情地复习，看你能背诵五大洲的分界线时，那一握拳头一摇脑袋的快慰呀，我也跟着晃悠，好像是我背诵了可以应考一般。你说说，我怎么会有这样的心情呀，嘻嘻……是不是不正常哟。

　　哈哈，哪里哪里，小王老师是先学生之忧而忧，后学生之乐而乐嘛，你的快乐就是我最大的快乐，你的进步就是我最大的幸福。

第六章 班书万金

　　老班呀老班，期末在即，班级工作可得麻烦你了哈，我可是还有很多琐事要处理的，不过你要公私兼顾哟，你的学习成绩一定要好起来，如果你的同桌超过了你，我的预测就不灵验，本大人将会颜面扫地，你可得为我争光哟。

　　祝你期末拿着优异的成绩"贿赂"我，我会给你压岁钱（嘘！）

最最爱你的班主任王老师
2008年12月26日星期五

我最最亲爱的 LCC 同学：

　　你好！

　　我随时都在告诫自己，纵然不能为孩子们做什么，也绝对不能伤害我的孩子们，他们在家是温室的花朵，将来是祖国的栋梁，我一定要让自己的班级成为熔炉，把每一个孩子都锻造成一块好钢，所以，我对你们似乎很严格。

　　别怨我，因为我肩头担负着你们家长的希望。你可知道：你们姐妹俩在不同学校学习，刘主任曾对你爸爸夸下海口，说你肯定会超过你妹妹。因为我们学校是最好的学校，你爸爸也对你寄托着很大的希望。为了不让刘主任失望，为了不让你爸爸失望，为了不让你逊色于你的妹妹，我一直都在努力，甚至都奢望一口吃个胖子呀。因此，对你的缺点包容得少，批评得多。

　　一个阴雨蒙蒙的日子，我因为感冒声音嘶哑得厉害，可是连续两天你都在寝室犯点小毛病。我本是一个宽容的老师，随时都站在你们的角度考虑问题，尽管年级主任一再教诲我慈不带兵，但是我依然固执地原谅你们的错误。那天我只是想提醒你不要因为一些细节让老师难过，你倒好，冒出一句："我就是点灯了,没想到让学生会的人看见了。"

你没有意识到错误,反而觉得是自己倒霉让学生会的同学看见了,我当时感到很失望,几乎是绝望地让你坐在了我的座位上,说咱们换位思考,让你向我问几个问题,你竟然说无话可说。我几乎是苦口婆心给你讲了重复过好多次的道理,本以为你听进去了,以后会好好改正的,于是让你回教室。

"老师,其实每一个同学都可能犯错误的。"你不但没有走,反而冒出这么一句话"教育"我。当时办公室所有老师的目光都集中在你身上。这是你一贯用来"教育"我的话,你每说一次我都反省一次,你怎么没有想到自己是每一次都在犯错误呢?所以,我生气了,气得很厉害,几乎是暴怒地还击了你。

后来几个老师谈到这个话题的时候,大家都说我脾气好。呜呜呜,我不生气了,如果那天对你说重了,我现在给你道歉。

孩子,生活在五班这个集体里,大部分同学都感到很幸福,你却总说自己不快乐。我反复观察了你和孩子们,不是因为集体不好,而真的是因为你的性格有点与众不同,你太过自卑,总是给自己定下过高的目标,达不到的时候就自暴自弃;你的思维有些与众不同,别人都和老师比赛得热火朝天,你却嘟囔着嘴巴不耐烦。别人都能行,你自己也应该想办法做到呀,那是老师在带领你们挑战冬天的寒冷,挑战我们自身的懒怠和拖沓。

我亲爱的孩子,不要孤僻,不要另类,五班是一个温馨的集体,魔法英语的风波很快平息,孩子们没有对你有任何偏见,不过这样的事情以后不能做了,虽然你不是有意的,但是无心也不好呀,人生一世很多事情不能尝试,社会是很残酷的，绝对不会像学校那般对你宽容和充满期待。

　　我永远对你充满期待，喜欢你发誓做一个崭新的自己，佩服你挑战英语主持人的勇气，欣赏你英语听写满分的笑脸。记住老师的话：摆脱孤僻，抛弃自卑，坚韧执着地投入紧张的学习，只有想不到没有做不到的。

　　祝你期末考试成功！

最最爱你的班主任王老师
2008年12月21日星期日

我最最亲爱的LH同学：

　　你好！

　　孩子，今天是难得的周末，我本来打算出去逛街，可是突然想给你写信，絮叨絮叨我们在一起的日子，说说我对你的喜欢，以及对你的希望。

　　我刚到这所学校的时候，一个白发苍苍的老教师对我说："小王，我有个亲戚的孩子，我准备把他们放到你班上，请你多多地照顾。"我当时不是兴奋而是紧张，虽然过去曾经找我择班的学生络绎不绝，但在这里听说择班的要么很调皮，要么成绩很糟糕，并且还是骄纵蛮横，不好管理……

　　不过，我回家后想想，咱刚来这所学校，就有人选择读我的班级，至少我有不错的口碑，至少说明家长和学生信任我，何况找我的还是我校德高望重的老教师呢。我应该带着感恩和自信接受，应该满怀激情地迎接这个孩子，于是翘首等待你的到来。

　　八月三十一日晚上的军训，教官和学校领导严格要求学生站军姿，一向娇柔的你们怎么吃得了这种苦头，大都摇头晃脑泪水盈盈，我实在有些心疼，真想让你们坐下来休息休息，可是看到教官严厉的目光,听到邻班班主任严厉地说:"××,不动,必须站好。"我实在不能解放你们。你可能实在受不了了,眼泪哗哗地流下来了。我走到你的跟前,小声说:"不要哭,你是中学生了,一定要坚强,哭出来了就不好意思,别人看了会笑话的。"

我只是想鼓励你,也没有期待这种鼓励能够有多大的效果,不料你却用衣袖狠狠地揩掉眼泪,鸡啄米般点头答应。我心里很是感动,感动于你的懂事,感动于你的坚强。突然,学校领导发话了:"我们要进行为期三天的军训,在这三天里,你们一切行动要听从指挥,我们随时要检查,每天都要进行会操比赛,不合格的班级要留下继续练习,并且还要张榜批评,为了你们自己,为了你们的班级,大家做不做得到?"

"做得到。"同学们的回答响彻云霄,我不由得看看你,只见你闭着眼睛,张大嘴巴大声喊着:"做得到。"泪水顺着脸颊滚落而出。我当时非常感动,就是那个感人的细节,我就打心眼里瞧上了你这个男子汉,坚信你一定会成为班级的佼佼者。

有一天,我在教室外巡视,见你被数学老师罚站在讲台旁边,我当时非常生气,也非常失落,心想:"这家伙怎么如此不地道呢,昨天交的日记本玩空城计,我晚上还提醒过他补起来,现在还没有交来,前几次考试的效果那么不理想,数学课上又做小动作,他的思想出问题了,我得给他苦头吃。"

我把你叫到办公室,本想狠狠批评你,可是看你一把鼻涕一把泪的样子,估计你心里后悔了,我心一软就问道:"我给你鼓励,给你提醒,还给你鞭策都不能让你好好学习,你用表现宣告了我的管理方案无效,你给我拟写一个适于你的管理方案吧,只要对你有效都行。"

你小子着急了,连忙说我的管理方案如何如何地好,求我

第六章 班书万金

还是按照原来的方案管理,发誓一定能够改正自己的缺点,夺回曾经丢失的名次。你举起右拳宣誓的样子很滑稽,一向不苟言笑的曾主任也在旁边偷偷地笑,事后他经常说起这件事呢。

嘻嘻,你小子可是出名了,可别忘了你的誓言。期末考试在即,不知你有什么打算,我倒是满腔期待你大获全胜,夺回班级第一名的桂冠,你能行吗?不要口头的承诺,我要你用成绩回答。我现在就默默地观察你的行动,看你能不能用行动实现你的诺言,看你能不能用行动谱写男子汉的辉煌。

祝你期末考试成功!

最最爱你的王老师

2008年12月21日星期日

后　　记

我坚信文字的诚意

　　我信天信地信命运，在讲台上还坚信文字的诚意。我自小用木炭把自家的土墙壁画得乱七八糟，满墙黑压压的文字总让来家里的客人歪着脑袋看，目不识丁的父亲都会引以自豪地炫耀说："我姑娘写的，这个是对联哟，那个是诗歌哟。"殊不知，我当时就是把人家红白喜事的对联搬到自家的墙壁上，或者把课本上的诗歌写两句出来，而在父亲的眼里，我从开始认字的时候就是一个文人了。

　　我小时候，父亲要记个工分，写个收条，或者要写个砍伐申请、建房申请之类的东西，都是他口述，我来执笔。写着写着，我就瞧不起爸爸的口头转述，悄悄用自己觉得漂亮的语言表达意思，有些申请居然被乡里的文书看过，不少人便觉得我爸爸的申请写得有文化，我爸爸自然把我给炫耀出来了。

　　我家祖祖辈辈都是农民，在我的家乡，女孩一般是不读书的，而我读书一路畅通。我爸爸总是说："人啊，只要会写，能掌笔杆子，做啥事都能成功。"这句话似乎是一句预言，当我处于困境眼看走入绝境的时候，真的还是笔下的文字帮我突围。

　　十多年前，我参加县级骨干教师培训的时候，专家团队里有教育大家李镇西，那可是一等一的高手，传闻他是中国的苏霍姆林斯基。第一次见到专家很是敬佩，正好手里有几块余钱，买了一本他写的《心灵写诗》，读着读着，我突然狂妄地想，原来就这么写，写着写着就成书了，成专家了，我觉得自己也可以写。

初生牛犊不怕虎，我居然就这样开始敲击键盘，每天都把班级里鸡毛蒜皮的琐碎小事记录下来，发布在博客上。还别说，短短两年时间吸引了近三十万的点击，居然有来自天南地北的网友赞助我，甚至给我置办了多媒体教学设备，建起了班级图书室，连我们班的贫困学生的学费都有了着落。更有意思的是，我结识了来自世界各地的朋友。一个在神女峰脚下长大的乡村女教师就这么把自己给推荐出去了，我不得不相信父亲的话是真的，只要动笔写写，心想就会事成。

还有一件趣事。

我是2007年10月悄悄来二外应聘的，历经一周的奋斗，做题，说课，讲课，面试，体检，一路过关斩将，承蒙二外不弃，我和老谭同时被录取。老谭起初有点犹豫，他毕竟是百年老校的老师，不像我就是一个普通中学的老师。但我坚定了投身二外的决心，老谭权衡许久，最后还是觉得与我在一起过得要舒坦一些，决定放弃在巫山中学的荣耀和风光。可是，有人要的问题解决了，让人放便是一件天大的难事。我们调动了一切可以调动的力量，最后都回复"不行"。老谭提议我去找领导说说，哪知我这人天生迟钝，缺乏这方面的能力，最后，我对老谭吼着："你要找就自己去找，我反正不去，我受不起领导那面孔。反正我走定了，关系拿不到就不要吧。"

说是这样说，我心里哪舍得？要知道我也是在教育界混了快二十年了，职称都到高级了，不能轻易放弃。有一天晚上，我在网上随便翻着课堂实录，一个老师的《陈情表》教学视频出来了，执教老师开场白说了一句话："他的这封信感动了皇上。"我灵光一闪，人家李密感动了皇上，我来写一封信感动一下县委书记吧。于是敲击键盘一气呵成仿写了一篇《陈情表》，居然真的感动了县委书记，他不但同意我走，还要求有关部门限时予以办理。怎一个爽字了得？

我就那么轻松地提着档案走进了二外的校园，不止一次感叹："我爸爸无意中的那一句话怎么如此灵验呢？"

初到二外，我是很遭人歧视的，如同一个皮球被踢来踢去。先是安排上初二的课，我的课都备好了突然通知我上初一的课。据说年级领导觉得我的出身不太高贵，班主任也觉得我的名字没有文化，再看我长相也不够有才，正好有一个二外的老教师愿意教初二，我便被踢下来了。一夜之间来不及赶写教案，第二天，公布栏上赫然写着我的名字，是没有交教案。报名时，一个家长问我寝室怎么走，我如实说自己也刚来不清楚，她瞬间就拉下脸，自言自语埋怨人家怎么把她的孩子安排在一个新教师班上。新学期才刚刚开始，年级领导就通知我班上某某同学转到别人班上去了。更悲哀的是，2008年圣诞节前夜，年级开了晚会后，我班的节目倒数第一名。有些人脸上挂不住，冒充家长在学校网站在线留言，急得三位年级领导齐刷刷地拷问我，要我承认错误，还得学会为人处世。这一系列的不信任，让我连续半学期都失眠，以至于那个时候一进校园，浑身每一个细胞都紧了。

我绝望痛苦但是想法突围，母亲也担心我，随时都想办法开导我。万般无奈之际，我利用失眠的时间开始记录心情文字，记着记着我就释然了，慢慢也就不失眠了，如同刺猬一般把全身的刺都张开来。同时，我学着李镇西的做法，每天坚持记录班级的一些事情。不到一个月，家长便开始觉得孩子遇到王老师是一件很幸运的事情，领导看到我带一个班带得有板有眼，也不再质疑我。

是文字救了我，把一个濒临绝境的教师给救回来。母亲问我怎么突然变了个人似的，我说是"写"变了的。她说："写能够把自己变好，你就写呀，有空就写啊，写着写着就变好了。"

回想自己这三十多年的经历，我读书年代一点儿都不风光，然而在教书这一块儿，虽然没有干出什么轰轰烈烈的大事情，但是一路教来还没有遇到多少困难，就是凭借一张嘴，一支笔。我是天生的"人来疯"，平时沉默寡言，一到讲台却特能说，一溜一溜的，再加上父亲母亲遗传给我的口才，我说话既有气场也有柔情，孩子们先是不得不听，后来是听着听着就越来越想听。我从来不讲大道理，总是把自己的成长心得告诉他们，现身说法，不惜自黑。前十年，仅凭一张嘴，我也是教得风生水起的。后二十年，我还加上一支笔，那就如虎添翼，如鱼得水了，教书虽然没有搞出名堂，但是我还真的能够感受到教书育人的快乐。

还记得教创新五班的时候，男是一个聪明似乎还能看透好多玄机的孩子，当时的小组评比啊，我的教育啊，他都觉得是游戏，不能当真，一直没有真心诚意地努力奋斗。在初一结束后，我在QQ空间里给他写了一封信，他读到后很忐忑地对妈妈说："王老师是不是不喜欢我了哟，我该怎么办呢？"他爸说："按照王老师教的那样办啊。"初二的时候，那孩子像变了一个人，担任组长帮助了不少同学，即使现在也还是当时五班的领头人，甚至成为慧学五班好多孩子的偶像了。

还有一直懒散不好学的野，也是因为我的一封信慢慢改变，现在在高中发展不错，每次看到我都专门绕过来与我打个招呼。看着他们比花儿还灿烂的笑脸，我是发自内心感到幸福，教书不就是希望把别人的孩子引到正路上吗？

几年前，我因为给全班学生写过那么一本册子，流落到一个家长手里，恰逢家长走漏了风声，我便因为那本册子在学校工会表彰的时候获得了一个大奖，主持人还在颁奖现场设计了采访我的环节，懵然的我不知所措，就说了一句"是为了好玩"。是的，我所做的一切仅仅是为了好玩。

自此，我都不好意思接着写了。每当完成浩大的文字工程时，我都担心别人看到了，担心有讨表扬的嫌疑，再加上慧学五班第一年琐碎事情太多，孩子们也很听话，我觉得不用文字交流也行，于是千百个理由都是可以不写。

有一天，我在浏览QQ空间的时候，突然看到过去的一个学生发表了一张图片，备注着："这是我初中语文老师和班主任王老师给我的一封信，保存了十多年，今天翻出来放在空间里炫耀。"我一看那张A4纸已经揉得皱皱巴巴了。这个学生经历高中、外出打工、结婚生子、买新房子搬家……那么多事情，这一封千字信件却还保存着。那一刻，我真的很感动。

还有恺的家长，他曾经拿着我写给孩子们那一本书信，一个个读，孩子一说到要与谁一起出去活动，他都翻开看看，看孩子在我眼里咋样。他说："王老师，你那本书就好嘞，我一个星期要读一遍。"

我的"大头儿子"是一个比较特殊的孩子，他三年来一直黏着我，后来去读职高了，第一件事情就是对他的新班主任说："我初中语文老师是王老师，他对我好好哟，还为我写了文章。"他还把文章打印出来拿到班级炫耀。他曾经给我发信息说："我问了我们学校的同学，他们的老师都没有给他们写信写文章，我是最有面子的。"他爸爸说他把信张贴在家里，一来客人就要别人看。

类似的事情不胜枚举，限于篇幅不再多说。

本学期萌发这种冲动很长时间了，不是因为五班的孩子，而是因为二班的孩子，这一群孩子看似开朗大方没心没肺，实际上大多是很自卑的。一年多来，所看到的都是满脸严肃的样子，我无数次用幽默的语言来激发他们的活力，尝试着与他们一起聊聊，感觉他们不是不愿意亲近我，而是因为畏惧我，才不敢亲近我。

还有，我发现一个现象，这些孩子容易满足，没有一个远大的目标，在自己这个小圈圈里领先就悠哉乐哉，也就是缺乏领头羊。虽然我看到了这个苗头，也尝试着引导了很多次，但是我感觉是没有效果的。更可怕的是这个群体里有好几个孩子，看似温顺实则暴躁极端，有人说是心理问题，我倒觉得是家长的教育方法和家庭氛围出了问题，我很想帮他们，但是找不到契机，于是我心想，我能不能重新拿起笔来唤醒孩子们呢？

  五班的孩子乖得让我不能不写点文字作为礼物送给他们，这是我遇到的最乖最上进的集体，教书三十年头一次当班主任如此轻松，很多事情我的一个眼神都能搞定，个个都可以作为我的左膀右臂。我坚信文字的魔力，说不定写着写着，让他们读了浑身充满了力量，又会有一轮新的飞跃呢。

  看着屏幕下方显示七万多字的时候，我很有成就感。也许有人会以为我熬更守夜写了好长时间，其实细细算来也就一千多分钟的事情。每当在电脑上敲下一个名字的时候，我脑海里就会浮现孩子的点点滴滴，一举一动，一颦一笑，还有每次考试的大致状况、平时作业的表现等等，都会电影般在我脑中回放。起初，我不知道控制字数，写着写着，眼看要过两页的时候，才发现如此下去将是没完没了的工程，我便把给每个同学的信控制在一千字以内，也就是每人一篇，既让我写起来能加快速度，还可以表现出我对每个孩子的公平。

  因为好玩，我就这么写了，因为写了，我就感觉好玩，有些事情不是外力督促可以完成的，教育就是唤醒。我希望孩子们看到这些文字，可以感受到自己在我的目光注视下成长着；我希望我的家长看到这些文字，可以感受到愚娘的心里装着每一个孩子；如果还有其他的读者碰巧邂逅了这些朴实的文字，可以感受到一个普通老师一颗好玩的心。

  我信天信地信命运，我坚信这些文字的诚意，我希望每一个孩子都能从我的提醒中、期待里找到自己，找到前行的力量，更能感受和王老师的心在一起。